JÜRGEN LEINEMANN

Das Leben ist der Ernstfall

Buch

Das Urteil lautet Zungengrundkrebs. Für einen der profiliertesten Journalisten Deutschlands, einen engagierten Zuhörer und Frager, bedeutet es das Ende seines beruflichen Lebens. »Ich sah mich als einen der Menschen, die durch Wörter zu dem werden, was sie sind. Nicht nur Schreiben, auch Reden war mein Beruf. Und jetzt war ich stumm.« Jürgen Leinemann beschließt, sich dieser Wahrheit zu stellen und nicht aufzugeben: So wie er früher den Mächtigen des Landes tief in die Seele blickte, richtet er den Fokus nun auf sich selbst und beginnt, das eigenes Leben zu recherchieren und aufzuschreiben. Gründlich, unbestechlich, unsentimental. In seiner Autobiografie hat Leinemann seine Sprache wiedergefunden: ein fesselnder Bericht über das aufregende Leben als Reporter im Dunstkreis der Macht und das bewegende Protokoll eines unerschütterlichen Überlebenskampfes.

Autor

Jürgen Leinemann, geboren 1937 in Celle (Niedersachsen), hat Germanistik, Geschichte und Philosophie studiert. Er begann seine journalistische Karriere bei der dpa in Berlin, Hamburg und Washington. Seit 1970 arbeitete er für den SPIEGEL als Reporter und Büroleiter in Washington und Bonn. 1990 zog er nach dem Fall der Mauer nach Berlin und leitete dort von 1999 bis 2001 das Ressort »Deutsche Politik«. Seit 2002 war er SPIEGEL-Autor im Berliner Büro. 2004 erschien sein Bestseller »Höhenrausch. Die wirklichkeitsleere Welt der Politiker«. Er ist Träger des Egon-Erwin-Kisch-Preises, des Siebenpfeiffer-Preises und des Henri-Nannen-Preises für sein Lebenswerk.

Jürgen Leinemann

Das Leben ist der Ernstfall

GOLDMANN

MIX
Papier aus verantwortungsvollen Quellen
FSC® C014496

Verlagsgruppe Random House FSC-DEU-0100
Das FSC®-zertifizierte Papier *Holmen Book Cream* für dieses Buch
liefert Holmen Paper, Hallstavik, Schweden.

1. Auflage
Taschenbuchausgabe April 2011
Wilhelm Goldmann Verlag, München,
in der Verlagsgruppe Random House GmbH

Der Prolog ist, vom Autor leicht gekürzt,
dem *Zeit*-Magazin *Leben* vom 27. Juli 2007 entnommen.
Wir danken für die Abdruckgenehmigung.
Umschlaggestaltung: UNO Werbeagentur, München,
in Anlehnung an die Gestaltung der HC-Ausgabe
(www.katrinsteigenberger.de)
Umschlagfoto: Jörg Klaus, Berlin
JS · Herstellung: Str.
Druck und Bindung: GGP Media GmbH, Pößneck
Printed in Germany
ISBN: 978-3-442-15636-8

www.goldmann-verlag.de

Für Anna Delphine
und Fedor

Prolog

Das verflixte siebzigste Jahr

Zerfallende Wirklichkeiten

Es muss kurz vor dem Wetterbericht der abendlichen *Tagesschau* gewesen sein, als der Oberarzt in mein Zimmer auf der strahlentherapeutischen Station der Berliner Charité stürmt. Er klopft hart, reißt die Tür auf und pflanzt sich auf meine Bettkante. Ich habe ihn noch nie gesehen. »Machen Sie mal den Bauch frei«, sagt er, nachdem er sich kurz vorgestellt hat. Er tastet, horcht und greift zum Telefon. Eher beiläufig teilt er mir mit: »Sie müssen operiert werden.« »Wann?«, frage ich. »Jetzt«, sagt er. »Jetzt? Was heißt das?« – »Jetzt heißt sofort.«

Er gibt kurze Anweisungen ins Telefon und beginnt dabei, das Bett fahrbereit zu machen. Ich folge seinen Tätigkeiten wie im Schock. Fühle mich erleichtert, dass endlich etwas passiert nach den quälenden Schmerzen und den hektischen Untersuchungen der letzten beiden Tage. Und überrumpelt von der Dringlichkeit. Ich müsse noch meine Frau anrufen, sage ich. »Okay.« Der Arzt nennt ihr kurz die Gründe. Sie sprechen medizinisch miteinander, meine Frau ist Ärztin, wenn auch auf völlig anderem Gebiet. Das Wort »Bauchfellentzündung« verstehe ich.

Drei Minuten später rumpelt der Arzt mit mir und meinem Bett über die Gänge des neunzehnten Stocks zum Fahrstuhl. Er schrammt an den Wänden lang, poltert gegen Türen, alles fast im Laufschritt. Auf Augenzeugen muss es wie eine Entführung wirken. Arzt kapert Patienten, würden morgen die Boulevardzeitungen melden, mit Riesenbuchstaben. Er drückt auf dritter

Stock, OP. Als die silberne Lifttür zugeglitten ist, sehen wir uns zum ersten Mal an. »Und wer operiert mich jetzt?«, will ich wissen. »Ich«, sagt er.

Alt – alt aus meiner Rentnersicht – kann dieser Arzt noch nicht sein, Ende dreißig, allenfalls Anfang vierzig. Kein weißer Kittel. Die blaue, kurzärmelige Chirurgenuniform und ein Dreitagebart geben ihm etwas verwegen Jungenhaftes. Rambo nenne ich ihn bei mir, das ist durchaus respektvoll gemeint.

Wie lang so eine Fahrstuhlreise über sechzehn Etagen sein kann. Er blickt mich an: »Schöne Scheiße, was?« Mir treten die Tränen in die Augen, ich nicke. Er drückt mir die Hand: »Ich werde mein Bestes tun, das kriegen wir schon hin.« Er sieht mir in die Augen, und ich glaube ihm. Vertrauen kann sehr plötzlich entstehen. Diese Erfahrung, die mir nicht fremd war, finde ich in den dramatischen Monaten immer wieder bestätigt. Um 20.38 Uhr schiebt er mein Bett unter der Uhr durch in den Operationssaal. »Bis bald«, sagt er und überlässt mich dem Narkoseteam.

Als ich aufwache, finde ich mich in einer fast verwunschenen Situation wieder. Ein weiter Raum, den ich von meinem Bett aus nur unzulänglich überblicken kann, liegt in friedvoller Ruhe da. Mildes, brüchiges Licht umspielt einen schweren Mann in Weiß, der behaglich aus einem großen Messbecher Tee zu schlürfen scheint. Das ist, wie ich später erfahre, der Pfleger Olaf. Er tippt auf einem Computer. Und wenn er sich erhebt, schiebt er durch den Raum wie der große Dicke von Laurel und Hardy.

Warum mich die Szene trotzdem an Goethe denken lässt, kann ich nicht sagen. Es muss das Licht gewesen sein, das Licht und meine innere Ruhe. Keine Schmerzen. Es dauert lange, bis mir schwant, dass ich auf der Intensivstation liege. Intensivstationen hatte ich ganz anders in Erinnerung – lauter, ja lärmend, angefüllt mit harten, metallischen Geräuschen, mit Stöhnen, Hilferufen und beruhigenden Zusprüchen von Pflegern, Schwestern und Ärzten. Stattdessen – Frieden.

Ich döse weg. Wahrnehmungen und Erinnerungen zerfließen. Und obwohl ich das Gefühl habe, dass mein ganzes Leben auseinanderzudriften scheint, fühle ich mich hier in Sicherheit. Ich weiß noch, wer ich bin und wo. Und ich erinnere mich, warum ich hier liege. Mir fehlt auch nichts. Nur dass eigentlich alles anders hätte sein sollen – das weiß ich auch.

Gegen Morgen glimmt links von mir, wo es bisher nur dunkel gewesen ist, ein immer intensiver werdender rotvioletter Lichtbalken. Machen die hier Leuchtspiele? Heilende Kunst? Intensiv-Documenta? Erst als das Lichtfeld in flammendem Orange erstrahlt, erkenne ich: Das ist draußen. Vor der Station spiegelt sich in einer Fensterzeile des Bettenhochhauses das Morgenrot. Später zucken Blitze über den Himmel. Donner grummelt hinterher. Und der Regen rauscht. »Regen?«, fragt Pfleger Olaf. »Es regnet nicht.« Was ich für Regen halte, das sind die Spülgeräusche meiner Sauerstoffanlage, die mir in die Nase bläst.

Ist denn nichts mehr, wie es scheint? Gerade bin ich siebzig Jahre alt geworden. Nach fünfunddreißig Arbeitsjahren als Redakteur, Reporter und Büroleiter habe ich mich Anfang des Jahres vom *Spiegel* verabschiedet. Formal bin ich Rentner. Aber ich schreibe noch an einem Buch, arbeite an einer Fernsehdokumentation, habe einen Lehrauftrag an der Freien Universität – kurz, an Projekten ist kein Mangel. Aber nun liege ich hier auf der Intensivstation der berühmten Charité in Berlin, bin Fall Nummer 302670317. Und nichts scheint mehr zu stimmen.

Denn der gegenwärtige Aufenthalt hier im OP-Bereich wegen Bauchfellentzündung ist in Wahrheit nur ein Nebenkriegsschauplatz. Folge eines Kollateralschadens sozusagen. Meine eigentliche Diagnose heißt: Zungengrundtumor. Und vor dem Zimmer auf meiner Station im neunzehnten Stock des Hochhauses am Rand des Berliner Regierungsviertels hat ein Elektrokonzern eine kilometerweit sichtbare Lebenslüge aufgehängt. »Tut nicht weh«, verkünden magentarote Buchstaben.

Tut es aber doch. Körperlich und seelisch. Direkt vor meinem Fenster zackt das »w« von »weh«.

Bilanzspaziergang

Erst am 3. Januar dieses Jahres 2007, dem Mittwoch nach Neujahr, war der Sturm auf Sylt so weit abgeflaut, dass meine Frau Rosemarie und ich am Strand von Kampen unseren traditionellen Bilanzspaziergang machen konnten. Seit 1966 sind wir verheiratet. Und schon vor langer Zeit haben wir uns angewöhnt, zum Jahreswechsel die jeweils vergangenen zwölf Monate zu resümieren und einen kurzen Ausblick auf das neue Jahr zu wagen. Jeder redet nur für sich, Unterbrechungen sind nicht erlaubt. Erst danach beginnt eine Diskussion über die Einschätzungen und Wertungen des anderen.

Und so stapfen wir nordwärts, den milden Wind von der Seite. Sprechen ist dennoch mühsam. Einmal, weil das Hochwasser uns in den weichen Sand zwingt, am Ende sogar in die Dünen. Vor allem aber quält mich ein vages Unbehagen. Ist es die Angst vor meiner neuen Rolle, die mir in jüngster Zeit häufiger das Gefühl gibt, bei Gesprächen beeinträchtigt zu sein? Mir fallen Begriffe nicht ein, Namen sowieso nicht. Ich kann mich schwer konzentrieren. Meine Stimme beschlägt, manchmal muss ich mich mühsam freiräuspern, bisweilen versiegt der Ton sogar völlig. »Es ist, als ob mir für meine neue Situation Sprache und Maßstäbe fehlen«, klage ich.

Dabei ist im Grunde alles klar. Dass ich beim *Spiegel* aufhören werde, steht seit langem fest, ist auch in meinem Sinne. Obwohl ich ahne, dass es nicht einfach werden wird. Die fünfunddreißig

Jahre haben mein Leben geprägt, meinen öffentlichen Stellenwert bestimmt. Erinnerungsschwerpunkte gesetzt. Das muss ich jetzt alles ohne die institutionelle Unterstützung des Magazins leisten. »Vergiss nie, dass von dir etwas übrig bleiben muss, wenn das rote *Spiegel*-Signum auf deiner Visitenkarte nicht mehr da ist«, hat mich früh ein Kollege gewarnt. Darauf glaubte ich geachtet zu haben. Auch dass ich meinen siebzigsten Geburtstag im kommenden Mai mit Freunden aus allen Lebensphasen feiern will, haben wir längst entschieden.

Was uns beide gleichwohl beschäftigt, ist dieser Eintritt in eine neue Altersstufe – in jenes im Grunde noch immer undefinierte Siebzigerjahrzehnt, das uns die Segnungen der Medizin und des Wohlstandes als Übergang vom Seniorenstatus zum Greisenalter beschert haben. Sowohl Goethe als auch Immanuel Kant sollen zu ihrem fünfzigsten Geburtstag als »ehrwürdiger Greis« angesprochen worden sein. Heute will mir Richard von Weizsäcker, der vierundachtzig ist, noch immer nicht greisenhaft vorkommen. Diese gewonnene Zwischenzeit, ein Geschenk an unsere Generation, will ich nutzen. Gewiss, ein Schlussstrich zur geregelten Arbeit muss sein, aber ich habe auch noch viel vor – Bücher schreiben, Filme machen, Vorträge, Diskussionen.

Also aufhören, ohne ganz loszulassen?

In den vierzig Jahren im politischen Betrieb hatte ich oft genug gesehen, wie schwer sich die Politiker damit taten, Positionen aufzugeben, die ihnen Macht und Bedeutung zu sichern schienen. Ich erlebte das als süchtiges Verhalten, das ich als »Höhenrausch« in einem Buch beschrieb. Meine These – die ich aus eigenem Suchtverhalten ableitete – wurde öffentlich heftig diskutiert. Nun beginne ich zu ahnen, dass die Suchtphase auch bei mir noch nicht zu Ende ist. Ein tiefes Unbehagen über uneingestandene Halbheiten bedrückt mich.

Erst einmal verläuft im Januar der offizielle Abgang vom *Spiegel* glanzvoll. Die Chefredaktion spendiert meinem Freund und Kollegen Hartmut Palmer und mir ein üppiges Fest in den Büroräumen am Pariser Platz. Es geht nostalgisch zu. »Ein bewegender Abend«, finden einhellig die über achtzigjährigen Herren Richard von Weizsäcker, Hans-Dietrich Genscher und Egon Bahr. Draußen versinkt über der Quadriga des Brandenburger Tors die rote Sonne im Wipfelmeer des Tiergartens. Drinnen jazzt die »Blue Bayou Band« mit rheinischem Frohsinn »Mer lasse d'r Dom in Kölle«. Und die Altersabteilung der politischen Klasse der Bundesrepublik Deutschland schunkelt, klatscht und tanzt. Exkanzler Gerhard Schröder hält mir eine schöne Rede, Norbert Blüm feiert Hartmut Palmer. Und unter den 450 Gästen stehen Bundeskanzlerin Angela Merkel, Vizekanzler Franz Müntefering und Außenminister Frank-Walter Steinmeier in der ersten Reihe. Christina Rau ist da, Klaus Staeck, Helmut Dietl, viele Abgeordnete und liebe Freunde und Kollegen. Von einem so würdigen Abschluss hätte ich nicht zu träumen gewagt.

Abschluss? Eine Woche später bin ich im Bundestag, als dort über die Gesundheitsreform abgestimmt wird. »Ich denke, Sie sind im Ruhestand?«, fragt verblüfft Angela Merkel. Lahm erwidere ich: »Der Journalist, der Staatsbürger nicht.« Besonders glaubwürdig klingt das nicht einmal in meinen eigenen Ohren.

Der Tumor

»Und das will keiner gesehen haben?« Zornig wedelt eine Medizinisch-Technische Assistentin mit den Computertomographie-Ausdrucken meines maladen Halses. Es ist der 8. Mai, ausgerechnet – Tag der Niederlage? Der Befreiung? Der Kapitulation? Sie kann nicht fassen, dass bis zu diesem Zeitpunkt niemand die »dicke Geschwulst« in meinem Hals diagnostiziert hat, die »eine prozesshafte Entwicklung« nimmt, wie sie in ihrem Bericht vermerkt – was im Klartext Krebs bedeutet. Es hatte allerdings auch über fünf Wochen gedauert, in Berlin einen Termin für eine CT zu kriegen.

Gespürt, dass etwas nicht stimmte, hatte ich schon Monate zuvor. Immer wieder Schwierigkeiten mit der Stimme. Lag es am Reflux, an dem ich litt? Hatte die zurückfließende Magensäure die Stimmbänder angefressen? Ich ließ den Magen untersuchen, die Speiseröhre, dann das Lymphsystem, die Schilddrüse, endlich Zähne und Kiefer. In dem von unserem Supergesundheitssystem sorgfältig nach Facharztzuständigkeiten aufgeteilten Körper arbeitete ich mich erst nach oben, dann wieder nach unten. Keiner fand was. Nur die Schmerzen nahmen zu, das Schlucken wurde schwieriger.

Jetzt geht alles ganz schnell. Schon am nächsten Tag liege ich im Sankt-Gertrauden-Krankenhaus zur endoskopischen Untersuchung. Ich nehme die Entwicklung wie aus der Ferne wahr, bleibe auf Schockabstand. Irgendwie bin ich auch sogar ein bisschen zufrieden, denn im vergangenen Jahr hatte ich einem sterbenden Freund zu meiner eigenen Überraschung plötzlich gesagt: »Weißt du, manchmal habe ich das Gefühl, ich lebe auch nicht mehr lange.« Danach hatte ich mich geschämt, weil es so ranschmeißerisch klang. Aber es kam spontan und war die Wahrheit. Ich drängte darauf, dass meine Frau und ich eine Patientenverfügung formulierten, ein Testament machten und uns in Berlin einen Friedhof für die letzte Ruhe aussuchten. Kommen solche Ahnungen von ungefähr?

Vor der Untersuchung beraten wir miteinander die nächsten Schritte. Dass ich nicht kampflos aufgeben will – wie denn auch? –, steht für mich ebenso fest wie, dass es kein Überleben um jeden Preis geben könne. Ich würde mich nur auf Lösungen einlassen, die mir auch hinterher noch Schlucken und Sprechen ermöglichten. Darüber gibt es zwischen uns keine Differenzen.

Immerhin hatte »die Geschwulst« offenbar noch keine Metastasen in Lunge und Leber oder sonst wo hinterlassen. Unsere Leitlinie ist: so viel Normalität wie möglich durchhalten.

Also stehe ich – für eine Fernsehdokumentation – noch mehrere lange Interviews durch, mit den Ministern Schäuble und Seehofer und dem Exstaatsminister Michael Naumann. Ich zucke nicht einmal zusammen, als ein nichts ahnender Horst Seehofer seine privaten Schwierigkeiten mit der Bemerkung verharmlost: »Schließlich habe ich ja keinen Tumor im Kopf.«

Das offizielle Ergebnis ist dann keine Überraschung mehr: supraglottisches Larynx-Zungengrund-Karzinom. Um uns herum entwickelt sich eine Hilfstätigkeit, die mir klarmacht, dass Zweiklassenmedizin nicht erst entsteht, wenn man – wie wir beide – über eine private Zusatzversicherung für den Klinikaufenthalt verfügt. Privilegiert bin ich schon durch Informationsvorsprünge. Meine Tochter und eine Kollegin beginnen im Internet zu recherchieren. Freunde rufen Ärzte ihres Vertrauens an. In kürzester Zeit wissen wir, dass sich im Halsbereich sehr unterschiedliche Tumoren einnisten und dass es für die verschiedenen Arten sehr individuelle Behandlungsmethoden gibt. Wir haben Kontakt nach Bonn und Rostock, Göttingen und Kiel, Berlin sowieso.

Und dann ruft Uli Hoeneß an. Der mächtige Manager des 1. FC Bayern München, der gerade Europas Fußballermarkt leer gekauft hat, beschwört mich, zur Operation nach Nürnberg zu gehen. »Mensch, Leinemann, glauben Sie mir, dieser Professor, der ist der beste. Der ist ein Kämpfer. Ich habe schon mit ihm geredet. Der macht das.« Ich bin überrascht, fast sprachlos. So gut kennen wir uns nun auch nicht, dass sich Hoeneß so engagieren muss. Ich hatte vor langer Zeit über ihn geschrieben. Später konnte ich ihm mal einen medizinischen Tipp geben, als einer seiner Freunde in Not war. Jetzt hat er von meinem Unglück erzählt bekommen, und weil er sich schon für einen Freund kundig gemacht hatte, kennt er sich aus – und hilft.

Aber wie. Viermal habe er ihn aus dem OP rufen lassen, erzählte der Professor später. Dreimal ruft Hoeneß mich an. Keine Chance, diesem Druck zu widerstehen. Eigentlich waren wir schon fest entschlossen, in Berlin zu bleiben, im Neuköllner Klinikum. Der Chef dort hatte mir Eindruck gemacht, seine Konzeption erschien logisch: Alles lief auf eine Kombination von Laseroperation – mikroinvasiv, also ohne offene Wunde – und Bestrahlung sowie Chemotherapie hinaus.

Stattdessen fahren wir noch am selben Abend nach Nürnberg. Um Mitternacht zwischen Donnerstag und Freitag vor Pfingsten kommen wir mit einem völlig überfüllten, verspäteten ICE in Nürnberg an. In Leipzig hatten sie eine Fliegerbombe aus dem Zweiten Weltkrieg entschärft. Es regnet. Ich bin zutiefst deprimiert. Was würde mit meiner Feier zum siebzigsten Geburtstag? Bin ich dann vielleicht schon tot? Es war ein gutes Leben, so viel ist auch jetzt klar, ein Leben sogar besser als gut, wie ich einmal gesagt habe, nie hätte ich es so erwartet. Aber es könnte auch ruhig noch dauern. Dankbarkeit mischte sich mit Trauer. Und einer unendlichen Müdigkeit.

Dieser Professor ist genau der Typ, den Hoeneß versprochen hat: offen, klar, vertrauenerweckend. Für ihn zählt die Lebensqualität des Patienten nach dem Eingriff mehr als die erfolgreiche Beseitigung des Tumors. Das trifft sich mit meinen Erwartungen. Auch finden wir gleich einen guten Draht zueinander – über den Fußball. Er untersucht mich und kommt zu ähnlichen Ergebnissen wie der Neuköllner Arzt. Auch, dass die Operation nicht schon morgen sein müsste. Und dass letztlich die endgültige Entscheidung über das Vorgehen erst während des Eingriffs fallen kann, weil die tatsächliche Lage des Tumors, seine Intensität und Größe sich erst dann erschließen.

Ich bin erleichtert, dass ich nicht gleich dortbleiben muss. Weil ich mich so erschöpft fühle, hätte ich wohl das Gefühl gehabt, mangels Widerstandskraft überrumpelt worden zu sein. In noch volleren Zügen geht es zurück. Alle Nürnberger Fußballfans scheinen auf dem Weg nach Berlin, wo am nächsten Tag das Endspiel um den DFB-Pokal zwischen Nürnberg und Stuttgart angesetzt ist. Ich habe für dieses Spiel nicht nur eine Eintrittskarte, sondern jetzt auch eine sozusagen offizielle ärztliche Einweisung. »Da gehen Sie hin«, hat der Professor gesagt, »Sie hatten in der letzten Zeit so viele schlechte Nachrichten zu verkraften – das gönnen Sie sich mal.« Es wird ein tolles Finale.

Freunde

Eines Tages – es geht mir nicht besonders gut – besucht mich Lore, eine erfolgreiche Schauspielerin und Regisseurin, mit der ich seit langem in einer Sucht-Selbsthilfegruppe zusammenarbeite. Wir sind darüber Freunde geworden und begegnen einander mit einer Offenheit, die viele coole Menschen irritieren würde. Weil ich durchhänge, lasse ich meinen Zweifeln freien Lauf. Wird meine Kraft ausreichen, auch diese schwere Prüfung zu bestehen? Ich fühle mich am Ende, möchte manchmal sterben. Ganz leise mich davonmachen. Dabei will ich doch leben! Ich kann sicher sein, dass Lore mich versteht. Wir weinen beide. Dann sagt sie: »Es ist unsere Schwäche, die uns stark macht.«

Und ich weiß, dass es stimmt.

Immer habe ich Menschen gebraucht in meinem Leben, immer bin ich offen gewesen für andere. Alle Wahrnehmungen, Erfahrungen und Erinnerungen sind mit Menschen verbunden und von Gefühlen begleitet. Aber erst seit meinem Suchteinbruch vor dreißig Jahren bin ich sicher, dass diese Bindung an meine Mitmenschen für mich überlebensnotwendig ist. Du musst es selber schaffen, habe ich gelernt, aber du kannst es nicht allein.

Deshalb war meine Entscheidung über das Fest zum siebzigsten Geburtstag so wichtig, schon lange hatte ich mir vorgenommen, an diesem Tag Wegbegleiter aus allen Lebensphasen einzuladen – jetzt war die Krankheit dazwischengekommen. Sollte ich alles absagen? Dann würden mich viele schon fast für tot erklären. Sollte ich so tun, als wäre nichts? Das würde ich nicht durchhalten. Also alle vorher informieren – und trotzdem feiern.

Niemand sagt ab. Und als ich die versammelte Truppe von 120 Leuten auf einem Berliner Ausflugsdampfer zusammenhabe, da bin ich überwältigt vor Freude. »Ihr seid mein Leben«, sage ich, »nie habe ich euch mehr gebraucht als jetzt«, und eine warme Welle von Zuneigung kommt zurück. Sie trägt mich bis heute.

Es wird – das bestätigen mir später alle – ein wunderbares Fest. Einige wollen mir gar nichts angemerkt haben, andere haben mich gebeugt gesehen von einer schweren Last. Alle aber haben mich »durchlässig« erlebt für die Wärme und Liebe, die mich umgab. Verwandte und Schulfreunde, Kollegen und Weggefährten aus Washington, Bonn und Berlin und Partner für zukünftige Projekte öffnen sich den gefühlsgeladenen Begegnungen. In einer ergreifenden Rede, die ihr Mann Wolfgang vorträgt und ergänzt, preist mich meine Tochter Susanne als Vater und Schwiegervater. In anderen Reden wird meine Studienzeit lebendig, Journalistenfreunde loben meinen Fleiß und meine Lebenskraft und verweisen auf 239000 Eintragungen bei Google.

»So einer wie du«, sagt mein Freund Eckart, »der weiß gar nicht, wie er zu seinem Glück gekommen ist. Es ist ja auch ziemlich lange gutgegangen. Und die Vergangenheit, die kann dir keiner nehmen.« Jetzt geht es nicht mehr gut. Aber jeden Tag erinnern mich seit Monaten Briefe, Anrufe, Blumen und Geschenke daran, dass mich ein Netzwerk von liebevollen Mitmenschen hält. Und vor allem spüre ich die aufmerksame und einfühlsame

Fürsorge meiner Familie, die sich samt Enkelkindern an meinem Krankenbett einfindet und mich mit Neuigkeiten versorgt.

Wir haben ja lange als Befreiung empfunden, was uns an Bindungen der Tradition und Gesellschaft verlorengegangen ist. Bis wir spürten, dass die allgemeine Individualisierung auch existenzielle Sinnlosigkeit bedeuten kann. »Zusammenhänge allgemeingültiger Konvention, wertgebundener Ethik, verpflichtender Moral sind Geschichte geworden«, schreibt der Philosoph Wilhelm Schmid, der auch als philosophischer Seelsorger in Kliniken gearbeitet hat. »Zuletzt zerbrachen auch die davon gestützten Zusammenhänge in der Beziehung des Einzelnen zu sich selbst. So entstand die innere Leere und äußere Kälte, die viele beklagen und gegen die kaum einer ankommt.«

Ich habe Schmids kleines Glücksbuch wie eine Kostbarkeit gehütet während der Wochen in der Klinik. Meine Frau hat es mir Seite für Seite vorgelesen, was mich glücklich gemacht hat. Denn es ist ja nicht so, dass es einem an Glücksmomenten fehlen würde im Falle einer tödlichen Erkrankung. Unmittelbar vor meiner Notoperation hatten wir noch im Park der Klinik auf dem Rasen gelegen, durch das Laub der Bäume blitzte die Abendsonne. Ich sah meine Frau über mich gebeugt, und es war, als passierten im Schnelldurchlauf alle glücklichen Momente unseres Lebens noch einmal. Ein verzauberter Augenblick.

Nein, es ist nicht das Glück, es ist der Sinn, der in Frage steht. Warum? Warum ich? Warum jetzt? Warum so? Was soll ich lernen?

Der Schmerz sei der Stachel, der uns immer aufs Neue zum Nachdenken über das gesamte Leben nötige, schreibt der Philosoph. Aber in Wahrheit erlebe ich nicht Schmerzen als größte Herausforderung – die kann die moderne Medizin zumindest weitgehend eindämmen –, sondern die Kränkung des Nicht-mehr-mitspielen-Könnens, die Fülle von Miseren wie Halsentzündung und Brechreiz, Verschleimung und Mundtrockenheit, Geschmacksunfähigkeit und Schluckbeschwerden, nicht heilende Wunden und Schlaflosigkeit – sowie Ohnmacht, Ohnmacht, Ohnmacht.

»Altern ist Scheitern«, sagt barsch eine Freundin, die auch gerade aufhört zu arbeiten. Aber Altern enthält ja auch Momente der Freude und der Freundschaft, frei gewählter neuer Bindungen an Aufgaben und Menschen. Nein, meine These heißt: Krankheit ist Kränkung, tiefe existenzielle Erniedrigung.

Nicht operabel

Am 12. Juni sitze ich wieder im Zug nach Nürnberg. Nun ist der Notfall da. Wie im Traum gleite ich durch sommerliche Ferienlandschaften – Elbniederungen, Saaletal, Thüringer Wald, Franken. Deutschland ist schön. Alles riecht nach prallem Leben. Ich fühle mich ausgeschlossen, leer. Eine latente Übelkeit signalisiert mein Grundgefühl: Angst.

Bei allen Bemühungen, Normalität durchzuhalten, ist der Tempowechsel, der eigentlich im Januar nach dem Abschied aus dem geordneten Berufsleben fällig gewesen wäre, jetzt gezwungenermaßen eingetreten. Meine Schwäche kränkt mich. Dennoch habe ich begonnen, das erste Kapitel meines geplanten Politik-Buches niederzuschreiben. Und Uli Hoeneß ruft noch mal an: »Wenn es ums Leben geht, muss man kämpfen.«

Auf die Minute pünktlich um neun Uhr stehen wir am nächsten Morgen im Sekretariat des Professors. Ich bekomme drei Fragebögen, die alle Schrecknisse auflisten, die mir widerfahren könnten. Definitionen von Optimisten und Pessimisten kommen mir in den Sinn. Optimismus sei Mangel an Informationen, hat Karl Kraus gesagt. Und Nestroy hat über Pessimismus gespottet: »Wenn alle Stricke reißen, häng ich mich auf.«

Es regnet wieder. Ich beziehe das Zimmer 123 in Haus 22, erste Etage links, einen großen Raum, in dem sich mein Bett fast verliert. Aus dem Fenster fällt der Blick auf eine geschäftige Gesundheitsfabrik, in der irgendwie nichts zueinander passen will: Da stehen gelbe Altgebäude aus dem 19. Jahrhundert zwischen grünen Stahlkästen aus jüngster Zeit, Bänke und Rasenflächen zwischen Bäumen führen ein Eigenleben neben Betonpisten mit chromglänzender Reling, die keinen erkennbaren Sinn haben.

Der Professor hat meine jüngsten CT-Bilder gesehen, und obwohl er nicht viel anderes sagt als vor Pfingsten, scheint er mir deutlich weniger zuversichtlich als damals. Er verspricht aber noch einmal, dass er keinen großen Eingriff versuchen werde, wenn er damit die Beweglichkeit der Zunge abtöten müsste. »Das würde ich bei mir nicht machen«, sagt er, »und so habe ich auch Sie verstanden.« Ich nicke. Tote Zunge – das hieße nicht schlucken und nicht sprechen. Ich döse fahrig vor mich hin. Sieht so mein letzter Tag aus? Ein bisschen bin ich von mir auch enttäuscht. Vor der Herzoperation damals waren meine Endzeitgefühle viel dramatischer und intensiver. Mit meiner Frau rede ich sachlich über ihre finanzielle Versorgung und meine Trauerfeier. Irgendwie bannt das die Bedrohlichkeit.

Als ich nach der Operation am nächsten Tag erwache, zeigt die Uhr im Wachraum 9.06 Uhr an. Viel kann nicht passiert sein – um 7.32 Uhr bin ich in den OP-Saal gerollt worden. An meinem Hals ist auch kein Pflaster. Als Erstes spüre ich, dass ich meine Zunge noch bewegen kann. »Alles in Ordnung?«, fragt eine Schwester. Heiser krächze ich: »Schmerzen.« Dann schließe ich die Augen – was immer sie auch gemacht haben, ich kann noch reden. Neben mir kreischt ein Kind. Die Mutter versucht es zu beruhigen, Violetta heißt die Kleine. Mir ist kalt, aber die Schmerzen lassen nach. Ich dämmere weg.

Auf dem Zimmer erwartet mich meine Frau. Wir beginnen darüber zu rätseln, was wohl abgelaufen sein könnte. Dabei hatte es mir der Professor schon einmal erklärt – woran ich mich aber nicht erinnere, obwohl er sicher war, ich hätte alles mitgekriegt.

Ergebnis: Der Augenschein habe ihn überzeugt, dass das Risiko für die Zunge zu groß sei. Also bleiben nur noch Bestrahlung und Chemo. Dazu braucht es aber nicht Nürnberg: »Den Kollegen in der Berliner Charité halte ich für einen der besten. Auch bei den Strahlenleuten ist es wie bei den Chirurgen: Es geht nur um die Kompetenz von Personen, nicht um den Ruf der Kliniken.« Er will selbst den Kontakt herstellen.

Ich bin enttäuscht. Größer sind meine Chancen nicht geworden. Aber vielleicht bleibt mir ja trotzdem noch Hoffnung. »Absolut«, bestätigt der Professor, »dafür gibt es vernünftige Gründe.« Im Grunde komme ich mir lächerlich vor mit meiner verzweifelten Suche nach Trost. Habe ich nicht oft genug bei anderen gestaunt über dieses Klammern an Illusionen? Denn auch das sagt er: »Sie sind ein realistischer Mensch und sehen, dass das eine sehr schwere Krankheit ist.« Alles, was er sagt, klingt wie 50 zu 50, ich höre aber höchstens 40 zu 60. Allerhöchstens.

Die Rückfahrt wird schlimm, die Felder und Wiesen sind schon spätsommerlich gelb. Plötzlich überwältigt mich die Ahnung, dass das Leben da draußen hinter einer Glaswand vorbeizieht, während ich ausgeschlossen davorsitze und in Wahrheit schon tot bin. Mir schießen die Tränen in die Augen. Wenig später kann ich schon wieder über das Grass-Walser-Gespräch in der *Zeit* lachen. Die Gefühle schlagen jetzt schnell um. Ich bin sehr labil, schnell verletzbar, ungeduldig.

Mit Macht drängt es mich an die Arbeit. Die lenkt ab. Erst jetzt glaube ich Schäuble richtig zu verstehen, der nach dem Attentat an der Politik festgehalten hat. Arbeit ist nicht nur eine Droge, sondern in diesem Falle Medizin.

Die Maske

Hinter einem grauen Fliegengitter wirkt die Welt verkleinert, wie auf Millimeterpapier gebannt. Eigentlich müsste der Blick aus dem neunzehnten Stock der Charité grandios sein. Direkt vor mir der neue, gewaltige Hauptbahnhof, links davon das Kanzleramt und die Kongresshalle, die Spree in der Mitte. Rechts der Hamburger Bahnhof, der jetzt eine Ausstellung moderner Kunst birgt, davor das pompöse Wirtschaftsministerium mit den alten Invalidenheimen der Preußen. Im Hintergrund Moabit, der Tiergarten und Charlottenburg.

Doch vor den großen Fenstern des kahlen, bilderlosen Raums 07 ist jene Gazewand mit dem »Tut nicht weh«-Spruch, der das Zimmer verdüstert und die Außenwelt in ein Legoland aus lauter Einzelteilen zerfleddert. Nichts passt zusammen, auch die Geräusche nicht. Der Jubel und die wilden Jazzeinlagen vom Beachvolleyball-Turnier vor dem Bahnhof werden schrill gebrochen von den Sirenen der Rettungswagen vor der Klinik, Kirchenglocken kontrastieren zum Gong der Deutschen Bahn, in deren Namen unverständliche Lautsprecherstimmen Ankünfte und Abfahrten ankündigen.

Seit dem 2. Juli liege ich hier, Einzelzimmer immerhin. Ich habe mir vorgenommen zu arbeiten. Das brauche ich, um nicht ins Grübeln zu versacken. Was mache ich hier? Was will mir die Krankheit sagen? Shut up? Nein, so nicht. Schreiben ist mein Widerstand. Auf keinen Fall will ich nur Opfer sein. Das habe ich schnell erkannt: Ich bin in ein System geraten, in dem ich als statistisches Datenbündel existiere – eingeliefert mit den Werten xy, ausgeliefert mit den Werten xy plus oder minus. Der Prozess muss funktionieren, das ist das Wichtigste.

Wenn ich als Mensch nicht untergehen will, dann muss ich auf menschliche Begegnungen innerhalb des Systems setzen, die sich manchmal zufällig ergeben, für die ich im Normalfall aber auch arbeiten muss. Offen sein. Das beginnt mit dem Chirurgen, der am Ende anstelle von »Rambo« meine Bauchfelloperation durchgeführt hat und mich umsichtig weiter betreut. Und dazu gehört auch eine junge Ärztin, die als Vertreterin an einem Sonntagmorgen Dienst hat und meine Verzweiflung und Angst spürt. Sie ergreift meine Hand und sagt: »Ja, das ist eine schlimme Zeit. Aber nehmen Sie es als eine Episode.« Das hilft. Es gibt ein Vorher und ein Nachher.

Doch der Glaube daran ist schwer durchzuhalten. Täglich Bestrahlungen, sogar zweimal, zweite und fünfte Woche Chemo dazu, widerliche Nebenwirkungen – Übelkeit, Halsentzündungen, Schluckbeschwerden. Der sogenannte Heilungsprozess ist eine Tortur.

Gleich am ersten Tag stehe ich in der Kabine und warte auf die Strahlenkanone. Ich blicke in den Spiegel und kann keine Angst erkennen, eher herausgeforderten Trotz. Ich mag den Tod im Hals haben, aber auf die Knie hat er mich noch nicht gezwungen. Dann liege ich erstmals auf der Liege unter einem grünen Fadenkreuz von Laserstrahlen, die sich in meinem Gesicht treffen, und Sedi – eine hochprofessionelle und quicklebendige junge iranische Assistentin – sagt: »Ich lege Ihnen jetzt die Maske an.« Noch ist mir das ziemlich egal.

In der Woche zuvor hatte mir eine andere Assistentin gesagt, sie werde mir jetzt eine Maske machen, und mir dann feuchte Tücher über das Gesicht gezogen. Ich erinnerte mich sofort an eine Psychositzung vor dreißig Jahren. Damals hatte der Therapeut gesagt: »Wir machen uns eine Maske und gehen durch eine große Stadt.« Und bei melancholischer Musikuntermalung sah ich mich, gespiegelt von den Glasscheiben der Wolkenkratzer, triumphierend unmaskiert durch New York gehen. Meine Überzeugung war, dass ich keine Maske brauche, weil ich ohnehin unkenntlich bin – keine besonderen Merkmale. Wie hätten Sie mich denn gern?

Das hat mich damals sehr erschreckt. Ähnliche Sorgen habe ich jetzt nicht mehr. Trotzdem betrachte ich die Maske als Bedrohung. Dass ich mich jemals würde »reinkuscheln« können, wie mich die zweite Assistentin ermuntert, eine Polin, erscheint mir unmöglich. Ich fühle mich gefangen, wenn die Maske mich mit weit in den Nacken geschobenem Kopf auf der Liege festknöpft.

Es ist Sedi – die erfahrenste der drei jungen Frauen an der Strahlenkanone –, die mir die Anfangspanik nimmt. Sie sagt, was Gott sagen könnte, wenn er zu uns spräche: »Alles, was Sie jetzt gleich sehen oder hören am Gerät, mache ich. Ich bin nicht im Raum, aber ich sehe Sie. Ich bin immer da.« Warum auch immer – ich habe dieser unbekannten jungen Frau auf Anhieb vertraut. Obwohl das infernalische Rumoren, Pfeifen, Klappern und Bohren, das nun anhebt, schrecklich ist. Es ist die pure Disharmonie, metallisch schrill, dominiert von einem nervenden Ton, der sich anhört, als traktiere jemand eine unmusikalische singende Säge. Doch wenn Panik aufwallt, spüre ich die Freiheit meiner Hände. Ich brauche nur ein Zeichen zu geben – die Frau würde kommen.

Wie lange es beim ersten Mal dauert, weiß ich nicht. Zwanzig Minuten? Eine halbe Stunde? Das Zeitgefühl geht am Anfang vollkommen verloren, ebenso die Fähigkeit, sich abzulenken. Ich bin konzentriert, gebannt von jedem Augenblick. Als ich wieder in meiner Kabine sitze, komme ich mir vor, als wäre ich in einer anderen Welt gewesen. Bin ich noch derselbe? Der Spiegel sagt ja, aber sicher bin ich nicht.

Tatsächlich, das zeigt sich in den nächsten Tagen und Wochen, hat die Maske mich verändert. Irgendwie zwingt sie mich, meine Gedanken nicht immer davonrasen zu lassen in Gebiete der Träume und Wünschbarkeiten. Sie bündelt mein Denken und Fühlen auf den konkreten Augenblick und die reale Situation. Sie unterbindet ein Fluchtleben außerhalb der Krankheit und sorgt dafür, dass alle anderen Lebensphasen mit der jetzigen Situation in Kontakt bleiben. Wie eine mentale Zwangsjacke stoppt sie den Prozess des Auseinanderdriftens von Wirklichkeiten, der mir in den letzten Wochen immer bedrohlicher erschienen war. Sie schafft Zusammenhänge neu, die mir verlorenzugehen drohten. Und nur Zusammenhang, das habe ich aus Wilhelm Schmids »Glücksphilosophie« gelernt, stiftet Sinn.

Und so lerne ich unter dem engen Gazekäfig der Maske nicht nur, nach und nach die Abläufe der Maschine zu erfassen, die oft genug versagt. Ich bekomme auch ein differenziertes Gefühl für die Einstellungen, die sich auf Bestrahlungsfelder an Hals und Kopf fokussieren, welche als Zielangaben auf meiner Maske eingezeichnet sind. Am Ende bin ich in der Lage, konzentriert über meine Lebenssituation nachzudenken und gleichzeitig genau wahrzunehmen, wo die Maschine gerade tätig ist. Die Geräusche erschrecken mich nur noch, wenn sie ausbleiben – dann ist das technische Strahlenwunder schon wieder kaputt.

Lieb geworden ist mir die Maske trotzdem nicht – so wenig wie der Tumor –, aber ich akzeptiere sie als Teil von mir. Manchmal, wenn ich sie liegen sehe, tut sie mir fast leid, mit dem aufgerissenen Maul, durch das ich atmen kann. Heimlich für mich nenne ich sie die Munch-Maske, weil ihr Ausdruck dem verzweifelten »Schrei«-Bild des norwegischen Malers Edvard Munch von 1893 ähnelt.

Es ist der Schrei, den ich unterdrücke.

Bildungsgang

Im Jahr 1957 habe ich am Gymnasium in Lehrte Abitur gemacht. Also ist in diesem Jahr der fünfzigste Jahrestag der Reifeprüfung zu feiern. Ende Juni wollten wir uns an der alten Schule treffen. Sechzehn von neunzehn Abiturienten leben noch, Mitschüler, die vorher abgegangen waren, sind auch dabei. Nur ich muss nun absagen, weil der Tumor mich stoppt. Das trifft mich umso mehr, als ich in meiner Heimatstadt Burgdorf für mein »Lebenswerk« geehrt werden soll. Der Bürgermeister will den Sohn der Stadt auszeichnen, der in der Welt herumgekommen ist.

Was da gelaufen ist, in Lehrte und in Burgdorf, bekomme ich erst mit Abstand erzählt und dokumentiert. Aber zu meiner großen Überraschung gehören zu den Unterlagen des Klassentreffens auch die Abiturarbeiten von 1957, vor allem der Aufsatz und der »Bildungsgang«. Um unsere Reife zu belegen, mussten wir aufschreiben, was uns bis zu diesem Zeitpunkt zu dem Menschen geformt haben könnte, dem jetzt der Weg ins erwachsene Leben freigegeben wurde.

Ich lese im Krankenbett, wie die Schrecken des Krieges – die Bombenangriffe vor allem – meine Kindheit geprägt und meine Jugend vergiftet haben. »Spielzeug gab es nicht«, schrieb ich als Neunzehnjähriger in meinem Bildungsgang. »Und wenn ich heute vor einer Spielwarenhandlung stehe, denke ich mir manchmal, wie schön es sein muss, jetzt Kind zu sein. Wir hatten damals nur den Krieg, er ist mein bleibendes Erlebnis. Wir spielten jeden Tag Soldaten, und als ich 1943 zur Schule kam, lernten wir auch dort strammstehen und marschieren.«

Ich bin nicht so sicher wie Siegfried Lenz, dass die Welt für jeden von uns nur einen Inhalt bereithält, eine Rolle, einen Charakter womöglich – aber ich bin sehr sicher, dass ich mir über die Jahre eine Haltung erarbeitet und erlitten habe, die mich und meine spezielle Weise, in der Welt zu sein, kennzeichnet. Und die will ich nicht preisgeben, wenigstens nicht kampflos.

Die Riesenbahnstation, die früher Lehrter Bahnhof hieß, sehe ich nach der Lektüre meiner Aufsätze mit anderen Augen. Oft habe ich, als sie gebaut wurde, mit Gerhard Schröder im Kanzleramt darüber gespottet. Ob er es nicht ein bisschen übertrieben finde, habe ich ihn angefrotzelt, sich einen »Lehrter Bahnhof« vor das Fenster bauen zu lassen, nur weil er in Lehrte geheiratet hatte und Bundestagsabgeordneter geworden war? Da würde ich wohl von mir ablenken wollen, konterte er: »Für dich war der Bahnhof in Lehrte doch das Tor zur Welt.«

Tatsächlich bin ich als Fahrschüler neun Jahre lang – von 1948 bis 1957 – täglich dort morgens angekommen und mittags wieder abgefahren. Zweimal bin ich auf den zehn Kilometern zwischen meiner Heimatstadt Burgdorf und meinem Gymnasium um die Erde gereist. Noch heute muss ich, wenn ich am Berliner Hauptbahnhof einsteige und den Bahnhof Lehrte Richtung Hannover passiere, an die herrliche Schokoladensuppe denken, die wir der amerikanischen Schulspeisung verdankten. Wir saßen am Ende des Bahnsteigs vor der Bahnhofsmission und löffelten unsere Kochgeschirre leer. Der Bunker nebenan steht immer noch, wenn auch von Efeu überwachsen.

Ich sehe aus dem Krankenzimmer das Kanzleramt und erinnere mich an intensive Diskussionen mit dem ersten Hausherrn. Wie hat Schröder anfangs mit seinem neuen Amtssitz gehadert. Für ihn war der Bau ein Kohl-Monstrum. Ein Schild wollte er unten anbringen, auf dem stehen sollte: »Dies ist nicht mein Deutschlandbild!« Die Chemie zwischen ihm und dem Architekten Axel Schultes stimmte überhaupt nicht. Erst als der Bau später Preise gewann, hielt Schröder eine versöhnliche Rede. Aber einsam und vom Leben ausgesperrt fühlte er sich darin immer. Sein Büro konnte ein gespenstischer Ruhepunkt sein – am 11. September 2001 zum Beispiel.

Fängt die Erinnerung an, eine Stadt zu erschließen, sie sich »zu eigen« zu machen, dann reihen sich Lebensphasen aneinander. Geschichtsausstellungen im alten Reichstag, Bundestagssitzungen in der Kongresshalle – erschüttert von schallmauerdurchbrechenden russischen MIG-Jägern, die im Tiefflug darüber hinwegdonnerten –, Christos märchenhafte Reichstagsverhüllung, Maikundgebungen mit Willy Brandt in den sechziger Jahren, die Fußball-WM 2006 mit der Fanmeile und jetzt das Feuerwerk der Eidgenossen zu ihrem Nationalfeiertag.

Anekdoten, gewiss, nicht bedeutend, aber doch Markierungen auf der Landkarte meines Lebens. Wie könnte ich hoffen, dass meine Krankheit »Episode« bleibt, würde ich sie nicht deutend einklinken in den inneren Diskurs meiner Selbstreflexion? Ich vergewissere mich meiner Identität doch, indem ich mir mein Leben immer wieder neu und in veränderter Perspektive erzähle.

So setzt sich aus Erinnerungsfetzen und aktuellen Schmerzen im Krankenbett mein »eigentümliches« Leben zusammen, das mein Wesen ausmacht. Und unheimlich sind mir jene postmodernen jungen Menschen, die sich in jeder Situation selbst erzeugen, indem sie auf veränderte gesellschaftliche Erfordernisse reagieren und sich den jeweiligen Gegebenheiten anpassen.

Ich – Geduld

Es ist Dienstag, der 14. August 2007, gegen 14.30 Uhr, als die Assistentin Sedi ruft: »So, Herr Leinemann, es geht los.« Zum letzten Mal höre ich das Scheppern, Rasseln, Kreischen der Strahlenkanone, sehe sie links und rechts über mich wegschwenken, verharren, einrasten und warte dann auf diesen singenden Sägeton. Und schließlich das herbeigefieberte: »So, das war's. Ich nehme Ihnen jetzt Ihre Maske ab.« Alle sind sie da – die Iranerin, die Polin und die junge Deutsche. Gratulieren mir dazu, dass ich Bestrahlung und Chemo hinter mir habe, und Sedi sagt: »Nehmen Sie es nicht persönlich. Aber ich will Sie hier nie wieder sehen.«

Immer habe ich gesagt, ich glaube erst, dass es vorbei ist, wenn ich die Charité im Rückspiegel meines Taxis nicht mehr sehe. Kurz nach fünf Uhr ist es so weit. Nach vierundvierzig Tagen Klinik bin ich wieder ein halbwegs freier Mensch. Aber als Fall Nummer 302670317 bin ich noch längst nicht erledigt.

1. Kapitel

Wieder zu Hause

»Woran denkst du, Vater?«

Wow, geschafft. Nach Luft schnappend, sackte ich auf meinen Sitz. Mein Herz klopfte so heftig, dass ich dachte, jeder müsste es hören. Ich schloss die Augen und war glücklich. Und stolz. Wer hätte mir das zugetraut? Noch am Morgen waren mir selbst Zweifel gekommen. Aber jetzt war ich hier.

Langsam beruhigte sich mein Atem. Trotzdem brauchte ich eine Weile, bis ich es wagte, die Menschen in meiner Nachbarschaft vorsichtig zu mustern. Hatten sie gemerkt, dass ich die letzten Meter fast getaumelt war? Aber auf mich schien keiner zu achten. Sie starrten alle nach unten auf den Platz. Erst jetzt blickte auch ich auf den leeren grünen Rasen. Gleich würden die Mannschaften auflaufen, Hertha BSC in Blau. Vierundvierzig Tage hatte ich in der Klinik gelegen und an mindestens vierzig Tagen dieses Bild immer mal wieder vor Augen gehabt: Bundesligafußball, und ich im Berliner Olympiastadion. Es wurde mir zu einem Symbol für Genesung und den Wiedereintritt in die Normalität. Ich klammerte mich daran wie an einen Fetisch. Jetzt war ich hier, und alles würde gut werden.

Vor vier Tagen erst war ich aus der Charité entlassen worden, wo die Ärzte fast sechs Wochen lang mit Strahlen- und Chemotherapie den tückischen Tumor in meinem Hals auszumerzen versucht hatten. Ob sie erfolgreich waren, würde ich erst im November erfahren, frühestens. Bis dahin konnte ich mit meiner heißersehnten Rückkehr in die Normalität aber nicht warten.

Wie ernst es mir damit war, das sollte der Stadionbesuch demonstrieren.

Mein Freund Kurt, ein Fußballfan wie ich, war sofort bereit gewesen, mich zu begleiten, immerhin ging es gegen den amtierenden Deutschen Meister, den VfB Stuttgart. Kurt saß ein paar Reihen entfernt. Jetzt war er losgegangen, um mir einen Tee zu besorgen. Langsam füllte sich das Stadion, nur die Plätze rechts und links von mir blieben frei. Eigentlich hätte ich froh sein können, weil mir das mehr Bewegungsspielraum ließ. Stattdessen reagierte ich mit Misstrauen. Hatte man eine Sicherheitszone um mich geschaffen? War ich ein Aussätziger? Längst hatte ich erfahren, dass Krebs für viele noch immer so sehr eine Schande ist wie eine Krankheit. Das hatte mich empfindlich gemacht. Sah man mir etwa sogar hier »das Böse« an, das in mir gewachsen war?

Als das Spiel begann, vergaß ich das alles. Keine Schmerzen mehr im Mund, keine weichen Knie. Ich konnte zwar noch nicht schreien mit meinem maladen Hals, wohl aber mit den anderen bei Toren aufspringen und die Arme hochreißen. Nur fielen erst einmal keine Tore. Trotzdem stieß ich den Tee um, den Kurt mir besorgt hatte, und in der Halbzeit schlief ich vor Erschöpfung ein. Aber ich hielt durch. Und es wurde auch noch eine richtig spannende Begegnung, die Hertha 3:1 gewann.

Beim nächsten Heimspiel war ich wieder da.

Meiner Frau Rosemarie erzählte ich zu Hause nur, wie glücklich ich war, wieder beim Fußball gewesen zu sein, und wie stolz, es bis ins Olympiastadion mit all seinen gigantischen Blöcken und vielen Treppen geschafft zu haben. Kein Wort über meine Mühen beim An- und Abmarsch, die ich ohne Kurt nie geschafft hätte, keine Silbe über meine Außenseiterphantasien. Zu Hause war alles gut, dafür war es ja zu Hause. Hatte ich in meinem Krankenbett und unter meiner Strahlenmaske nicht oft genug davon geträumt?

Meine Heimkehr aus der Klinik hatte ich als positiven Kulturschock erlebt. Die Vertrautheit umhüllte mich wie ein warmes Bad. Immer wieder wanderte ich langsam durch die Wohnung, von hinten nach vorn, von vorn nach hinten. Ich fläzte mich in meinen Lieblingssessel, legte mich auf alle Sofas und Liegen, stand minutenlang vor den Bücherwänden, zog vertraute Bände heraus und las ein paar Zeilen, schaltete den Fernseher an, nur um das schöne Bild zu sehen, und posierte gedankenleer, aber zufrieden an meinem Schreibtisch.

Wir sind oft umgezogen in unserem Leben, das brachte der Journalistenberuf so mit sich. Aber unsere Berliner Wohnung liebten wir besonders. Jetzt erlebte ich sie, als wäre sie mir neu geschenkt worden. Ja, hier sollte sich verwirklichen lassen, was meine Frau und ich uns an meinem vorletzten Tag in der Charité in fast pathetischer Feierlichkeit versprochen hatten: Gemeinsam wollten wir unsere restliche Lebenszeit gestalten, in Würde, trotz der Krankheit.

Im Grunde fing mein Rentnerleben zu Hause jetzt ja auch erst an. Bis zum Ende des letzten Jahres war ich ja noch täglich in die *Spiegel*-Redaktion am Brandenburger Tor gefahren, danach hatte mir ein Freund, für den ich auch noch ein bisschen arbeiten wollte, ein kleines Büro in seiner Fernsehproduktionsfirma überlassen. Da war ich hin und wieder gewesen, schon wegen Rosemarie, die in unserer Wohnung noch eine kleine Privatpraxis unterhielt und am liebsten nicht gestört werden wollte.

Richtige Gewohnheiten gab es für unser siebtes Jahrzehnt also noch gar nicht. Abends gemeinsam *Tagesschau* sehen und morgens zusammen frühstücken und über den Zeitungsrand hinweg ein bisschen diskutieren – das war es im Grunde. Alles andere sollte sich gerade einspielen, als die Krankheit schlagartig alles veränderte. Jetzt bestimmte sie unser Leben zu Hause.

Dreimal täglich – morgens gegen neun, mittags zwischen eins und zwei und abends zwischen sechs und sieben – kamen die jungen Schwestern einer örtlichen Pflegestation, um meine tiefe Bauchwunde zu verbinden und mich an die tägliche Nahrungszufuhr anzuschließen. Durch die massive Bestrahlung war der Tumorbereich im Hals so verätzt und vernarbt, dass ich zunächst einmal nicht schlucken konnte. So blieb ich auf künstliche Nahrung angewiesen.

An einem Ständer neben meinem Schreibtisch hingen jeweils ein Beutel mit geschmackloser, gelblicher Astronautenpampe und ein Sack mit Wasser. Das alles war, was Kalorien und Vitamine betraf, aufs Genaueste berechnet, kleckerte mir aber tropfenweise so langsam über ein Schlauchsystem in den Magen, dass ich täglich bis zu sechs Stunden an meinen Schreibtischstuhl gefesselt war. Wegen meines Diabetes musste ich die Nahrung regelmäßig zu mir nehmen, konnte die Sondenkost deshalb nicht nachts im Schlaf in mich reinlaufen lassen. So mussten Rosemarie und ich täglich, auch sonnabends und sonntags, zur selben Zeit aufstehen, um alles für die vier freundlichen, einander ablösenden Pflegerinnen vorzubereiten.

Das war lästig, aber längst nicht alles, an das wir uns gewöhnen mussten. Rosemarie, die als Angehörige wie als Ärztin gefragt war, hing manchmal stundenlang am Telefon, um meine medizinische Versorgung zu organisieren. Die Strahlenspezialisten in der Charité hatten uns mit dem Auftrag entlassen, im November wiederzukommen. In der Zwischenzeit aber waren wir auf uns selbst gestellt. Nur die Chirurgen, die mit einer beherzten Operation den Schaden durch die Bauchfellentzündung behoben hatten, für den ihre Kollegen von einer anderen Fakultät verantwortlich waren, schlossen mich in ihr Herz und betreuten mich weiter. Zweimal die Woche versorgten sie die Wunde in ihrer Ambulanz. Das erforderte immer eine Reise quer durch Berlin, hin und zurück.

Sooft ich früher zum Bäcker gegangen war, so häufig besuchte ich jetzt die Apotheke. Nahezu täglich machten wir uns überdies auf den kurzen, mir aber immer mühsamer werdenden Weg zu unseren Hausärztinnen. Demonstrative Kraftakte, wie mein Ausflug ins Olympiastadion, konnte ich nicht täglich vollbringen. Schon nach meinem ersten Gang zu den beiden Ärztinnen in der Nachbarschaft bat ich meine Tochter Susanne, mich mit dem Auto heimzufahren – zu Fuß hätte ich es nicht zurückgeschafft.

Die beiden Hausärztinnen, die die Praxis gemeinsam betreiben, waren einverstanden, die zentrale Betreuung meiner diversen gesundheitlichen Malaisen zu übernehmen. Aber für einige meiner Defekte brauchte ich zusätzlich eine fachärztliche Behandlung. Um meinen Diabetes kümmerte sich schon eine spezialisierte Kollegin, zu der HNO-Ärztin aber, die bis zum Schluss meinen Tumor nicht erkennen konnte, wollte ich auf keinen Fall zurück. Also brauchten wir einen kompetenteren Nachfolger. Und einen Schmerzspezialisten suchten wir auch. Am liebsten wäre mir dazu noch ein Facharzt für Onkologie gewesen, aber der war nicht leicht zu finden.

Ich raffte derweil alle meine verbliebenen schwachen Kräfte zusammen, um mir selbst und meiner Umwelt so viele Signale der Normalität zu liefern wie möglich. Dabei war mir die Unnormalität ins Gesicht geschrieben. »Du hast grau ausgesehen damals«, erzählte mir später eine Freundin, »unlebendig. Als ob unter der Oberfläche etwas fehlte.« Über zwanzig Kilo hatte ich abgenommen, jetzt strapazierte ich meine letzten Reserven. Obwohl meine Stimmkraft nicht ausreichte, um länger zu sprechen, empfing ich täglich Besucher. Und Weihnachten, nahmen wir uns vor, würden wir wie immer nach Sylt reisen. Das wäre doch gelacht, wenn wir das nicht schafften.

Und tatsächlich – der Eindruck, den ich erwecken wollte, stellte sich ein. »An deinem Schreibtisch sah es aus wie früher. Der Computer war eingeschaltet, aufgeschlagene Bücher und handgeschriebene Notizen lagen herum«, erinnert sich meine

Tochter, »es sah sehr nach Arbeit aus.« Ich fing auch, kaum war ich aus der Charité entlassen, sofort an, den Text zu redigieren, den ich im Krankenhaus über meine Erlebnisse für die *Zeit* geschrieben hatte und der jetzt in diesem Buch – in leicht verkürzter Form – als Prolog abgedruckt ist. Das sollte mein Schlussstrich sein unter diese schreckliche Zeit.

Danach setzte ich übergangslos die Arbeit an dem neuen Buch fort. Über den Generationswechsel in der Politik wollte ich schreiben. Dafür hatte ich, bevor die Krankheit mich niederstreckte, schon eine Reihe von Interviews geführt, viel gelesen und eine Menge Material gesammelt. Ich schätzte, dass ich Stoff genug für mindestens drei Kapitel haben müsste. Bis zu meiner Rehabilitationskur, die ich im folgenden Monat antreten würde, sollte es wohl reichen.

Ich ging sogar ins Theater, in die nur wenige hundert Meter entfernte Schaubühne, wo sich die Berliner Bühnengemeinde mit einer ergreifenden Trauerfeier von dem an Krebs gestorbenen Schauspieler Ulrich Mühe verabschiedete. Noch einmal sah ich, nun als Filmdokumentation, seinen unvergesslichen »Hamlet«, den er in der Inszenierung von Heiner Müller in den Monaten der Wende 1989/90 am Deutschen Theater geprobt und gespielt hatte. Nie vorher und auch nicht danach habe ich politische Machtkämpfe so eindrucksvoll und lebensnah auf der Bühne erlebt wie damals. Und nun bekam ich – sozusagen als Abschiedsgeschenk – die Entstehungsgeschichte dieser legendären Aufführung samt tagespolitischem Kontext nachgeliefert.

Ich habe den Schauspieler Ulrich Mühe, dem ich nach dem Mauerfall persönlich einmal begegnet bin, schon zu seinen Lebzeiten bewundert. Jetzt berührte mich die Tatsache, dass ich mit dem Verstorbenen das bedrohliche Krebsschicksal teilte, stark und brachte mich dem großartigen Darsteller und seinen tragischen Lebensumständen auch menschlich nahe. Nach dieser

Feier, die gut drei Stunden dauerte, war ich zwar vollkommen ausgelaugt und erschöpft, aber während der Reden und der Vorführung saß ich wie gebannt da und spürte nichts von meiner Krankheit. Allerdings war das eben die Ausnahme, nicht die Normalität. Obwohl mir alle Freunde und auch die Ärzte bestätigten, dass ich sozusagen täglich besser aussähe, wusste ich selbst genau, wie sehr dieser Anblick täuschte.

Denn in Wahrheit fühlte ich mich oft sterbensmüde und verzweifelt. Manchmal erwischte ich mich dabei, wie ich lange Zeit grübelnd vor mich hin stierte. So hatte auch mein Vater in seinen letzten Lebensjahren oft dagesessen, in sich versunken, unzugänglich und todtraurig. Resigniert winkte er ab, wenn ich ihn fragte, ob er Schmerzen oder Sorgen habe. »Woran denkst du, Vater?« – »An gar nichts.« Nie erklärte er sich. War ich jetzt auch schon am Ende?

Eine Freundin fragte mich kurz nach meiner Rückkehr aus der Klinik, ob mir beim Nachdenken über mein Leben bewusst geworden sei, dass ich irgendetwas Entscheidendes versäumt hätte. »Nein«, sagte ich entschieden, »ganz und gar nicht.« Tatsächlich bin ich mit den ersten siebzig Jahren meiner Existenz rundherum zufrieden, auch wenn keineswegs alles nach Wunsch verlief. Aber es ist ein reiches Leben gewesen, reich an Begegnungen, an Erlebnissen und an Erfolgen. Reich aber auch an schmerzlichen Erfahrungen.

Als Mensch bin ich glücklich über meine kleine Familie, als Journalist habe ich ein spannendes Stück Geschichte persönlich miterlebt. Dass ich womöglich von der Welt genug gesehen haben könnte, schwante mir spätestens, als ich eines Tages vor einer neuen Reise neben meinem halbgepackten Koffer eingeschlafen war. Nein, noch einmal: Siebzig Jahre lang gab es an meinem Leben nichts zu meckern, wie der Berliner zu sagen pflegt. Ich hatte auch keine bestimmten Wünsche an das, was noch hätte kommen sollen. Nur was dann wirklich kam im einundsiebzigsten, dem Jahr des Krebses, darauf hätte ich gern verzichtet.

Tatsache war, dass von der erhofften und vielbeschworenen Normalität keine Rede sein konnte. Die ersten zehn Tage zu Hause waren schlimmer als alles, was ich in der Klinik durchlitten hatte. Wie hatte ich mich auf mein eigenes Bett gefreut, doch jetzt wurden die Nächte zu Quälerei. Schleim, Schleim, Schleim, ich hustete mir die Seele aus dem Leib. Schlaflosigkeit wechselte mit Erstickungsängsten und Albträumen. Kalter Schweiß tropfte mir von der Stirn.

Der Mund war ausgetrocknet und brannte, wenn ich ihn mit Tee oder Wasser spülte, als hätte jemand Pfeffer hineingeschüttet. Der Hals war wund. Meine Stimme versiegte bisweilen völlig. Morgens gurgelte ich Wortfetzen hervor, sprechen konnte man das Gewürge kaum nennen. Die Mundtrockenheit klebte meine Zunge an den Gaumen. Wenn ich reden wollte, musste ich spülen – und das tat höllisch weh.

Eine quälende Unruhe trieb mich um. Ich hatte große Schwierigkeiten, mich zu konzentrieren. Selbst als die Schmerzen nach den ersten zwei Wochen etwas nachließen, konnte ich mich nur mit Mühe dazu zwingen, ein Buch zu lesen. Nicht mal Krimis fesselten mich. Den Inhalt von Zeitungsartikeln hatte ich schon vergessen, wenn ich die letzte Zeile las. Dabei war ich doch immer so etwas wie ein Profileser gewesen, sowohl ein Literaturfreak wie auch ein Zeitungsfresser. Jetzt aber schrumpften meine Gedanken und Interessen immer schnell auf eine einzige Frage zusammen: Was ist mit meinem Tumor?

»Mein« Tumor? Das sagt sich zwar so, aber in Wahrheit habe ich so nicht gedacht. Anders als viele Leidensgenossen entwickelte ich keine persönliche Beziehung zu der Geschwulst, die mir den Hals zugeschnürt hatte. Gewiss, ich machte mir schon Gedanken darüber, was die Krankheit mir wohl sagen wollte, aber ich dämonisierte den Krebs nicht als das Böse in mir.

Wenigstens hatte ich das nicht vor. Eher verachtete ich meinen Körper insgesamt für seine Schwäche.

Tatsächlich habe ich wohl nie ein vernünftiges Verhältnis zu meinem Körper entwickelt. »Sie sind nie an die Grenze seiner Kräfte gegangen«, sagte mir später eine Physiotherapeutin, »deshalb können Sie nicht einschätzen, wie er auf Anspannung reagiert.« Ich habe Raubbau getrieben in meinen jungen Jahren, habe gequalmt, gesoffen und ungesund gegessen, Nächte durchgearbeitet, als ich älter war. Maßlosigkeit war mein Markenzeichen. Viel zu viel Schreibtisch, viel zu wenig Bewegung.

Immer war mein Körper nur Werkzeug, ob in der Sexualität oder beim Sport. Wobei ich Sexualität nie als Hochleistungssport betrachtet habe. Und mit dem richtigen Sport war es sowieso nicht weit her: Fußball, bis ich siebzehn war, dann ein bisschen Tennis. Später gelegentlich Schwimmen und Anfälle von Gymnastik. Alles nichts Ernsthaftes, immer zu rabiat am Anfang, dafür hörte ich schnell wieder auf. Nun waren meine Muskeln fast völlig verschwunden.

»Sie brauchen jetzt ganz viel Geduld«, sagte einer der drei Chirurgen, die mir in der Charité den Glauben an die guten Seiten der Medizin erhalten hatten, als ich zum Verbandswechsel wieder dort war. Gewiss – nur fehlte es mir an nichts mehr als gerade daran. Wie oft hatte ich schon in der Vergangenheit gespottet: Herr, gib mir Geduld, aber schnell.

Wahr ist aber, dass ich am Ende meiner Bestrahlungszeit tatsächlich richtig gebetet habe. Das kam ganz natürlich. Noch vor kurzem hatte mich ein Kollege gefragt, ob ich eigentlich gläubig sei, und ich antwortete: »Das kann ich so nicht sagen. Wenn Sie gefragt hätten, ob ich nicht gläubig sei, dann hätte ich mit einem klaren Nein antworten können. Aber so direkt? Ich weiß nicht.«

In meinem protestantischen Elternhaus gehörte das Christentum eher in den Bereich der überkommenen Konventionen. Da ich auch Germanistik studiert hatte, war mir das christliche

Abendland aber sozusagen als Lehrstoff nahegebracht worden. 1968 aus der Kirche auszutreten, nur weil ich – wie viele meiner Freunde – keine Kirchensteuer mehr zahlen wollte, war mir deshalb nicht in den Sinn gekommen. Dennoch blieben für mich Religion, Kirche und Spiritualität weltenferne Begriffe, bis mir später der Alkohol die Grenzen meiner Kontrolle und Selbstgewissheit aufzeigte.

Danach wurde ich über meine Selbsthilfegruppe vertraut mit einer vagen Formel von einer »höheren Macht«, doch tat ich mich weiter schwer mit Vertrauen in einen Gott, der alles richtet. Das änderte sich erst, als mir ein amerikanischer Freund mit einem einfachen Vorschlag beisprang: »Wenn du mal wieder grübelst, was Gott kann und wer, wo und wie Gott ist, dann reicht es erst mal, dass du weißt: Du bist es jedenfalls nicht.«

Auf dieser Ebene versuchte ich, mir eine demütige Haltung gegenüber dem Leben und meinen Mitmenschen anzugewöhnen, und merkte bald, dass es eine große Entlastung ist, noch eine andere Dimension zu vermuten, einen weiteren Horizont, der das Überschaubare überschreitet. Nun aber hatte mich die Krankheit, wie selbstverständlich, einen Schritt weitergedrängt. Ein Leben nach dem Tode konnte ich mir noch immer nicht vorstellen. Wohl aber eine Ordnung, die mir Ruhe verschafft und die Verantwortung für mich und andere abnimmt. Das lockerte den Druck, alles in dieses eine Leben hineindenken zu müssen. Auch in dieser Hinsicht fühlte ich mich ganz offen. Ich fürchtete das Sterben als einen quälenden, schmerzlichen Prozess, aber nicht den Tod. Das redete ich mir jedenfalls ein.

Noch aber hatte ich Ziele. Es gab Arbeit zu erledigen. Und ich hoffte, noch Lebensaugenblicke genießen zu können, schöne Stunden mit meinen Angehörigen, gute Gespräche mit Freunden, oder sei es auch nur wieder eine Suppe von Tochter Susanne und einen frischen Apfelsaft.

Also wollte ich – mal ungeduldig und verzweifelt, mal zuversichtlich und ruhig – auf die Besserung nach der Therapie und das Verschwinden des Tumors warten. Ein paar Wochen müsste ich mich noch gedulden, war meine Überzeugung, dann würde sich nach und nach die alte Normalität wieder einstellen. Für diese Zeit schickte mir Hans-Jochen Vogel einen grimmigen Rat, den ihm Herbert Wehner 1981 in einer persönlichen Krise hatte zukommen lassen: »Trotz alledem. Weiterarbeiten und nicht verzweifeln!«

2. Kapitel

Buckower Elegien

»Der Typ ist tausend Jahre alt«

Wir wirkten wie ein glückliches Paar im Urlaub, meine Frau und ich, als wir Hand in Hand am 11. September die Reha-Klinik in Buckow betraten. Das passte zum Bild des Hauses – mit dem lichten Foyer und einem großen Empfangstresen ähnelte es eher einem Hotel als einem Krankenhaus. Ich wurde freundlich begrüßt und bezog ein kleines, aber gemütliches Zimmer im Parterre mit Blick auf einen gepflegten Park und einen kleinen See. Hier sollte ich nun drei Wochen bleiben – es schien mir zumutbar.

Wir hatten uns für die Klinik in dem kleinen märkischen Städtchen Buckow entschieden, weil sie damit warb, auf onkologische Krankheiten spezialisiert zu sein. Der Ort liegt etwa vierzig Kilometer östlich von Berlin, fast an der polnischen Grenze. Freund Kurt fuhr uns mit dem Auto hin, die Straßen im Ort waren noch in dem gleichen bejammernswerten Zustand, den schon Theodor Fontane beklagt hatte. Vom Zentrum Berlins, durch die brandenburgischen Vororte der Hauptstadt und die Wälder im Osten, brauchten wir knapp zwei Stunden. Mit der Bahn war der Ort auch zu erreichen, wenn auch noch mühsamer.

Einmal waren meine Frau und ich gleich nach der Wende in Buckow gewesen, um das Haus zu besichtigen, in dem Bertolt Brecht nach dem Kriege gelebt hatte. Seine »Buckower Elegien« von damals spiegeln nicht nur Brechts Enttäuschung über den Stalinismus und den bürokratischen DDR-Sozialismus wider, sondern auch die Melancholie dieses malerischen Ortes zwischen den Seen und den hügeligen Wäldern der »Märkischen Schweiz«. Die Gedichte sollten sich als angemessene Grundmelodie für meinen Kuraufenthalt erweisen: »Heute Nacht im Traum sah ich Finger, auf mich deutend wie auf einen Aussätzigen.«

Eine elegische Stimmung lag auch über dem Abschied von Rosemarie, die mit Kurt nach Berlin zurückfuhr. Ich wusste, dass sie dringend Erholung brauchte und eine Radtour durch Südfrankreich gebucht hatte, und ich gönnte ihr diesen Urlaub von ganzem Herzen. Die letzten Wochen waren auch für sie schwer gewesen, schon die Klinikzeit hatte ihr zugesetzt. »Ich will nicht neben dir verkümmern. Deshalb muss ich ab und zu mal raus«, sagte sie, »sonst kann ich dir auch nicht helfen.«

Sie half mir, und wie. Während der Klinikzeit besuchte sie mich täglich. Für mich waren das immer die Höhepunkte meines tristen Lebens unter der Herrschaft der Strahlenkanone. Rosemarie hielt telefonisch Kontakt zu unseren Freunden, kümmerte sich hingebungsvoll um unsere Enkel, die sie innig liebt. Und sie hielt ihre Praxis aufrecht. Oft erlebte ich sie erschöpft und müde. Trotzdem fand sie immer wieder Zeit für lange Gespräche mit mir über unsere gemeinsame Zukunft. Mir schien es manchmal, als begänne unsere dreiundvierzig Jahre alte Ehe noch einmal eine neue Qualität anzunehmen – reifer, inniger, vertrauter.

Aber es gab auch Belastungen. Rosemarie ist viel disziplinierter, auch asketischer als ich. Den Begriff Normalität hatte sie zur Beschreibung ihrer Zukunftswünsche eingeführt, ich benutzte ihn eher mit Reserve. Sie glaubte eben viel entschiedener als ich an die Rückkehr zu früheren Mahlzeiten, auch an gemeinsame Reisen. Vor allem aber beharrte sie auch jetzt auf der Autonomie ihres eigenen Lebens, bei aller Liebe und allem Verständnis für meine Situation.

Ja, und sosehr ich sie verstand und sie auch unterstützen wollte – nun, im Augenblick des Abschieds, fühlte ich mich von ihr im Stich gelassen. Die Tränen, die seit der Krankheit immer leicht fließen, schossen mir in die Augen, als sie mit Freund Kurt davonfuhr.

Traurig schlich ich durch den Garten und tat mir leid. Ich sehe mich noch heute verloren am Ufer des Sees stehen und in die Ferne starren, als wäre ich ein Schiffbrüchiger, gestrandet in der Wildnis. Meine Leidensgefährten nahm ich aus großer Distanz wahr. Ich hatte nicht die Absicht, sie näher kennenzulernen. Ich fühlte mich einsam und wollte es auch bleiben.

Am stärksten war die Gefahr, in Wehleidigkeit und Selbstmitleid zu versacken, am zweiten Tag. Da rief Rosemarie fröhlich aus Frankreich an und Tochter Susanne aus Italien, während ich mir gottsjämmerlich verlassen vorkam – abgeschoben, abgeschrieben, verstoßen. Die waren in den schönsten Urlaubsgebieten Europas und ich am Arsch der Welt. Womit hatte ich das verdient? Was hatte ich verbrochen, dass ich so bestraft wurde vom Leben? Zumal ich auch noch, anders als in den letzten Wochen zu Hause, meine Sondennahrung, diese klebrige Astronautenpampe, selbst im Schwesternzimmer abholen, sie eigenhändig an den Ständer hängen, sie dann mit den dazugehörigen Schlauchsystemen verbinden und den Zufluss selbst regulieren musste. War ich nicht ein erbarmungswürdiges, armes Schwein?

Nach einiger Zeit ging mir mein Gejammer selbst auf die Nerven. Ich wollte kein Opfer sein, das hatte ich mir schon in der Charité vorgenommen. Also durfte ich mich auch nicht wie eines aufführen. Kurz entschlossen zog ich mich eines Mittags an, durchquerte mit strammen Schritten das Foyer, wo viele Mitpatienten sich mit Kuchen, Eis und Sahne zuknallten, und machte mich auf den Weg ins Zentrum des Städtchens. Dass die Strecke viel zu weit war für meine weichen Knie, merkte ich erst auf dem Rückweg. Aber ich schaffte es.

Als ich danach schwer atmend wieder auf meinem Sofa lag, war das Selbstmitleid erst einmal verschwunden. Ich schwor mir, täglich so einen Marsch zu machen – einer von den vielen guten Vorsätzen, die ich nur bruchstückhaft umsetzte. Zerknirscht kam ich mir vor wie einer der Politiker, über deren gebrochene Versprechen ich mich mein halbes Leben lang empört hatte. Zum Glück hielt mich tagsüber der Routinebetrieb in der Klinik in Bewegung. Mein Tagesablauf war ausgefüllt mit gymnastischen Übungen, Krafttraining auf dem Fahrrad-Ergometer, Messterminen (Blutdruck und Zucker), Verbandswechsel (die lange Operationswunde am Bauch war immer noch nicht zugeheilt), Sprech- und Schlucktraining und entspannenden Bädern. Außer an Wochenenden fand ich kaum Zeit für Spaziergänge.

Gern hätte ich die langen Abende zum Lesen benutzt, aber das Licht im Zimmer war zu mickrig. Blieben also Fernsehen und Nachdenken, was freilich immer mit der Gefahr verbunden war, wieder in Melancholie zu versacken. An Fragen fehlte es mir ja nicht. Nur mit der ewigen Warum-gerade-ich-Frage wollte ich mich nicht mehr herumschlagen. Dass die zu nichts führte, außer zu selbstquälerischen Schuldvorwürfen, hatte ich schon bei früheren Gelegenheiten erfahren.

Ich wusste, dass weit über 400 000 Männer, Frauen und Kinder in Deutschland jährlich an Krebs erkranken und dass inzwischen fast die Hälfte davon – 45 Prozent – mit dem Leben davonkommt. Warum also nicht ich? Und ich kannte natürlich die Warnung der Amerikanerin Susan Sontag, sich nicht durch die Dämonisierung dieser Krankheit verrückt machen zu lassen. »Weitverbreitete psychologische Krankheitstheorien sprechen dem glücklosen Kranken letztendlich die Verantwortung sowohl für die Erkrankung als auch für die Gesundung zu«, hat sie in ihrem berühmten Essay »Krankheit als Metapher« geschrieben.

Nein, das wollte ich für mich nicht einfach so akzeptieren. Es sollte mich andererseits aber auch nicht davon abhalten, in meinem eigenen Leben nach möglichen Ursachen für meinen maroden Zustand zu suchen. Nicht, weil ich den Krebs als Schande oder gar als Strafe betrachtete, sondern, weil ich neben den oft genannten Gründen für die tückische Krankheit – wie Umweltschäden und genetische Anlagen – ein persönliches Mitverschulden durch meine Lebensführung nicht ausschließen wollte.

Es war einfach Zeit, einen prüfenden Blick auf mein ganzes Leben zu werfen, vor allem auf meine Krankengeschichte. In meiner flüchtigen Erinnerung hatte ich alles in allem ein ziemlich gesundes Leben geführt. Doch dieser Eindruck entpuppte sich bei näherer Betrachtung als falsch. Tatsächlich war ich erschrocken über die Liste schwerer Krankheiten und über die Leichtfertigkeit, mit der ich – vor allem in den letzten fünfzehn Jahren – alle Warnsignale missachtet hatte, die mich zu Veränderungen meines Lebensstils, insbesondere meiner Arbeitsbesessenheit, hätten veranlassen sollen.

Eine Szene stand mir jetzt lebhaft wieder vor Augen, die mich schon Anfang der siebziger Jahre, als ich sie erlebte, verwirrte und nachhaltig beschäftigte: Es war an einem 4. Juli, Amerikas Nationalfeiertag, während des Vietnamkriegs. Richard Nixon war noch Präsident und hatte auf der Mall hinter dem Weißen Haus zu einer großen Unterstützungsdemonstration für seine Vietnampolitik aufgerufen. Bevor es richtig losging, saß ich, damals Mitte dreißig und *Spiegel*-Korrespondent in Washington, D.C., zusammen mit einigen deutschen Kollegen diskutierend auf dem Rasen. Ein junger Schwarzer hörte uns zu und wollte wissen, woher wir kämen und »zu welcher Sorte Mensch« wir gehörten. Dazu sah er jedem von uns tief in die Augen, murmelte: »Okay«, bis er vor mir stand. Da sprang er nach seiner Inspektion plötzlich entsetzt zur Seite, rief: »Oh no, dieser Typ ist tausend Jahre alt« und lief davon.

Die anderen hielten das damals für einen makabren Scherz

und gingen schnell darüber hinweg. Mich aber hatte dieses Erlebnis heftig erschreckt. Denn der Junge hatte in mir einen wunden Punkt getroffen. Schon seit meiner Pubertät fühlte ich eine düstere Seite in mir, eine Schwermut, die mich manchmal tief hinabzog. Goethes »Werther« war die Lieblingslektüre meiner Schulzeit gewesen, und auch noch jetzt in Amerika packte mich manchmal unvermittelt der Blues, wie sie hier sagten: Ich fühlte mich traurig und uralt. Dabei galt ich eigentlich als ziemlich lebensfroher Bursche. War es auch, wenigstens meistens. Über meine Schattenseite redete ich mit niemandem, nicht einmal mit meiner Frau. Aber die dunkle Ahnung, dass etwas Selbstzerstörerisches in mir schlummerte, verließ mich nie.

Jetzt in Buckow musste ich immer an den schwarzen Jungen und seinen Spruch denken, wenn ich darüber grübelte, ob mein Körper mir nicht Warnsignale hatte zukommen lassen, als – oder gar bevor – der Tumor in mir wuchs. Hätte ich alarmiert sein sollen? Hatte ich die Zeichen übersehen?

Ich ging die Serie meiner ernsthaften Erkrankungen durch und versuchte mich an Auffälligkeiten zu erinnern. Sie begann – nach den üblichen Kinderkrankheiten wie Scharlach und Mumps, von denen ich kaum noch etwas weiß – mit einem Trümmerbruch des linken Ellenbogens, der bis heute steif ist. Das war 1954, ein Sportunfall beim Fußballtraining. Er beendete meine nicht sonderlich aussichtsreiche Kickerkarriere just in dem Augenblick, als ich sie ernsthaft starten wollte. Deshalb war ich an jenem Abend freiwillig zu einem Sondertraining gegangen. Sollte das schon ein Zeichen von krankhaft übertriebenem Ehrgeiz gewesen sein?

Nein, etwas anderes als einen dummen Unglücksfall konnte ich darin nicht erkennen. Unvergessen blieb freilich, dass mir die zärtliche Betreuung durch die jungen Krankenschwestern während des wochenlangen Krankenhausaufenthaltes damals ausnehmend gut gefiel. War es also nur ein Zufall, dass sich mein

Liebesleben in den folgenden zehn Jahren nahezu ausschließlich auf Krankenschwestern, Medizinisch-Technische Assistentinnen und Ärztinnen beschränkte? Eine habe ich dann ja schließlich auch geheiratet. Offenbar war ich in der Liebe immer ein »Fall«, der sich behandeln ließ.

Ernst um meine Gesundheit wurde es erstmals während des Studiums im Winter 1959/60. Beim Blutspenden in Göttingen entdeckten die Ärzte, dass meine Leber ziemlich angegriffen war. »Hatten Sie vielleicht eine verdeckte Gelbsucht, die Sie gar nicht gemerkt haben?« Ich hielte das durchaus für möglich, versicherte ich eifrig, ja, bei genauerem Nachdenken sogar für wahrscheinlich. Dabei wusste ich genau, dass es nicht stimmte. Ich hatte einfach zu viel gesoffen.

Schuld war allerdings nicht nur das feuchtfröhliche Studentenleben. Eine unglückliche Liebesaffäre, eine nur mit Mühe bestandene Prüfung zum Großen Latinum, Verunsicherung über meine intellektuellen Fähigkeiten und mein Berufsziel – alles kam zusammen, um mich in ein tiefes schwarzes Loch zu stürzen. Zum ersten Mal trug ich mich ernsthaft mit Selbstmordgedanken. Doch ein volles Jahr ohne einen einzigen Tropfen Alkohol brachte mich zurück in die Spur. Ich beendete mein Studium mit einem ordentlichen Staatsexamen.

Wenn ich später diese Zeit beurteilte, dann sah ich sehr wohl ein Warnsignal meines Körpers. Allerdings hatte er mich vor Alkoholmissbrauch gewarnt, nicht vor Krebs. Tatsächlich war ich wohl schon damals von süchtiger Abhängigkeit nicht allzu weit entfernt. Das hatte ich ja auch begriffen und mit ganzjähriger rigider Abstinenz reagiert. Aber meinen Lebensstil änderte ich bloß unwesentlich. Wie vorher hockte ich jeden Abend bis weit nach Mitternacht in der Kneipe. Allerdings trank ich beim Knobeln nur Apfelsaft.

Lebensgefährlich wurde es dann 1965. Ich hatte gerade meine journalistische Laufbahn bei dpa in Berlin begonnen, da wurde ich am Blinddarm operiert, sozusagen im letzten Augenblick. Ich werde nie vergessen, wie Rosemarie – damals noch nicht meine Frau, sondern eine ehemalige Studienfreundin, die als junge Ärztin in Berlin arbeitete – an mir vorbei zum Telefon stürzte und einen Krankenwagen rief. Ich hatte sie um Hilfe gebeten, weil ich wahnsinnige Schmerzen hatte. Ein Blick auf meine zusammengekrümmte Figur und mein käsiges Gesicht genügte ihr, um den Ernst der Situation zu erkennen. Ich wurde sofort operiert, der Blinddarm war unmittelbar vor dem Durchbruch gewesen. Gewiss, das war dramatisch. Ein Alarmsignal des Körpers für schlimmere Fälle kann ich darin aber nicht sehen.

Als Nächstes kündigte sich der Diabetes an. Das muss Anfang der siebziger Jahre gewesen sein, nicht lange nach der sonderbaren Begegnung mit dem schwarzen Jungen in Washington, D.C. Der Belastungsdruck meines aufregenden Jobs hatte sich in Form von vielen zusätzlichen Pfunden rund um meine Hüften abgelagert. Der Hausarzt diagnostizierte Diabetes zwei, den ich als Alterszucker kannte. Aber konnte das denn sein? Den hatte mein Vater. Ich war doch viel zu jung. Der Arzt blieb dabei und verwies auf mein Übergewicht. »Abnehmen, aber kräftig«, ordnete er an. Und wie immer in solchen Fällen befolgte ich die Anordnung besonders rigoros – ich verlor zweiunddreißig Pfund in wenigen Monaten.

Auch diese Krisenphase betrachtete ich im Nachhinein als frühe Warnung vor einer heraufziehenden gesundheitlichen Katastrophe. Aber wieder interpretierte ich sie nur als Vorzeichen des Alkoholismus, der nun nicht mehr lange auf sich warten ließ, nicht als Signal einer von Grund auf falschen Lebensweise. Damals beschränkte ich mich auf die Hungerkur. Und als die Pfunde runter waren, die Zuckerwerte wieder normal, trank ich meinen Whisky und meine Martinis wie zuvor. Ich brauchte sie gegen meine Versagensangst als Büroleiter des *Spiegel* in der amerikanischen Hauptstadt. Ich arbeitete wie besessen, rauchte wie ein Irrer, schlief schlecht und wandte alle meine Kraft dafür auf, die Fassade als erfolgreicher junger Mann, der bei Botschaftern eingeladen wurde und im Weißen Haus akkreditiert war, aufrechtzuerhalten. Nur meine Frau wusste, dass ich von einer Ärztin und Psychotherapeutin wegen endogener Depressionen behandelt wurde. Die Ärztin setzte sogar LSD ein, um mich vom Alkohol wegzubringen. Vergeblich.

Ich wusste es damals noch nicht, aber mehr und mehr war ich unter dem täglichen Rivalitäts- und Erfolgsdruck den politischen Karrieristen der Nixon-Administration ähnlich geworden, über die ich mit kaum verhohlenem Abscheu Woche für Woche schrieb. Ich teilte ihren unersättlichen Hunger nach Anerkennung und Bestätigung. Denn wie sie sah ich mich nicht nur auf der Erfolgsleiter, sondern zugleich auf der Flucht vor einer immer bedrängender werdenden Realität aus Selbstzweifeln, Furcht vor dem Scheitern und quälenden Fragen nach dem persönlichen Preis für die Karriere.

Ich habe oft erzählt und auch geschrieben, wie mein persönlicher Zusammenbruch synchron mit dem politischen Ende des mir geradezu persönlich verhassten Richard Nixon erfolgte. Es ist eine ziemlich spektakuläre Geschichte, aber es ist eben auch ein persönliches Trauma. Ich brach vor dem Fernseher zusammen, als Tricky Dick, wie er genannt wurde, das Weiße Haus verlassen musste.

Nun, besonders in meinen ersten einsamen Nächten in Buckow, geisterte diese Szene wieder und wieder durch meine angstschweißnassen Träume: wie der gescheiterte Präsident in der Tür des Hubschraubers steht und noch einmal die Finger spreizt zum Siegeszeichen – V wie Victory. Wie er davonfliegt in Schande, der einst mächtigste Mann der Welt, der nichts mehr ist als ein schäbiger, krimineller Lügner. Und ich, der alles vorausgesehen hatte, lag, erschöpft und gelähmt von Medikamenten und Alkohol, unter meinem Schreibtisch im Pressehaus, nur zwei Häuserblocks entfernt, unfähig, meinen Triumph der Welt mitzuteilen, wie es abgesprochen war mit meiner Redaktion. Und der mich dort fand, im wahrsten Sinne des Wortes am Boden, war kein Geringerer als mein oberster Chef, Rudolf Augstein höchstpersönlich. Nein, das war keine Ausgeburt meiner jetzigen miesen Träume. Das war die harte Realität am 9. August 1974 in Washington, D.C.

Ende einer Karriere? Ja und nein. Ich wurde nicht gefeuert, sondern nach Bonn versetzt, wo ich mich hinten anstellen musste in der Reihe der gestandenen Kollegen. So richtig aber bekam ich die Degradierung zunächst nicht mit, weil ich bewusst gar nicht wirklich ankam in Deutschland. Ich versuchte weiter, meine Angst in Alkohol zu ertränken, was meine Depression vertiefte, die sich mehr und mehr in schieren Lebensüberdruss verwandelte. Ich wollte nicht mehr, und ich konnte nicht mehr. Für meine Familie sah ich mich nur noch als Belastung. Monatelang quälten mich Suizidgedanken, die sich bisweilen in ohnmächtigen Hilferufen Bahn brachen, bis ich es dann ernsthaft versuchte. Ich überlebte nur knapp. Tagelang dämmerte ich im Koma. Als ich endlich aufwachte und den Arzt an meinem Bett sah, war ich keineswegs erleichtert. »Ach, du Scheiße«, sagte ich zur Begrüßung.

Erst eine massive Therapie in einer psychosomatischen Klinik in Bad Herrenalb brachte die Wende. Ich begriff, dass ich nicht wirklich sterben wollte, ich hatte nur nicht mehr weiterleben wollen wie bisher. Um in die Klinik aufgenommen zu werden, musste ich trocken sein, ohne einen Tropfen Alkohol im Blut. Ich war auch so weit. Meine Leberwerte waren miserabel, meine Bauchspeicheldrüse kaputt, meine Sehkraft eingeschränkt. Ich spürte, dass mein Arbeitsplatz wackelte und dass ich meine Familie zerstörte. Psychisch war ich sowieso am Ende. Am 21. September 1976 trank ich meinen letzten Schluck Alkohol – aus der Flasche, Calvados.

In der Klinik, wo der eindrucksvolle Chefarzt Walter Lechler seine tiefe Liebe zu Alkoholikern in ein knallhartes Therapiekonzept kleidete, lernte ich neu leben. Als mich nach der Entlassung mein Freund Oskar nach Karlsruhe zum Bahnhof fuhr, hatte ich das Gefühl, ein neuer Mensch geworden zu sein, körperlich, geistig, emotional verwandelt. Ich fühlte mich mit mir im Reinen, offen, kraftvoll und fit. Wenn ich fortan über mein Leben reflektierte, teilte ich es in zwei Hälften – vor und nach Herrenalb.

Alles sollte jetzt anders sein. Zum Beispiel war ich fest davon überzeugt, dass ich nie in meinem Leben Krebs kriegen würde. Dass diese heimtückische Krankheit vor allem Menschen zu überfallen pflegt, die ihre Gefühle verdrängen, insbesondere ihre Wut, schien mir damals eine unumstößliche Gewissheit. Prompt zündete ich mir noch auf dem Bahnhof in Karlsruhe meine erste Zigarette nach neun Wochen an. In der Klinik war Rauchen verboten gewesen.

Tatsächlich habe ich in den folgenden vierundzwanzig Jahren, die beruflich wie privat meine erfolgreichsten und glücklichsten waren, nicht einen einzigen Tag an meinem Arbeitsplatz beim *Spiegel* gefehlt. Mein Umgang mit Arbeit wurde entspannter, mein Selbstbild war klarer. Sollte ich mich zu sicher gefühlt haben damals? Oder war ich nach und nach in die alte Routine abgeglitten? Auch mein Körper funktionierte wieder so reibungslos wie erwartet, ohne mich indes ganz von Krankheiten zu verschonen. Schon Anfang der neunziger Jahre meldete sich der Diabetes zwei wieder, den ich dieses Mal nur kurze Zeit mit Diät in Grenzen halten konnte. Bald brauchte ich Medikamente, seit über zehn Jahren spritze ich nun schon Insulin. Aber meine Arbeit blieb davon unberührt.

Erst Ende 2001 wurde es dann wieder wirklich ernst mit meinem Gesundheitszustand. Eine Routineuntersuchung beim Kardiologen ergab Hinweise auf deutliche Einschränkungen des

Blutflusses in den Herzkranzgefäßen. Der Arzt überwies mich in die Charité, wo die Situation mittels Herzkatheter überprüft werden sollte.

Ich war ziemlich aufgeregt, als ich im Untersuchungszimmer auf den Professor wartete, der mir den Katheter durch eine Vene am Oberschenkel einführen sollte. Als er nach einiger Verspätung erschien, war er auffallend aufgekratzt, ganz und gar kein Herrgott in Weiß. »Genießen Sie mit uns die folgenden Minuten«, sagte er. Was es denn zu genießen gebe?, fragte ich misstrauisch zurück. Seine Antwort: »Eine Reise durch das Innere Ihres Herzens.«

Erst jetzt bemerkte ich den Bildschirm über mir, auf dem bald das pulsierende Zentrum meines Lebens erschien, aufgenommen von einer Minikamera, die durch meine Adern glitt wie ein Elektroboot durch Kanäle. »Jetzt fehlt nur noch die passende Filmmusik«, versuchte ich beklommen zu scherzen. Das Herz ist im eigenen Empfinden schließlich mehr als dieser zuckende Muskel, den ich nun sah.

Ich weiß nicht, wie lange die »Reise« gedauert hat. Aber wie erschrocken ich über das Ergebnis der Erkundung war, das habe ich nicht vergessen: Ein großer Teil der Herzkranzgefäße war schon nicht mehr durchblutet, und eine Hauptader ließ nur noch ein Drittel des andrängenden Blutes passieren. »Es ist eine Frage der Zeit, bis die ganz zu ist«, sagte der Professor, »und dann ist Feierabend.«

Er überwies mich ins Nationale Herzzentrum im Virchow-Krankenhaus zu einem der bekanntesten und renommiertesten Herzoperateure Deutschlands. Der handfeste Bayer brauchte nicht lange, um zu entscheiden: drei oder vier Bypässe. Er legte auch gleich für die nächste Woche einen Termin fest. »Servus, bis dann« – und schwupp, stand ich wieder draußen.

Obwohl der Professor mir den Eingriff als reine Routine dargestellt hatte, war meine Sorge beträchtlich. Zum ersten Mal bei einer Krankenhauseinweisung schien mir mein Ende nicht ausgeschlossen. Dass mein kraftaufwendiger Arbeitsstil mit halben Nächten am Schreibtisch an meiner Situation nicht unschuldig war, konnte ich nicht leugnen. Na, wenn schon, so war ich eben. Ich verspürte kein Bedauern. In einem langen, wehmütig-ironischen Telefongespräch am Abend vor meiner Operation tauschte ich mit meinem Freund und Kollegen Herbert Riehl-Heyse Gedanken und Empfindungen aus. Herbert lag, was ich vorher nicht wusste, in München mit Krebs in der Klinik und sollte einen Tag nach mir operiert werden.

Bei mir verlief alles völlig reibungslos. Ich erwachte auf einer Intensivstation, in der es lärmte wie in einer Bahnhofshalle. Aber schon nach wenigen Tagen wurde ich in die Charité verlegt. Es gab auch keine Spätfolgen. Schon zwei Monate später begleitete ich den Bundeskanzler, Gerhard Schröder, auf einer überaus anstrengenden Reise nach Südamerika. Außer der Besteigung einer Pyramide in Mexiko ließ ich keinen Programmpunkt aus. Als mich der Herz-Professor fünf Jahre später auf der Straße traf, fand er, ich könne in einem Werbefilm für ihn auftreten, so gut sähe ich aus.

Im Nachhinein staune ich, wie gleichmütig ich damals diese lebensbedrohliche Situation hingenommen habe. Philosophische Erörterungen über das sich ankündigende Alter und das damit näher rückende Lebensende sind mir nicht in Erinnerung. Hatte ich den Ernst der Lage verdrängt? An die unmittelbare Zeit nach der schwierigen Operation, wie meine Entlassung und die Einübung eines Lebens mit vier Bypässen in einer Reha-Klinik, kann ich mich kaum entsinnen. Auch in meinen Albträumen in den ersten Buckower Nächten 2007 tauchte die lebensgefährliche Herzoperation nicht auf, während die Schreckenszeit des

Saufens und die anschließende Therapie mich mehrfach wild aus dem Schlaf hochfahren ließen.

War das ein Zeichen dafür, dass ich mich nach der intensiven, lebensverändernden Zeit in Bad Herrenalb und der anschließenden fortgesetzten Eigentherapie in Selbsthilfegruppen so grundlegend gewappnet fühlte gegen weitere Einbrüche in meine Gesundheit, dass ich selbst die deutlichsten Warnsignale überhörte? War ich so hochmütig geworden? Oder hatte mich Routine eingeschläfert? In der trostlosen Zeit meiner ersten Woche in der Reha schlug ich mich oft mit diesen Fragen herum.

Später wurde ich ruhiger. Tatsächlich ging es mir nicht so schlecht in den drei Wochen der Kur. Nach der ersten Woche schlief ich besser als daheim. Die Schmerzen in Mund und Hals wurden erträglicher. Vor allem aber ließ dieses Gehetztsein nach. Mochte ich mich auch bei meinen Besuchern über die Langeweile in diesem Kaff und über meine Isoliertheit in der Klinik beklagen – dass die Ruhe mir guttat und ich an physischen Kräften zunahm, merkte ich sehr wohl.

»Du gehörst zu den wenigen hier, die nicht von ihrer tödlichen Krankheit gezeichnet sind«, versicherte mir eine Mitpatientin, die ich vor langer Zeit bei einer Freundin in Berlin kennengelernt hatte und jetzt unerwartet wieder traf. Ich konnte das Kompliment erwidern, ganz anders als gegenüber Almut, der Frau eines Bekannten aus meinem Arbeitsumfeld, die auf erschreckend deutliche Weise zu den Gezeichneten gehörte. Almut umarmte mich überschwänglich, als wir uns eines Tages im Wartezimmer eines Therapeuten begegneten. Ich hatte schon in Berlin gehört, dass wir gleichzeitig in derselben Klinik sein würden, und mir war auch gerüchteweise bekannt, dass es ihr nicht allzu gut ginge. Aber es wird ja viel geredet hinter dem Rücken von Kranken, besonders von Krebskranken.

Jetzt hätte ich sie fast nicht erkannt, abgemagert, wie sie war, den Kopf kahl gebrannt von Strahlen und Chemobehandlungen.

Nur ihr warmes Lachen und ihre herzliche Freundlichkeit erinnerten an die Frau, die ich von früher kannte. Sie blieb bloß noch zwei Tage in Buckow und lebte dann nur noch wenige Monate. Als sie starb, ging es mir selbst so schlecht, dass ich nicht zu ihrer Beerdigung gehen konnte, wie ich es mir vorgenommen hatte. Nicht einmal für ein paar Zeilen an ihren Mann hatte ich die Kraft.

Wie sehr hier in Buckow viele meiner Mitpatienten litten, war mir bis zu diesen Begegnungen so deutlich gar nicht aufgefallen. Zum einen hatte ich genug mit mir selbst zu tun. Zum anderen kannte ich ja sonst auch niemanden. Weil ich nicht zusammen mit den anderen im Speisesaal die Mahlzeiten einnahm, sondern immer nur allein in meinem Zimmer den Tütenfraß in mich reinlaufen ließ, hatte ich wenig Kontakt. Und bei der »Hocker-Gymnastik«, wo man im Kreis sitzt und für klitzekleine Fortschritte mordsmäßige Anstrengungen aufbringen muss, war sowieso jeder mit sich beschäftigt. Kaum, dass man sich begrüßte.

Umso mehr genoss ich den Besuch von außen. Jedes Gespräch hier draußen hinter den Wäldern war ein Gruß aus meinem früheren Leben. Und da kann ich mich wirklich nicht beklagen. Aus Brüssel und aus Dresden, aus Kassel und Lüneburg, aus Hamburg und Bad Oeynhausen kamen Freundinnen und Freunde, um mir Trost zu spenden. Und natürlich vor allem aus Berlin.

Von dort reisten auch der *Zeit*-Redakteur Stefan Lebert und Katja Kollmann an, die Art-Direktorin des *Zeit*-Magazins *Leben*, um mir die Bilder zu zeigen, mit denen sie meine Geschichte illustrieren wollten, die ich inzwischen abgeliefert hatte. Ich müsste lügen, wollte ich behaupten, dass ich von den Fotos, die mich mit den Berühmtheiten aus meiner vergangenen Arbeitswelt zeigen, unbeeindruckt gewesen wäre. Meine frühere Bedeutung schmeichelte mir. Ich merkte auch, wie sehr sie mir jetzt fehlte. Auch das Titelbild gefiel mir, ich stimmte zu. Als ich aber das andere Großfoto sah, mit meinem von den Qualen der vergangenen Monate verwüsteten Gesicht, entfuhr mir ein erschrockenes und abwehrendes »O Gott«. Katja widersprach vehement: »Nicht o Gott, das ist mein Lieblingsfoto.« Widerstrebend gab ich ihr recht. So musste wohl jemand aussehen, der eine so schwere Krankheit hatte.

Trotzdem fiel mir die Entscheidung für dieses Foto besonders schwer. Das hatte aber nur vordergründig damit zu tun, dass ich – wohl aus einer instinktiven Angst vor der Wahrheit – wochenlang kaum in den Spiegel geschaut hatte. Es war eher die Folge einer nahezu unauslöschlichen Prägung, die meine Mutter mir aufgedrückt hatte. Sie hatte in meiner Kindheit festgelegt, wie ich auszusehen hätte – nämlich adrett und ordentlich, mit geradem Scheitel, und vor allem immer freundlich und fröhlich, der Sonnenschein unserer Nachbarschaft.

Sie war eine gnadenlose Zensorin meiner äußeren Erscheinung. Es gibt kein einziges Kinderfoto von mir, auf dem ich nicht freundlich lächelnd grimassiere. Alle anderen Bilder pflegte meine Mutter sofort zu vernichten. »Das ist nicht mein Junge«, entschied sie, wenn ein Schnappschuss doch einmal einen weinenden oder quengelnden Knaben zeigte: »Was sollen denn die Leute davon denken.« Es dauerte lange, bis ich mir eingestehen konnte, dass ich mich noch als gestandener Journalist instinktiv bemühte, so spießig ordentlich – wenn auch ohne Scheitel – auszusehen, dass meine Mutter ihre Freude haben würde.

Eine Woche später brachte mir ein Bote die druckfrische *Zeit* in die Klinik. Natürlich las ich meine Geschichte gleich noch einmal, gedruckt wirkt ein Text immer ganz anders als im Manuskript – fremder, irgendwie auch authentischer. Ich war bewegt, aber ich versackte nicht aufs Neue in Weinerlichkeit. Vor allem war ich erleichtert, dass mir das Stück, das ich von vornherein als einen Versuch der Selbsttherapie betrachtet hatte, im Ton nicht misslungen schien. Das bestätigten mir auch die vielen teilnahmsvollen Rückmeldungen, die sofort einzutreffen begannen. Die Krankheit hatte sich offenbar selbst ihren angemessenen Ausdruck verschafft.

Wenig später, etwa nach der Hälfte meiner Buckower Zeit, kamen auch Rosemarie und der Rest meiner Familie zurück. Meine Frau wirkte erholt und glücklich, ich verstand jetzt noch besser, wie sehr sie diesen Ausflug aus dem Krankenzimmer gebraucht hatte. Wir redeten lange. Beiden war uns klar, dass die nächsten Wochen und Monate nicht leicht werden würden, wenn wir uns auch das ganze Unheil, das auf uns wartete, nicht einmal in unseren finstersten Phantasien auszumalen vermochten. Immerhin ahnten wir, dass sich unsere Lebensweisen immer stärker auseinanderentwickeln würden, und schon das machte uns Angst. Wir brauchten neue Formen der Gemeinsamkeit.

Auch Susanne besuchte mich mit den Kindern, alle gut erholt und voller Lebenskraft. Am letzten Sonntag meiner Kur versammelte sich dann die ganze Kleinfamilie in meinem Zimmer: neben Rosemarie und Tochter Susanne auch mein Schwiegersohn Wolfgang und die Enkel Anna Delphine, damals vier, und Fedor, damals zwei. Stolz präsentierte ich mich meinen kuchenmampfenden Mitpatienten als Patriarch dieses kleinen Familienglücks. Wir gingen außerhalb der Klinik zusammen essen. Ich trank zur Feier des Tages ein halbes Glas Wasser, ohne zu husten. Das stärkte die Hoffnung, dass ich bald wieder richtig würde schlucken können und später vielleicht sogar normal essen.

Solche vagen Hoffnungen waren das wichtigste Ergebnis der dreiwöchigen Kur. Gewiss, ich war kräftiger und erholter, auch die Schmerzen im Mund hatten etwas nachgelassen. Aber alles in allem kam mir die Zeit doch ziemlich nutzlos vor, weil ich an entscheidender Stelle – beim Sprechen und Schlucken – wegen der Nachwirkungen der rigorosen Bestrahlung noch nicht sinnvoll behandelt werden konnte. »Wir konnten Sie im Grunde nur vertrösten«, räumte der Arzt ein.

Und so schied ich ohne Tränen, aber auch ohne Groll. Freund Kurt, der mich gebracht hatte, holte mich auch wieder ab. Mit jedem Kilometer, den wir uns dem Zentrum Berlins näherten, fühlte ich mich heimischer. Wieder versprach ich mir Wunderkräfte von der Rückkehr in die eigenen vier Wände.

3. Kapitel

Von der Rolle

»Geschrieben im Zustand der Verstörung«

Es sollte sein wie früher. Ich schob meinen Presseausweis durch den Schlitz unter dem Panzerglas und sagte betont lässig: »Ich habe einen Termin beim Minister.« Der Beamte an der Pforte des Bundesarbeitsministeriums rief im Vorzimmer an, nickte und winkte mich durch zum Fahrstuhl: »Sie werden oben erwartet.«

Das war Ende November 2007. Gut drei Monate war es nun her, seit mich die Ärzte aus der Berliner Charité entlassen hatten. Jetzt wollte der *Spiegel*, mein früherer Arbeitgeber, für das Jahresheft von mir eine Geschichte über Franz Müntefering, der plötzlich zurückgetreten war. Ohne zu zögern, sagte ich zu.

Doch während ich auf den ehemaligen Minister wartete, wurde mir einmal mehr deutlich, wie unsinnig es war, zu glauben, irgendetwas könnte sein wie früher. Ich kannte Müntefering nun schon über dreißig Jahre. Sogar Fußball gespielt hatten wir mal zusammen, in derselben Mannschaft. Und interviewt hatte ich ihn natürlich auch schon, zuletzt vor nicht allzu langer Zeit für einen Film über Gerhard Schröder, hier, im selben Ministerium. Und trotzdem war diesmal alles anders: er und ich und unsere Lebensumstände.

Das Bürozimmer, in dem ich wartete, sah leer geräumt aus, so als hätte »Münte« schon all seine Sachen gepackt. Erst vor gut einer Woche, am 13. November, hatte der Vizekanzler völlig überraschend der Kanzlerin mitgeteilt, dass er – bis auf sein Bundestagsmandat – alle seine Ämter aufgeben werde. »Ich möchte jetzt bei meiner Frau sein«, sagte er. Münteferings hatten erfahren müssen, dass ein schon besiegt geglaubter Krebs bei seiner Frau Ankepetra wieder aufgetaucht war. Sie hatte sich in die private Wohnung nach Bonn zurückgezogen, ihr Mann wollte sie dort betreuen.

Als er zu mir ins Zimmer trat, wirkte Franz Müntefering fast wie befreit. Gerade hatte er sich von den Genossen in der Fraktion verabschiedet, alle respektierten seinen Schritt. Wir führten ein gutes Gespräch. Müntefering sprach offen über die Schwierigkeiten seiner SPD und die Krankheit seiner Frau. Jeder wusste, dass es Krebs war, aber keiner nannte die Krankheit öffentlich beim Namen. Auch in unserem Dialog fiel das Wort nicht, obwohl Müntefering von meinem Tumor wusste. Trotzdem hatte die Begegnung eine menschliche Offenheit und Wärme, die normalerweise solchen Gesprächen fehlt. Nein, so vertrauensvoll hätten der Minister und der *Spiegel*-Reporter früher – vor meinem und dem Krebs seiner Frau – nicht miteinander geredet. Ich fühlte mich fast beschenkt von seiner Herzlichkeit.

Beim Schreiben der Geschichte hatte ich dann nicht die geringsten Schwierigkeiten, auch die Redaktion war zufrieden. Was mich besonders erleichterte: Irgendwie war es ja trotzdem eine Rückkehr ins alte Leben mit den vertrauten Rollen gewesen. Wenn die erträumte Normalität so sein könnte, also wie früher, aber mit einer zusätzlichen Qualität, dann wollte ich die Krankheit als Preis wohl akzeptieren.

Seit meiner Rückkehr nach Hause hatte ich mich mit dem Normalitätsanspruch herumgeschlagen. Meine Frau hielt eisern daran fest, und ich wollte ja gerne mitziehen – wären da nicht immer neue Zweifel gewesen. Als ich dieses Mal aus der Klinik zurückkam, sah ich mein Arbeitszimmer zu Hause nicht mehr mit so verklärten Augen. Der Schreibtisch war zur Hälfte mit Medikamenten zugestellt, daneben ragte der Ständer für die Sondennahrung in die Höhe, der mich demütigte, und vor einem der Bücherregale stapelten sich brusthoch Pappkartons mit Nahrungsvorräten und Verbandsmaterial. Mir erschien das Bild alarmierend symbolträchtig: Mein Alltag wurde von der Krankheit überwuchert.

Vorerst behielt ich diese Beobachtung für mich. Obwohl die Schmerzen im Mund mir unverändert zusetzten, vereinbarte ich mit meinem Verleger einen neuen Termin für mein geplantes Politiker-Buch: In einem Jahr wollte ich das Manuskript abliefern. Auf der Stelle begann ich, die Gliederung zu überarbeiten. Sogar ein kurzes Telefoninterview mit dem FDP-Abgeordneten Daniel Bahr traute ich mir zu. Und als ich irgendwann einmal äußerte, dass ich dieses Jahr Weihnachten wohl doch noch nicht in der Lage sein würde, zu unserem traditionellen Urlaub mit dem Auto nach Sylt zu fahren, bot unsere Freundin Wibke spontan an, uns mit ihrem Wagen auf die Insel zu kutschieren. So viel Freundschaft und Optimismus ließ mich verstummen.

Also strapazierte ich weiter meine Kräfte. Täglich empfing ich Besucher. Mit der U-Bahn und dem Bus fuhr ich zum Friseur, und am 3. Oktober folgten wir einer Einladung zur Verleihung des Quadriga-Preises in der Komischen Oper. Es war mir wichtig, dass Exkanzler Gerhard Schröder, Joschka Fischer und mein ehemaliger Chefredakteur Stefan Aust mir die Hand schüttelten. Und es war mir noch wichtiger, von vielen zu hören, wie gut ich aussähe und dass ich fast schon wieder der Alte sei. »Du hast nach Bestätigung gehechelt wie ein Verdurstender nach Wasser«, sagte meine Tochter später.

Die Ärzte trugen zu meiner Verunsicherung durch widersprüchliche Aussagen bei. Gute und schlechte Nachrichten folgten einander in schneller Folge. Die Chirurgen in der Charité, die bisweilen andeuteten, meine Bauchwunde könnte mich noch bis zum Jahresende belästigen, entschieden Anfang Oktober plötzlich, die Wunde als geheilt zu betrachten. Ich verabschiedete mich herzlich und mit großer Dankbarkeit von den beiden, die freilich nicht vergaßen, mich daran zu erinnern, dass sie schließlich nur auf einem Nebenkriegsschauplatz gekämpft hätten.

Was das Hauptschlachtfeld anging, den Tumor im Zungengrund und seine Folgen, da gab es am selben Tag eine Prognose meiner neuen HNO-Ärztin, die meinen Rachenraum ausleuchtete und mit Video filmte: »Da brauchen Sie weiterhin noch viel, viel Geduld.« Graugrüne Schleimfetzen hingen über dem Kehlkopfeingang und den Stimmritzen und verdeckten einen genauen Blick. Immerhin versicherte sie: »Die Stimme dürfte wieder werden.« Dagegen war ihre tröstlich gemeinte Bemerkung, dass sie keine Tumorreste entdecken könne, wegen der schlechten Sichtverhältnisse nur von sehr begrenztem Aussagewert.

Regelrecht niederschmetternd aber fand ich eine andere klare Auskunft: »Die Schmerzen im Mund können noch zwei Monate dauern. Mit Essen und normalem Schlucken ist in diesem Jahr nicht mehr zu rechnen.« Mit diesen Sätzen zerplatzten alle Illusionen über den erhofften Sylt-Urlaub zu Weihnachten. Ich hatte zwar nicht wirklich daran geglaubt, aber ein bisschen Hoffnung, das wurde mir jetzt bewusst, hatte ich dennoch an den Optimismus meiner Frau gehängt. Aus der Traum. Ich war so deprimiert, dass ich ihr gestand, am liebsten würde ich nicht mehr leben.

Die positiven Rückmeldungen zweier anderer Ärztinnen richteten mich dann wieder ein wenig auf. Eine meiner Hausärztinnen war völlig überrascht, als wir ihr erzählten, wie weit wir bisweilen unsere täglichen Spaziergänge schon ausdehnten. »Das ist weit mehr, als ich erwartet hätte nach diesem schweren Systemeinbruch.« Und meine Diabetologin fand: »Sie wirken auf mich viel stabiler und erholter, als ich vor der Reha für möglich gehalten hätte.«

Es half mir auch, dass sich ein Professor aus Hamburg meldete, ein mit uns befreundeter Schmerzarzt, den ich telefonisch um Rat gebeten hatte. Ich hatte tags zuvor nur seinen Anrufbeantworter erreicht, jetzt rief er als Urlauber aus New York zurück, wo er gerade am Times Square nach Broadway-Theaterkarten anstand. »Das Wichtigste ist jetzt absolute Schmerzfreiheit, damit du endlich mit Schluckübungen beginnen kannst«, sagte er. Das bedeutete: Erhöhung der Opiatpflaster in beliebigem Ausmaß, dazu Morphiumtropfen bei Bedarf. Er wusste von meiner Alkoholabhängigkeit und kam meinem Einwand zuvor: »Wegen der Suchtgefahr brauchst du dir keine Gedanken zu machen.« Weil er ein erfahrener Fachmann war, zuständig für die Schmerztherapie in einer Universitätsklinik, vertraute ich ihm.

Trotzdem – meine Unruhe blieb. Mehr denn je fühlte ich mich als Außenseiter, der nirgends mehr richtig dazugehörte. Rentner war ich schon seit Mai 2004. Aber erst mein endgültiges Ausscheiden aus der *Spiegel*-Redaktion, besiegelt durch eine emotionsgeladene Abschiedsfeier im Januar 2007, hatte mein Selbstverständnis richtig durcheinandergebracht. Und dann hatte mir die Krankheit alle konkreten Pläne, einfach freiberuflich als Journalist weiterzumachen, zerschlagen. Was nun? Ich hatte zwar noch einen Presseausweis, war auch noch im Bundestag akkreditiert, aber war ich nicht in Wirklichkeit ein Behinderter, den kein journalistischer und kein politischer Profi mehr ernst nehmen würde?

Gewiss, da war meine Geschichte im *Zeit*-Magazin, aber das war in meinen Augen mehr Selbsttherapie und Lebenshilfe gewesen als Journalismus. Mochten auch andere mich dazu beglückwünschen, ich selbst war keineswegs sicher, dass ich noch schreiben konnte wie früher, und schon gar nicht, dass ich noch das Selbstbewusstsein eines gestandenen Journalisten aufbringen könnte. Zwar funktionierte ich noch nach den alten Mechanismen, deshalb schrieb ich an dem Politik-Buch weiter, nahm

Aufträge für Artikel an und diskutierte Filmprojekte. Aber das war eher hilflose Routine als überzeugte Planung. Im Grunde war mir das Gefühl, berechtigt zu sein, mich in irgendeiner Art öffentlich zu äußern, abhandengekommen. Wer war ich denn noch?

In den langen Phasen nächtlicher Einsamkeit überwältigten mich oft Erinnerungen. Episoden der Vergangenheit tauchten empor, manche bewusst heraufbeschworen, andere blitzten auf wie aus dem Nichts. Es waren nicht so sehr konkrete Ereignisse, die ich im Gedächtnis aufbewahrt fand, als vielmehr Bilder und Gefühle, die durch gegenwärtige Umstände oder Gespräche ausgelöst worden waren. »Wir speichern nämlich (im Regelfall) keine Wörter und keine Sätze in unserem Gehirn, sondern wir speichern so etwas wie persönliche Essenzen, die Bedeutungen, die die Dinge für uns haben«, schreibt der Philosoph Richard David Precht in seinem Bestseller »Wer bin ich – und wenn ja, wie viele?«.

Aus solchen Impressionen, solchen emotionalen Ausschnitten aus dem Leben, die Spuren in unserem Gehirn hinterlassen haben, basteln wir uns unsere Biographien. Habe ich mir so eine Identität erfunden? »Jeder Mensch, nicht nur der Schriftsteller«, behauptet der Schriftsteller Max Frisch, »erfindet seine Geschichten – nur dass er sie, im Gegensatz zum Schriftsteller, für sein Leben hält.« Habe ich also – auch das eine Frisch-Formulierung – Geschichten anprobiert wie Kleider? Und wenn ja – wäre es dann nach der Schreckenserfahrung meiner Krebserkrankung nicht Zeit für eine neue Anprobe? Was stimmte denn noch an meinem alten Selbstverständnis?

Während ich über mich und meine geschrumpfte Rolle im Leben grübelte, wurde mir klar, dass mein Selbstbild nahezu vollständig durch meinen Beruf geprägt war. Wenn ich meinen Lebensweg beschrieb, dann schien von Kindheit an alles zwangsläufig auf den Journalismus zuzulaufen. Richtig ist, dass

Zeit und Lebensumstände nach 1945 mein Interesse an Politik und Geschichte geweckt haben, aber viele Zufälle hatten mitgespielt, bis ich »der Leinemann vom *Spiegel*« geworden war. Und mindestens viermal musste ich mich schmerzhaft von gesellschaftlichen Träumen trennen und mein Selbstverständnis gründlich korrigieren.

Der erste Schock traf mich, als ich gerade erst acht Jahre alt geworden war, mit der Kapitulation der großdeutschen Wehrmacht. Ich bin ein Kriegskind, 1937 geboren. Und wenn es stimmt, dass dreißig bis vierzig Prozent der Eigenart einer Persönlichkeit durch Erlebnisse bis zum fünften Lebensjahr geprägt werden, dann bin ich stark beeinflusst von den Erfolgsjahren des Hitler-Regimes. Danach kam dann die Angst vor den Bomben. »Jede Nacht wurde ich aus dem Bett gerissen, die ganze Hausgemeinschaft versammelt im Keller. Bei einem Angriff wurde ich vom Tisch gerissen, auf dem ich saß, und durch den Raum geschleudert«, schrieb ich als Neunzehnjähriger in meinem Abituraufsatz. Staunend las ich jetzt aber auch, dass der Krieg für mich offenbar auch etwas Großes, Heroisches gehabt haben musste.

Tatsächlich habe ich bis heute die Triumphfanfaren aus Franz Liszts »Préludes« im Ohr, mit denen das Oberkommando der Wehrmacht seine Siege in Sondermeldungen anzukündigen pflegte. Und stundenlang hatten wir, daran erinnerte ich mich noch gut, einmal auf der »Straße der SA« auf einen heimischen Helden gewartet. Vergeblich hatten wir gebrüllt: »Wir wollen unseren Ritterkreuzträger sehen.« Mit den Groschenheften der Kriegsbücherei der Deutschen Jugend, Landser-Heldensagen in der prahlerischen Propagandadiktion der Nazis, habe ich Lesen gelernt. Ich konnte es gar nicht abwarten, ein Pimpf des Führers zu werden,

1945 schließlich der Zusammenbruch, später die entsetzlichen Nachrichten über das ganze Ausmaß der Hitler-Barbarei. Und weder meine Eltern noch meine Lehrer oder die Väter meiner Freunde wollten darüber reden. Ein erschreckendes Beispiel lieferte meine Deutschlehrerin, die ich sehr verehrte und die mich auch mochte. Sie hatte meinen Abituraufsatz nur als »befriedigend« gewertet, dazu aber eine gewundene schriftliche Erklärung abgegeben, in der sie mir zwar »menschliche Substanz« und »Ausdrucksfähigkeit« bescheinigte, dann aber schrieb: »Dieser Aufsatz wurde geschrieben in einem Zustande innerer Verstörung.«

Verstörung? Sie meinte, ich hätte eine »einfache Lebensfrage« – nämlich: »Wie denken Sie über die Haltung, die sich in der englischen Redensart ›Take it easy‹ ausdrückt?« – viel zu kompliziert beantwortet. Zum Beispiel hatte ich geschrieben, dass diese Neigung, alles schön an der Oberfläche abperlen zu lassen, auch eine »gefährliche Art der Notwehr« darstelle. Nur nichts an sich rankommen lassen, vor allem nicht »in schwerer Zeit, wie es die unsere nun mal ist«. »Für viele«, schrieb ich – und hatte manchen Lehrer im Sinn –, »ist diese Haltung eine Maske.« Das war 1957, als das Wirtschaftswunder um sich zu greifen begann, es war aber die ganz falsche Botschaft für unsere Altvorderen. Heute habe ich das Gefühl, dass die »innere Verstörung« eher bei den Alten gelegen haben dürfte.

Mein Vater, ein gütiger und liebenswerter Mensch, wenn auch völlig unpolitisch, glaubte noch an den Endsieg, als die Panzerspitzen der Alliierten bereits die Weser überschritten hatten. »Jetzt muss der Führer seine Wunderwaffen aber endlich auspacken«, sagte er. »Ja, glaubst du denn immer noch an den Quatsch?«, fuhr ihn meine Mutter an. Dann wurde ich aus dem Zimmer geschickt. Es war das einzige politische Gespräch meiner Eltern, an das ich mich erinnern kann.

Mich traf der Zusammenbruch meiner Ideale schwer. Gewiss, ich war noch nicht einmal Pimpf, aber die Männlichkeitsideale der Hitlerjugend hatte ich vorauseilend voll verinnerlicht. Noch Jahre später, als Vierzehnjähriger, schlug ich beim Treffen mit meiner ersten großen Liebe die Hacken zusammen, als wollte ich Meldung machen. »Vorwärts, vorwärts, vorwärts mit flatternden Fahnen«, hatte ich mit meinem Vater sonntags morgens im Bett gesungen, und »Heute gehört uns Deutschland und morgen die ganze Welt«.

Aber dann kam der Frühling 1945, und im strahlenden Sonnenlicht sah ich, was aus den Heroen meiner Träume geworden war: Graue, ausgemergelte Gestalten in abgerissenen Uniformen hockten am Rande der Lüneburger Heide müde im Straßengraben und löffelten Wassersuppe aus verbeulten Kochgeschirren. Rückzug. Auflösung. Es war auch meine ganz persönliche Niederlage, meine Helden hatten mich verraten. Die Welt meines Vaters lag in Scherben, seine Glaubwürdigkeit auch. Die Engländer holten ihn ab ins Internierungslager.

Erinnerungen an die schrecklichen Jahre, die dann folgten, wurden in mir wieder wach, als ich im November an der Berliner Schaubühne eine eindrucksvolle Theaterversion des unvergessenen Fassbinder-Films »Die Ehe der Maria Braun« sah. Die Inszenierung faszinierte mich auch deshalb, weil ich im Frühjahr – noch vor der Krebsdiagnose – an den Münchner Kammerspielen eine Probe für dieses Stück miterleben durfte. Die *Zeit* hatte mich beauftragt, ein Porträt über Thomas Ostermeier zu schreiben, den Intendanten der Berliner Schaubühne, der das Fassbinder-Projekt als Regisseur betreute. Ostermeier ließ mich nicht nur bei der Probe zusehen, er befragte mich auch zu meinen Erfahrungen aus den Nachkriegsjahren und ließ mich mit den Schauspielern darüber diskutieren.

Der Film und auch das Bühnenstück endeten mit dem Torjubel nach dem Schlusspfiff des Endspiels um die Fußball-Weltmeisterschaft 1954 in Bern, das die Mannschaft der Bundesrepublik völlig überraschend 3:2 gegen die als nahezu unbesiegbar geltenden Ungarn gewonnen hatte. »Wir sind wieder wer«, jubelten die noch von den Hunger- und Trümmerjahren gezeichneten Westdeutschen. Und ein Mann wurde als der Vater dieses »Wunders von Bern« gefeiert – der Bundestrainer Sepp Herberger.

Ostermeier wusste, dass ich über diesen legendären Fußball-Weisen, der schon während der Nazizeit als Reichstrainer mit dem Hakenkreuz auf der Brust die deutschen Kicker zu Erfolgen geführt hatte, eine Biographie geschrieben hatte. In München erzählte ich ihm, dass Herberger mich neugierig gemacht hatte, weil er in vielem meinem Vater ähnelte. Vor allem waren beide Männer mit einem noch aus der Kaiserzeit stammenden Wertesystem in vier verschiedenen Deutschlands erfolgreich gewesen: unter Wilhelm zwo, in der Weimarer Republik, in Adolf Hitlers Nazireich und in der Bundesrepublik Konrad Adenauers. Das Buch besiegelte das versöhnliche Ende eines herben Vater-Sohn-Konflikts.

Denn mein Vater und ich hatten uns nach dem Kriege wenig zu sagen. Als er nach Monaten aus dem Internierungslager zurückgekehrt war, schien er mir ein noch verstockterer Nazi als vorher. Es folgten fast zwei Jahrzehnte bitterer Sprachlosigkeit zwischen Vater und Sohn, notdürftig überdeckt durch Fachsimpeleien über Fußball. Meine Pubertät mit ihren vielen ausgesprochenen und unausgesprochenen Fragen und der anklägerischen Haltung und Vaters schweigende Verdrängung, sein Rückzug auf die Untertanenidylle der Kleinstadt und meine unsicheren Suchexpeditionen nach einem Leben jenseits des Immergleichen erstickten jedes Gespräch. Wir wahrten die Form, aber wir lebten in verschiedenen Welten.

Meine Eltern wollten die Vergangenheit vergessen, ich wollte wissen, wie es zu den Verbrechen des Naziregimes hatte kommen können, wovon sie – angeblich – nichts gemerkt und wogegen sie – tatsächlich – so wenig getan hatten. Und warum sie so anfällig gewesen waren für Hitlers Rassenhass und seine Kriegstreibereien. Ich erfuhr nichts, auch von meinen Lehrern nicht. Die Folge war eine Art private Stunde null. Ich beschloss, Geschichte zu studieren, um endlich hinter die Wahrheit zu kommen. Und ich wurde Journalist, um dazu beitragen zu können, dass sich Ähnliches bei uns niemals wiederholen würde. Meine Gesellschaft sollte auf moralischen Werten aufgebaut sein, politisches Handeln ethisch legitimiert werden – das war für mich die einzig angemessene Antwort auf das Böse.

Hohe Ansprüche, zu hohe, wie ich bald merkte. Ich kleidete sie in wissenschaftliche Sprache und aufklärerisches Pathos. Aber im Grunde betrieb ich – in einem übersteigerten Reinigungsbedürfnis – meine systematische Lossagung von der deutschen Vergangenheit, vom Nationenbegriff, vom Staat. Vom Deutschsein wollte ich nichts mehr wissen, mein Bezugspunkt war »der Westen«, wobei die Kategorien Westlichkeit und Demokratie für mich deckungsgleich waren mit den USA. Damit begann meine zweite Desillusionierungsphase.

In mein Leben waren die Amerikaner als Sieger gekommen, wie aus einer anderen Welt. Es war ein sonniger Apriltag 1945, gegen Mittag, als sie sich auf unser Haus in Burgdorf – einer kleinen Stadt in der Nähe Hannovers – zubewegten, vorsichtig und doch lässig. Soldaten auf Gummisohlen, die Kaugummi verteilten und lachen konnten. Sie brachten uns nicht nur das Ende der Bombennächte, sondern auch Schokolade, Maisbrot und Jazz. Ihre Musik und ihre Schokolade nahmen mich damals nachhaltiger für die Demokratie ein als die Pressefreiheit. Ich war acht Jahre alt. Doch je mehr die Erwachsenen – meine Eltern, meine Lehrer – in Arbeit und Erinnerungslosigkeit Zuflucht vor der Auseinandersetzung mit der Nazivergangenheit suchten, desto traumhaftere Züge nahm meine demokratische Gegenwelt an: Amerika wurde mir zum Inbegriff von Freiheit.

Bis ich dort hinkam. Sieben Jahre blieb ich mit meiner Familie in den USA. Im Mai 1968 trat ich meinen Job als Auslandskorrespondent der Deutschen Presse-Agentur in Washington an, wo noch die Ghettos nach dem Attentat auf Martin Luther King brannten, den legendären Anführer der schwarzen Befreiungsbewegung. Der spätere Friedensnobelpreisträger King, ein damals vierunddreißig Jahre alter Baptistenprediger, hatte 1963 einen gewaltlosen Marsch von 250000 weißen und schwarzen Amerikanern auf Washington organisiert, um die Nation gegen Rassenhass und soziale Diskriminierung aufzurütteln.

Nach seiner Ermordung brachen in den amerikanischen Großstädten blutige Krawalle aus. Es war eine Zeit des Aufruhrs. Den Rassenauseinandersetzungen folgten die Proteste gegen den Vietnamkrieg. Auch der amerikanische Senator und ehemalige Justizminister Robert Kennedy wurde ermordet, am 6. Juni 1968, wenige Jahre nach seinem Bruder, dem Präsidenten John F. Kennedy.

Dann folgte 1972 die Watergate-Affäre. Präsident Richard Nixon, ein Republikaner, musste wegen seiner Verwicklungen in diesen Skandal auf Drängen des Kongresses vorzeitig sein Amt aufgeben.

Die Affäre begann wie eine Gaunerkomödie: Eine Gruppe von fünf tölpelhaften Einbrechern – von der Presse »die Klempner« genannt – war von der Polizei im Hauptquartier der Demokratischen Partei im Washingtoner Watergate-Hotel dabei erwischt worden, wie sie in einer Juninacht des Jahres 1972 Abhörmikrophone installierte und Dokumente ablichtete. Im Verlauf von langjährigen, vom Weißen Haus systematisch behinderten Ermittlungen durch Presse und Behörden stellte sich dann aber heraus, dass die Bande nicht nur im Auftrag der Republikanischen Partei gehandelt, sondern dass Präsident Nixon persönlich die Angelegenheit zu vertuschen versucht hatte.

Das alles hatte mit dem demokratischen Traumland Amerika meiner Kinder- und Pubertätsjahre nun wirklich keine Ähnlichkeit mehr. Für mich hatte Nixons kriminelles Verhalten alle Züge eines Staatsstreiches von oben. War mein idealistischer Glaube an die Vortrefflichkeit der amerikanischen Demokratie auch vorher schon reichlich ins Wanken geraten, mit Watergate war er endgültig dahin.

Nichts stimmte mehr. Kein Wunder, dass die amerikanische Krise zu einem ganz persönlichen Debakel für mich wurde, und zu einem beruflichen dazu. Meine Rolle als Journalist hatte ich als reine Beobachtungsaufgabe verstanden – auf der Tribüne des Weltgeschehens wollte ich sitzen und Protokoll führen über die Ereignisse. So stellte ich mir Objektivität vor. Aber die Rassenkonflikte, die schrecklichen Kriegsbilder aus Vietnam und die Enthüllungen über den skrupellosen US-Präsidenten konnte ich mir nicht vom Leibe halten, die gingen mich ganz persönlich an. Ich begann Partei zu ergreifen und suchte nach einer journalistischen Form dafür. Fast wäre ich daran gescheitert.

Im Spätherbst 2007 dann, als der amerikanische Vorwahlkampf mit dem farbigen Kandidaten Barack Obama anzulaufen begann, drängten sich Erinnerungen an meine Zeit in Washington geradezu auf. Stunden verbrachte ich damit, einfach vor mich hin zu starren, nachdem ich an irgendeinem Satz oder Bild hängengeblieben war. Aktuelle Nachrichten nahm ich in Zeitungen und im Fernsehen zwar noch zur Kenntnis, aber im Grunde interessierten sie mich nicht. Sie waren Anstoß für düstere Reflexionen über mein Leben.

Dabei fehlte es nicht an Zeichen der Freundschaft. Als Reaktion auf meinen *Zeit*-Artikel erhielt ich ermutigende Briefe, die mir viel bedeuteten. Es meldeten sich wildfremde Menschen und andere, die ich Jahrzehnte nicht gesehen hatte. Ich wurde zu Vorträgen und Kongressen eingeladen. Und ich erhielt Geschenke, Blumen und Bücher vor allem. »Spürst du nicht, wie sehr du geliebt wirst?«, fragte meine Frau. Doch, das spürte ich sehr wohl, und es tat mir auch gut. Trotzdem blieb in mir eine unerklärliche Distanz zu meiner Umwelt, eine Mischung aus Trägheit und Betäubung, die mein Leben entsaftete.

Ich ahnte, dass die von vielen Leidensgenossen beschriebene Fatigue auf mich lauerte, wenn sie nicht schon in mir saß. Es war keine richtige Depression, kein schwarzes Loch, das allen Lebensmut verschlang, aber eine deutliche Eintrübung meines Gemüts und meiner geistigen Beweglichkeit. Ich wurde langsam, mit Beinen und Armen, aber auch im Kopf. Oft vergaß ich Dinge, wusste nicht mehr, wer angerufen hatte, verpasste Termine. Entscheidungen zu treffen fiel mir ungeheuer schwer. Zum dritten Heimspiel von Hertha BSC ging ich nicht mehr. Ich redete mir ein, das Wetter und der schwache Gegner Cottbus seien schuld. In Wahrheit war mir – außer meiner Krankheit – kaum noch etwas wirklich wichtig, selbst Fußball nicht. Zu meinen täglichen Spaziergängen musste ich mich zwingen.

Um mir zu helfen, boten mir Freundinnen und Freunde aus meiner Alkoholiker-Selbsthilfegruppe an, zu Meetings in meine Wohnung zu kommen. Bei aller Schwermut und bei aller Wehleidigkeit hatte ich zwar an Rückfälle in den Suff noch keinen Augenblick gedacht, dennoch war ich für das Angebot dankbar. In solchen Gesprächsrunden wurde ja keineswegs nur über Alkohol geredet, sondern über alles, was einen persönlich bedrückt.

Und so saßen wir denn zu viert oder fünft zusammen, und jeder redete so ehrlich und offen wie möglich über seine Probleme. Ich freute mich jedes Mal sehr auf diese Abende, doch letztlich brachten sie mich nicht weiter. Im Gegenteil, ich spürte, wie ich beim Reden über meinen Zustand abzudriften begann in die Welt meiner Träume und Albträume. Möglicherweise beeinflussten mich die opiathaltigen Schmerzpflaster, jedenfalls schienen mir meine Beiträge wirr, und ich träumte schlecht nach den Meetings, die wir auch nur drei- oder viermal abhielten.

Bei diesem Heraufbeschwören alter Ängste konnte es nicht ausbleiben, dass mich meine dritte Desillusionierungsphase wieder lebhaft zu beschäftigen begann. Die hing mit den beiden anderen eng zusammen, hatte aber vor allem mit meinem Selbstverständnis als Achtundsechziger zu tun und mir die Erkenntnis beschert, dass ich zwar schon fast vierzig Jahre alt war und ein gestandener Reporter, aber noch keineswegs erwachsen. Fast hätte mich diese Krise damals das Leben gekostet.

Wie kam ich überhaupt auf die Idee, mich für einen Achtundsechziger zu halten? Die ganze aufgeregte Theoriedebatte hatte mich nie interessiert. Das Attentat auf Rudi Dutschke hatte ich noch in Deutschland miterlebt, allerdings – genau wie ein Jahr zuvor den Tod des Studenten Benno Ohnesorg – nur mittels Fernsehbildern und Zeitungsberichten. Als in Deutschland der Aufruhr gegen die Springer-Presse losbrach, war ich gerade in den USA angekommen.

Dort erlebte ich meinen heißen Sommer. Ich war zwar nicht aktiv, aber ich war dabei. Ich war zwar zu alt, aber ich fühlte mich dazugehörig. In New Haven hetzte die Polizei nach einer Black Panther Rallye uns Journalisten mit Schlagstöcken und Tränengas durch die Straßen. In Washington, D.C., interviewte ich Ralph Abernathy, den Nachfolger Martin Luther Kings, im Gefängnis.

Herbert Marcuse besuchte ich auf dem Campus in San Diego. Zu meiner großen Verwunderung fand ich dort die pure Idylle vor. Auf dem sonnigen Rasen hockten buntgewandete junge Leute friedlich rauchend in Paaren oder Gruppen beieinander und plauschten oder dösten vor sich hin. »Wo ist denn Ihre Revolution geblieben?«, fragte ich Marcuse, als wir am Fenster seines Arbeitszimmers standen und hinausblickten. »Das ist sie«, war seine kryptische Antwort.

Da erinnerten mich die wilden Krawalle und brutalen Polizeiaktionen während des Parteikonvents der Demokraten in Chicago schon eher an die Szenerien in Paris, Berlin oder Frankfurt. Hier eskalierte im August »mein« Achtundsechzig. Wahllos prügelten die Polizisten und Nationalgardisten auf alle ein, die ihnen jung, links und kritisch vorkamen – von den hedonistischen Kinderkreuzzüglern des linken Senators Eugene McCarthy bis zu militanten Vietnamkriegsgegnern des SDS um Jerry Rubin, von den sanften Popsängern Peter, Paul und Mary bis zu den aggressiven Black Panthers. Auch als ausländischer Journalist fühlte ich mich bedroht durch die unverhüllte Gewaltbereitschaft der militanten Obrigkeit.

Die Enttäuschung der amerikanischen Demonstranten über ihre Väter, die bis dahin in den Augen der Jugend immer auf der richtigen Seite gestanden und für die gerechte Sache gekämpft hatten, konnte ich gut verstehen. In namentlich gezeichneten Korrespondentenberichten für dpa schrieb ich darüber so engagiert, dass die Chefredaktion manche Artikel nicht veröffentlichte. »Sind Sie sich eigentlich darüber klar, dass Sie der Mehrheit des deutschen Volkes mit Ihrer Berichterstattung ins Gesicht schlagen?«, schrieb mir empört ein stellvertretender Chefredakteur. Das war mir nicht klar, es war mir aber auch egal. Der brave Protokollführer des Weltgeschehens war ich längst nicht mehr, doch zum offenen Protest fehlte mir der Mumm. Ich lavierte und fühlte mich unbehaglich.

Wenn ich später an diese Zeit zurückdachte, stellten sich sofort Bilder ein, dann Musik und erst danach politische Inhalte. Nie werde ich vergessen, wie beim Chicagoer Parteitag der Demokraten der jüdische Senator Abraham Ribikoff in der Versammlungshalle mit dem Pathos eines römischen Patriarchen anklagend auf den mächtigen Hausherrn wies und ausrief: »Wie lange noch, Bürgermeister Dailey, werden Sie Ihre Gestapo in den Straßen dieser Stadt zur Menschenjagd auf friedliche Bürger hetzen?« Kinoreif, zumal der Hollywoodstar Paul Newman als ordentlicher Delegierter aufstand und applaudierte.

Und immer wieder sehe ich die Holzwand hinter der Bar des Statler-Hilton-Hotels, in dem der Präsidentschaftskandidat Hubert Humphrey wohnte, langsam einbrechen und krachend umfallen, eingedrückt von Demonstranten, die vor brutal knüppelnden Polizisten Schutz suchten. Oder es erscheinen die lattenschwingenden Prügelperser vor dem Schöneberger Rathaus in Berlin 1967 vor meinen Augen.

Lange träumte ich davon, auch jetzt noch geistern ähnliche Verfolgungsszenarien manchmal durch meine Nächte. Und ganz sicher bin ich heute nur noch bei den Ribikoff-Szenen, dass ich die wirklich erlebt habe. Ob sich in anderen Fällen Fotos und Fernsehbilder zusammen mit alten Ängsten zu meinem Kopfkino verdichtet haben, das mir Ereignisse vorgaukelt, vermag ich nicht mehr eindeutig zu entscheiden. Wozu auch? In meiner inneren Erlebnislandschaft haben diese Bilder längst ihren festen symbolischen Stellenwert.

Nach meinem Zusammenbruch 1976, als ich aus den USA in die Bundesrepublik zurückgekehrt war und mich völlig verloren fühlte, wurden die Grübeleien über die Bedeutung dieser Bilder zu Fragen von existenziellem Gewicht. Dass das Private politisch ist, hatte ich begriffen, aber waren deshalb Politik und politischer Journalismus nur noch individuelle Selbstverwirklichung? Keinen Augenblick glaubte ich, dass die »kollektive Störung der Psyche«, die tiefe Erschütterung der Wir-Schicht in der Gesellschaft des eigenen Landes, die Norbert Elias hinter den Ereignissen von 1968 vermutete, mich nicht betroffen haben sollte. Es musste einen Zusammenhang geben zwischen privatem Unglück und gesellschaftlicher Unruhe. Hatte mich nicht die rigorose Abspaltung des Privaten von der nationalen Geschichte in den Biographien meiner Eltern und Lehrer schon immer irritiert?

Es bedurfte des völligen physischen und psychischen Zusammenbruchs, bis ich verstand, dass meine privaten Probleme, meine schon beschriebene Flucht in den Alkohol und meine zunehmende Entfremdung von mir selbst, vom gesellschaftlichen und politischen Umbruch dieser Jahre nicht zu trennen waren. Nach Auffassung des Soziologen Heinz Bude schleppen die Kriegskinder »Gefühls-Container« durch die Nachkriegsgeschichte, »worin sich ein ganzer Herkunftskomplex übernommener Traumata und entlehnter Konflikte abgelagert hat«. Darin erkannte ich mich wieder. Meine Authentizität als politischer Mensch speiste sich aus einer komplexen Mischung: deutsches Kriegskind und kleinbürgerlicher Aufsteiger, reflektierender Historiker, idealistischer Traumtänzer und kühler journalistischer Beobachter.

In Amerika hatte ich gelernt, dass es kein Ausweg war, zu versuchen, mich nicht als Deutscher, sondern lieber als Europäer oder Weltbürger zu fühlen. Ich wurde für die Taten der älteren Generation in Haftung genommen. Ich gehörte dazu. Das machte mich wütend auf meine Eltern, ich schämte mich für sie, aber ich trat auch für sie ein, entschuldigte sie. Es waren meine Eltern. Und sie hatten sich ja auch persönlich nichts zuschulden kommen lassen, soweit ich wusste. Im »Deutschen Herbst« quoll dieser ganze unverdaute Gefühlsbrei in mir wieder hoch. Gewiss, in die psychosomatische Klinik ging ich 1976 wegen meines Suchtproblems. Als bloßen Zufall aber habe ich es nicht empfunden, dass mein eigener Zusammenbruch in diese Zeit der deutschen Krise fiel.

»The Times, They Are A-Changin'« – Bob Dylans Song gegen morsche Autoritäten und für radikale Veränderungen in der Gesellschaft summte mir seit Amerika im Kopf herum. Aber im

Bauch saß noch die alte Angst. Die verinnerlichte Duckmäuserei. Die Furcht vor Vater Staat und allen Obrigkeiten. Der Gehorsam gegen die kollektive Macht anonymer Ordnungen, den meine Mutter – zu Zeiten der Nazis wie in der Ära Adenauer oder der Kanzlerschaft Helmut Schmidts – in die beschwörende Warnung zu packen wusste: »Was sollen denn die Leute davon denken.«

All das wurde mir in den neun Wochen in Bad Herrenalb auf ziemlich brutale Weise ausgetrieben. Erst jetzt wurde ich erwachsen. Eine emotionale Therapie – eine Mischung aus beinharter Konfrontation und liebevoller Akzeptanz – befreite mich von dem Fremdbild, das mir meine Mutter übergestülpt hatte. Und langsam bekam ich eine Ahnung davon, wer ich überhaupt bin – nicht wie ich eigentlich hätte sein sollen. Meine Gefühle wurden mir vertraut, ich brauchte sie nicht mehr zu verstecken. Ich lernte, »nein« zu sagen zu fremden Anforderungen und Verantwortung zu übernehmen für eigene Wünsche. Ich begriff, dass ich mir selbst gegenüber ehrlich werden musste: was kann ich und was kann ich nicht. Und es war höchste Zeit, mich aus der Gefangenschaft der Vergangenheit zu befreien und realitätstüchtig zu werden.

Viele hundert Stunden saß ich danach in Selbsthilfegruppen, vertiefte meine Menschenkenntnis und verfeinerte meine Selbsterkundungen. Ich änderte viel in meinem Leben, aber die Dominanz meines Berufs blieb bestehen. Zum ersten Mal konnte ich mich selbst als Bürger sehen, als Citoyen. Und muss man das nicht sein, auch – oder gerade – als Journalist? Leben kann eine Demokratie nur, wenn sie Demokraten hat. Sie braucht den Bürger, wie Wolfgang Thierse als Bundestagspräsident einmal gesagt hat, »der informiert ist und bereit ist, sich zu engagieren, der auch andere Werte kennt als das Geld und den eigenen Gewinn, der fähig ist zu Mitmenschlichkeit, zu Toleranz, zu Solidarität«. Bürgerliche Tugenden und journalistisches Ethos scheinen mir weitgehend identisch. Vor weiteren Illusionen schützten mich diese Lernprozesse freilich nicht. Über meine vierte Selbsttäuschung wird noch zu reden sein.

Theoretisch konnte ich zu meinen neuen Überzeugungen aber auch im Herbst 2007 noch stehen. Und hatte ich nicht auch praktisch bewiesen – durch meine *Zeit*-Geschichte im Sommer und die Müntefering-Story im Herbst –, dass ich das Handwerk nach wie vor beherrschte? Ja, das war die eine Seite. Die andere Seite aber war, dass schon der geringste Einwand gegen eine These, jeder minimale Widerspruch in einem Gespräch ausreichten, um mich als Journalist in Frage zu stellen.

Mit einer Kollegin, deren Rat ich schätzte und deren Anregungen mir immer wichtig waren, beriet ich die Gliederung zu meinem Buch über den Generationswechsel in der Politik. Sie fand den Einstieg nicht glücklich, schlug einen anderen vor – das reichte mir, um das ganze Projekt als gescheitert zu betrachten. »Jaja, du hast ganz recht, das ganze Vorhaben taugt nichts.« Beleidigt. Verzagt. Jammerig.

Wie in jedem Jahr erhielten wir auch 2007 die Einladung zum Bundespresseball, und für mich war sofort klar, dass ich weder Kraft noch Lust haben würde, daran teilzunehmen. Rosemarie dagegen würde es großen Spaß machen hinzugehen. Warum nicht allein? Freunde und Bekannte würde sie genug treffen. Natürlich stimmte ich sofort zu, selbstverständlich gönnte ich ihr das Spektakel. Zugleich aber fühlte ich mich zurückgesetzt, degradiert. Hätte ich noch drastischer vorgeführt kriegen können, dass ich als Pressemensch erledigt war? Wer fragte schon noch nach mir?

Ich war ungewöhnlich gereizt und aggressiv in dieser Zeit. Und höchst empfindlich. Meiner Frau gegenüber schlug ich einen herrischen Ton an. »Du warst total von der Rolle«, sagte meine Tochter später. »Ich konnte nur nicht erkennen, ob du nicht mehr konntest oder nicht mehr wolltest.« Ich ließ mich gehen. Nur noch selten rasierte ich mich. Meine viel zu große Kleidung schlotterte mir um die Glieder. »Du sahst wild aus«, fand Susanne. »Und in deinem Arbeitszimmer roch es nach Krankheit.«

Je länger ich wieder zu Hause war, desto labiler wurde mein Selbstwertgefühl. Obwohl ich es noch nicht zugeben mochte, klaffte die Schere zwischen meinem Anspruch auf die alte Normalität und der Wirklichkeit immer weiter auseinander. Ich hatte Angst vor den Computerbildern von meinem Tumor und vor dem Urteil des Strahlen-Professors. Und obwohl eine Überprüfung meines Gewichts und meiner Kräfte in der Charité ergab, dass beides noch auf dem gleichen Stand war wie im Juli, als die Krankenhausbehandlung begann, fühlte ich mich sehr viel schwächer als damals.

Ich quälte mich mit der Vorbereitung meiner Steuererklärung herum, und anstatt mich darüber zu freuen, dass ich die Unterlagen am Ende tatsächlich einigermaßen vollständig beisammenhatte, sah ich nur, zu wie vielen Lesungen, Vorträgen und Podiumsdiskussionen ich in meinem letzten gesunden Jahr eingeladen worden und wie wenig ich jetzt unterwegs war. Dabei fehlte es in Wahrheit keineswegs an Angeboten – ich konnte sie nur nicht annehmen.

Ende Oktober schien sich meine notorische Schwarzmalerei, mit der ich vor allem meine Frau nervte, zum ersten Mal zu bestätigen. Es war ein kühler und regnerischer Tag, und ich fröstelte, als wir morgens zu den Hausärztinnen gingen. Aber ich fror jetzt überhaupt leicht, selbst bei warmem Wetter brauchte ich einen Pullover. Als ich jedoch mit Rosemarie am Nachmittag noch einen kleinen Spaziergang machte, beutelte mich plötzlich ein heftiger Schüttelfrost. So schwach war ich in den Knien, dass ich fürchtete, auf der Straße zusammenzusacken. Wir drehten um, und ich legte mich sofort ins Bett – 39 Grad Fieber.

Augenblicke später lag ich in schweißdurchweichten Kissen. Das Wasser rann mir von der Stirn in den Nacken. An diesem Tag stand ich nicht mehr auf, obwohl mir ein Satz im Kopf herumspukte, den ich von einem unheilbar Kranken gehört hatte: »Wer nicht aus dem Bett kommt, ist schon tot.« Abends war die Temperatur auf 35,4 Grad gesunken. Trotzdem schwitzte ich kräftig weiter. Am nächsten Tag fühlte ich mich vollkommen schwach, psychisch rutschte ich in den Keller. In meinen Halbschlafphantasien sah ich mich körperlich am Ende, völlig den Umständen ausgeliefert.

Das war eine Woche vor der Computertomographie und dem Termin bei dem Professor in der Charité. Die Angst färbte alles ein. Was wäre, wenn er sagte, wir müssten alles noch einmal machen? Und was, wenn ich nicht wollte? Rosemarie versuchte solche Gespräche schon im Ansatz zu beenden: »Jetzt wird nicht aufgegeben, das kommt nicht in Frage.« Das war auch nicht ernsthaft meine Absicht, doch die Hoffnung drohte zu erlöschen. Ich fühlte mich immer einsamer, glaubte auch zu merken, wie enttäuscht meine Freunde waren, wenn ich ihnen keine rosigen Aussichten anbot. Und dann kam ich mir wie ein Versager vor.

Wie so oft, wenn man ein Ereignis im Voraus dramatisiert und mit Bedeutung auflädt, war die Realität vergleichsweise banal. Der Grund: Schleimfetzen verhinderten noch immer einen klaren Blick auf den Ort im Rachen, wo einmal der Tumor sich ausgebreitet hatte. Die Radiologen wollten dennoch eine leichte Schwellung entdeckt haben, aber der Professor wischte diese Diagnose beiseite. »Da wollen wir mal nichts draus machen«, beruhigte er mich. Wenn da überhaupt was sei, dann allenfalls eine kleine Delle als Folge der Bestrahlung. Ich solle im Februar wiederkommen, dann würde man klarer sehen.

So weit der positive Teil des Gesprächs. Weniger erfreulich fand ich, dass nun auch dieser Experte anfing, von Jahren statt von Monaten zu reden, von Monaten statt von Wochen, wenn es um zu erwartende Fortschritte ging. Glaubte er, dass ich je wieder normal etwas würde essen können? Das sei schwer zu sagen, weil individuell sehr verschieden, aber möglich sei es durchaus – allerdings bestimmt nicht vor Weihnachten im nächsten Jahr. Wann würden die Schmerzen im Mund verschwinden? Schwer zu sagen, bei manchen dauere es ein paar Wochen, bei anderen länger als ein Jahr.

Natürlich hätte ich mich freuen sollen über den verschwundenen Tumor. Aber ich traute dem Frieden nicht. Außerdem war ich tief deprimiert über den Stillstand, so sehr, dass ich fast einen Monat lang keine Aufzeichnungen in meinem Tagebuch machte. Als ich dann Ende November wieder anfing, Eindrücke zu notieren, war die Lage nicht nur psychisch schlecht, sondern auch physisch. Mein Kreislauf, ohnehin immer ziemlich lahm, wurde immer labiler. Beim Aufstehen packte mich häufig Schwindel, mir wurde kurzzeitig schwarz vor Augen.

Als wir am letzten Novembersonntag die Winterkleidung aus dem oberen Kleiderschrank holten und gegen die Sommersachen austauschten, spürte ich meine Schwäche mit brutaler Deutlichkeit. Wegen meines Schwindels konnte ich nicht mehr auf die Leiter steigen, wegen nachlassender Kräfte saß ich nach kürzester Zeit auf dem Bett und rang nach Atem. »Mein Gott«, stöhnte ich, ohnmächtig vor Wut und Enttäuschung, »was bin ich für ein Wrack geworden.« Als wenig später Freunde zu Besuch kamen, brach ich zusammen, als ich aus dem Sessel aufstehen wollte, um sie zu begrüßen. Von wegen Normalität – dreieinhalb Monate nach meiner Entlassung aus der Charité war ich real am Boden.

4. Kapitel

Suche nach Klarheit

»Wir sind das Damals nicht minder als das Heute«

Advent, Advent, ein Lichtlein brennt. Auf dem Kurfürstendamm und Unter den Linden blitzten die Lichterketten, aus den Kaufhäusern quoll Weihnachtsmusik. Aufgeregt erzählten unsere Enkelkinder Anna Delphine und Fedor von ihren Wünschen an den Weihnachtsmann. Mir war der ganze Trubel weltenfern. Die Freude der Kinder drang nur bis an die Außenwand der Vakuumwelt, in die ich mich eingeschlossen fand.

Mich beschäftigte meine Krankheit und sonst gar nichts. Den labilen, widerspruchsvollen Stillstand meines sogenannten Heilungsprozesses erlebte ich als derart irritierend, dass ich zu keiner vernünftigen Aussage darüber, wie es mir denn eigentlich gehe, fähig war. Je nach Stimmungslage und momentanem Befinden sagte ich mal »gut« und mal »beschissen«, wenn mich jemand fragte – und das bisweilen in schnellem Wechsel an einem einzigen Tag. Manchmal war ich selbst verblüfft über meine spontane Einschätzung.

Hätte ich doch nur einen einzigen vertrauenswürdigen Arzt, der die unterschiedlichen Diagnosen zusammenfassen und mir die Widersprüche zwischen den objektiven Befunden und dem subjektiven Befinden erklären könnte, einen Arzt, nicht ein halbes Dutzend. Wieso behaupteten die mich behandelnden Mediziner alle, dass ich Fortschritte machte, während ich selbst mich immer schlechter fühlte? Und warum beharrten sie auf ihren positiven Eindrücken, wenn sie gleichzeitig den Zeitpunkt für konkrete Ergebnisse in immer fernere Zukunft verschoben? War der Tumor nun besiegt oder nicht? Würde ich je wieder vernünftig schlucken und sprechen können?

Am 17. Dezember, eine Woche vor Weihnachten 2007, saßen Rosemarie und ich im ICE Richtung Süden, um endlich die Wahrheit zu erfahren. Wenigstens versprach ich mir das von dem verabredeten Treffen mit einem renommierten Kieferchirurgen in Freiburg im Breisgau. Eine Freundin, die ich mit meiner Ungeduld genervt hatte, war mit ihm befreundet und hatte mir einen Termin verschafft. Das Tumorzentrum Ludwig Heilmeyer der Uni Freiburg genoss einen guten Ruf unter Fachleuten, nicht nur wegen der dort praktizierten interdisziplinären Zusammenarbeit, sondern auch, weil den dortigen Ärzten die Lebensqualität der Patienten nach den zum Teil brutalen Eingriffen gegen den Krebs besonders wichtig war.

Die Fahrt verlief ohne Schwierigkeiten. Damit ich nicht in eine Unterzuckerung rutschen würde, spritzte mir meine Frau unterwegs eine Traubenzuckerlösung. Ab und zu nahm ich, obwohl mich meine Logopädin davor gewarnt hatte, einen kleinen Schluck aus der Wasserflasche. Mehr Ernährung brauchte ich nicht. Ich gab vor, Zeitung zu lesen, aber die meiste Zeit blickte ich gedankenbeschwert hinaus auf die vorbeifliegende Landschaft. Eine fahle Sonne übergoss die in eisigem Wind erstarrten Felder mit einem kalten Licht, das mich frösteln ließ. Im Zugfenster spiegelte sich mein Gesicht, in dem ich die Angst lesen konnte, die ich fühlte. Es war wie im Frühsommer, als ich zuletzt durch Deutschland gereist war, damals nach Nürnberg in Erwartung einer Operation, die dann nicht stattfand. Ein halbes Jahr war das jetzt erst her, mir kam es vor wie eine halbe Ewigkeit.

In Freiburg ging dann alles ganz schnell. Mit dem Taxi waren wir im Nu in der modernen Klinik, die zu neu war, als dass

Rosemarie, die hier studiert hatte, sie kennen konnte. Aber nach ihrem Doktorvater war jetzt das Krebszentrum benannt. Wir wurden freundlich empfangen und mit einem ausführlichen Fragebogen beglückt. Plötzlich war der Professor da, ein leiser, liebenswürdiger Mann, sehr sensibel. Er führte uns in sein Arbeitszimmer, erklärte uns den weiten Blick über Freiburg, schwärmte vom Freizeitwert der Umgebung und signalisierte uns so, dass er bereit war, sich für unser Gespräch Zeit zu nehmen. Behutsam und ohne Eile befragte er mich zur Person und zum Krankheitsverlauf. Seine Kommentare waren sparsam und nicht belehrend. Ich fühlte mich ernst genommen und fasste Vertrauen. Er sorgte auch dafür, dass ein Pfleger mich zwischendurch an die Sondennahrung hängte.

Nach einer Weile kam der Professor, der sich inzwischen die CT-Bilder meines Rachens mit dem Tumor angesehen hatte, noch einmal zu einem abschließenden Gespräch zurück. Das Ergebnis erleichterte mich: Nichts, was seine medizinischen Kollegen in Nürnberg und Berlin mit mir veranstaltet hatten, wäre bei ihm anders gelaufen. – Hoffentlich, fügte ich im Stillen hinzu, mit Ausnahme der missglückten Installierung einer Magensonde in der Charité, die dann zur lebensbedrohlichen Bauchfellentzündung führte. Aber dieses Unheil überging er.

Auch er hätte nicht operiert. Und den Strahlenexperten in Berlin, der den Beschuss meines Tumors errechnen ließ und verantwortete, hielt er für einen »guten und erfahrenen Mann«, den er persönlich kannte und sehr schätzte. Was aber war mit den Schmerzen, der Schwäche, dem Schwindel, die mir jetzt zu schaffen machten? Alles Nachwirkungen, die zum gegenwärtigen Zeitpunkt normal seien, versicherte der Professor. Die eigentliche Entscheidung falle erst Ende Februar, wenn neue CT-Bilder verlässlichen Aufschluss über den Verbleib des Tumors geben sollten. »Vorher ist keine seriöse Aussage möglich.«

War das nun die Wahrheit, die ich erhofft hatte, oder wenigstens eine hilfreiche Auskunft? Hatte sich also die aufwendige Reise gelohnt, die keine Krankenkasse bezahlte? Auf der Rückfahrt im Zug entschieden wir: Doch. Das Ergebnis war positiv, trotz aller Kosten und Umstände. Dass bei der Tumorbekämpfung offenbar alles richtig gelaufen war, beruhigte uns jedenfalls.

Und die Strapazen? Sie waren lästig, aber zu ertragen. Wir hatten die Nacht in einem kleinen Hotel verbracht, in aller Frühe und eisiger Kälte musste ich noch einmal in die Klinik, um mit Sondenkost versorgt zu werden. Geschlafen hatte ich so gut wie gar nicht. Frierend bibberte ich vor der Rückfahrt eine halbe Stunde in der zugigen Freiburger Bahnhofshalle, während Rosemarie sich in der Stadt umsah. Ich kam mir vor wie ein Penner. Dennoch – bei aller Schwäche war ich in meinem Leben zu außergewöhnlichen Kraftakten immer in der Lage gewesen. Nur war danach leider oft allzu schnell ein Rückschlag gefolgt.

So auch dieses Mal. Schon am übernächsten Tag war ich gar nicht mehr sicher, dass ich auf so gutem Wege sei, wie der Freiburger Professor mich hatte glauben machen wollen. Gewiss, die therapeutische Betreuung, die inzwischen in Berlin angelaufen war, empfand ich als hilfreich. Täglich, also auch an Wochenenden, rückten die freundlichen Schwestern des Pflegedienstes an. Einmal die Woche kam die Logopädin, eine frohgemute Brasilianerin, die einen ansteckenden Optimismus verbreitete, und ließ mich Sprüche aufsagen wie: »Ping, pang, pong, schwing den Gong« und »Hinter Hermann Hannes Haus hängen hundert Hemden raus«. Ihr Ziel war es, meine erschlaffte Zunge und die verstrahlte Mundmuskulatur so zu kräftigen, dass ich irgendwann wieder schlucken und deutlich sprechen könnte.

Und zweimal die Woche ging ich über die Straße in ein Studio für Physiotherapie, wo die Therapeutin mir die Lymphe aus dem Gesicht massierte, die meine Wangen so heftig anschwellen ließ, dass ich morgens aussah wie ein Breitmaulfrosch. Besucher verwechselten diese Schwellungen gern mit Wohlgenährtheit und gratulierten mir: »Du siehst aber gut aus, im Gesicht fast wie früher.«

Das Illusionsprogramm »Normalität« lief weiter, funktionierte aber nur noch punktuell. Meine Frau hielt krampfhafter daran fest als ich. An eine Freundin schrieb sie im Dezember: »Zurzeit ist zeitliche Planung für uns ein Fragezeichen-Wort, abhängig von Jürgens Befinden. Alle Fachleute sagen ihm, dass er mit einem Jahr rechnen muss bis zum Abklingen der schweren Nebenwirkungen in Form von Verbrennungen der Schleimhäute, der Schluckmuskeln und massiven Stauungen der Lymphe. Das heißt konkret etwa bis zur Jahresmitte 2008, und so ist seine und auch meine Hauptübung zurzeit Geduld, Geduld, Geduld.« Es gehe zwar mit ganz kleinen Schritten voran, aber auch der Verzicht auf Ausflüge und kleinere Reisen werde wohl noch »ein Weilchen« dauern.

Ich beschränkte meinen Optimismus auf Berufliches und führte Gespräche über das Politik-Buch, an dem ich – wenn auch mit zunehmenden Zweifeln und abnehmender Kraft – weiterarbeitete. Auch neue Filmpläne erörterte ich mit den Fernsehproduzenten. Aber ich hatte schon vor der Reise nach Freiburg gemerkt, dass es mir immer schwerer fiel, mich zu konzentrieren. Kein Buch konnte mich mehr so fesseln, dass ich es von vorne bis hinten durchlas, nicht einmal Kriminalromane. Waren sie zu aktionsreich, machten sie mir Angst und verseuchten meine Träume. Waren sie zu subtil, dann langweilten sie mich. Da fand ich mein eigenes Elend noch allemal spannender.

Immer häufiger schweiften meine Gedanken zurück in die Vergangenheit. Gespräche mit Freunden und Bekannten regten Erinnerungen an. Seit Ende November unsere Freundin Erika eine Woche in Berlin gewesen war und ich stundenlang mit ihr über unsere gemeinsame Studienzeit in Marburg und Göttingen geplauscht hatte, rückten diese Jugendjahre, meine unsicheren Startversuche in ein selbstverantwortetes erwachsenes Leben, immer stärker in den Mittelpunkt meiner Rückbesinnung.

Sommer 1957 in Marburg. Ich war gerade zwanzig Jahre alt geworden und zum ersten Mal für längere Zeit meinem behütenden Elternhaus entkommen. Der Blick aus dem Fenster meines kleinen Zimmers in einem mittelalterlichen Haus am Rübenstein, einer engen Gasse am Berg, endete schon nach drei, vier Metern an der gegenüberliegenden Hauswand. Dort hatte sich eine pralle Blondine breit in die Fensterbank gelagert und beobachtete ungeniert meine linkischen Versuche, mich in meiner neuen Umgebung einzurichten. »Guten Tag«, grüßte ich freundlich hinüber und fuhr erschrocken vom Fenster zurück, als es in breitestem Hessisch zurückschallte: »So nicht, junger Mann. Glauben Sie ja nicht, Sie könnten mit mir anbandeln.«

War so das richtige Leben? Keine Frage, dass ich die ungewohnten Freiheiten genoss. Keine Frage aber auch, dass sie mich ängstigten. Zwar war das idyllische Marburg alles andere als eine kalte Großstadt, aber für mich war es die Fremde. Mir fehlte plötzlich, was ich hinter mir zu lassen gehofft hatte: die Geborgenheit meiner Familie und der warme Mief der Kleinstadt, in der jeder jeden kannte und jeder alles über jeden wusste. Mit anderen Worten – mich bedrängten damals dieselben Fragen, die mich seit meinem Ausscheiden aus dem normalen Arbeitsprozess und vor allem seit meiner Krankheit auch heute wieder umtreiben. Wer bin ich eigentlich? Wo ist mein Platz im Leben? Welche Rolle ist mir angemessen?

Zum Glück hatte ich Freunde in Marburg, die mir halfen, Dieter und Günter, ehemalige Schulkameraden, die mir auch das Zimmer besorgt hatten. Dass sie korporiert waren, Mitglieder einer schlagenden Verbindung, hatte ich zuvor eher beiläufig aufgenommen. Ich hatte die vage Vorstellung, dass die fechtenden und farbentragenden Männerbünde ziemlich vorgestrig seien, wenn nicht gar verkappte Nazi-Vereine. Doch Genaueres wusste ich nicht, und in meinem Elternhaus hatte keiner akademische Erfahrungen. Auch die Eltern meiner Freunde kannten sich mit studentischen Gebräuchen nicht aus.

Nun, in Marburg, ergab es sich fast selbstverständlich, dass mich die beiden mit »aufs Haus« nahmen, das Hauptquartier ihrer Turnerschaft Saxonia. Das war eine schmucke Villa am Fuße des Schlossbergs, vor der die Fahne der Korporation wehte, dunkelblau-weiß-hellblau. Dieter und Günter hatten sich kleine blaue Mützen aufgesetzt und blau-weiß-blaue Bänder umgehängt. Damit sahen sie zwar ein wenig fremd aus, aber längst nicht so lächerlich, wie ich gedacht hatte. Ähnlich verkleidete Typen hießen mich freundlich willkommen.

Es begann ein feuchtfröhlicher Abend, die traditionelle Maikneipe. Das Bier floss reichlich, es wurde kräftig gesungen – »in Jugendmut und deutschem Klang«, wie es im »Farbenlied« der Verbindung hieß –, und ich lernte, dass das Klavier hier Bierorgel genannt wurde. Der Verkehrston war locker und witzig, einmal abgesehen von absonderlichen Trinkritualen wie: »Füxe auf, Füxe prost« und »Erlaube mir einen geziemenden Streifen auf dein Wohl«.

Mirko, ein älterer Student, trinkfester Chemiker, trug zu vorgerückter Stunde sogar das wunderbare Gedicht »Zwei Ritter« von Heinrich Heine vor:

> Crapülinski und Waschlapski,
> Polen aus der Polackei,
> Fochten für die Freiheit, gegen
> Moskowitertyrannei.

Dieser Anfang und der nächste Vers sind mir bis heute in Erinnerung geblieben:

Fochten tapfer und entkamen
Endlich glücklich nach Paris –
Leben bleiben wie das Sterben
Für das Vaterland ist süß.

Wildes Gelächter und Applaus dankte dem Vortrag. Nein, mochten die Formen auch arg zopfig sein, eine Nazi-Truppe war dieser Studentenbund bestimmt nicht. Eher ein verkleideter Sportverein.

Keiner bedrängte mich direkt, sofort Mitglied zu werden, wie ich befürchtet hatte. Viele studierten Sport, aber auch Juristen und Mediziner waren dabei, Volkswirtschaftler, Naturwissenschaftler und angehende Philologen wie ich. Sie luden mich zu ihren sportlichen Veranstaltungen ein, und ich lernte, dass in der Turnerschaft nicht nur eine ordentliche Fußball- und Handballmannschaft trainierten, sondern auch wirkliche Könner in vielen Disziplinen der Leichtathletik, gute Turner, Schwimmer und Skiläufer. Sogar ein Läufer der deutschen 4-×-400-Meter-Staffel, die ein Jahr zuvor bei den Olympischen Spielen in Melbourne ein gutes Rennen gezeigt hatte, gehörte dazu. Er studierte Theologie.

Schon an diesem ersten Abend auf dem Haus war ich sicher, bei Saxonia jenen Ort der Geborgenheit in der Fremde gefunden zu haben, den ich zur Sicherheit brauchte. Die Kostümierung mit Band und Mütze behagte mir zwar nicht, aber Marburg war ja nicht Hamburg oder Berlin. In dem traditionsreichen Uni-Städtchen an der Lahn gehörten Korporierte Ende der fünfziger Jahre wieder zum Stadtbild. Immerhin waren 1957 von den 4778 Marburger Studenten 23 Prozent korporiert. Bei den AStA-Wahlen im Sommer gehörten 15 von 26 Kandidaten einer Verbindung an.

Und das Fechten? Das fand ich Quatsch. Einen erzieherischen Wert konnte ich so wenig erkennen wie einen sportlichen. Und meine Ehre glaubte ich anders bewahren zu können als durch

Mensurfertigkeiten. Außerdem machten mir die Fechtpartien auch Angst. Doch andererseits erschienen mir die Vorteile der wärmenden Gemeinschaft verlockend genug, um diesen Unfug in Kauf zu nehmen. So ähnlich – vielleicht ein bisschen weniger schroff – sagte ich es bei meiner Bewerbung vor dem Konvent, der studentischen Vollversammlung des Bundes, der mich trotzdem aufnahm.

Über die konkrete Geschichte der Verbindung, zu der ich nun gehörte, wusste ich wenig mehr, als dass Saxonia 1886 als Pharmazeutenverein gegründet worden war, sich später zum »wissenschaftlichen Verein« gewandelt hatte, bevor sich 1907 die Turnerschaft Saxonia etablierte. Dass der vaterländische und kaisertreue Bund der Weimarer Republik wenig Respekt entgegengebracht hatte, ahnte ich, ohne Einzelheiten zu kennen. Was mir aber im Nachhinein besonders befremdlich vorkommt, ist die Tatsache, dass zum Zeitpunkt meines Eintritts über die Gleichschaltung durch die Nazis 1933 überhaupt nicht geredet wurde.

Und auch der angehende Historiker Leinemann, der daheim so erbittert mit seinem Vater über dessen Mitgliedschaft in der NSDAP und der SA gerechtet hatte, wollte nicht wissen, wie das war nach Hitlers Machtübernahme, als die Korporationen in Marburg der SA unterstanden und junge Kameraden der »Nationalsozialistischen Deutschen Waffengefolgschaft Saxonia« ihr blau-weiß-blaues Band über dem Braunhemd trugen. Ich kann es mir heute nur so erklären, dass die freudige Erleichterung, in der Fremde eine stützende Gemeinschaft von Gleichaltrigen gefunden zu haben, die durch Sport in Freundschaft verbunden waren, alle Bedenken verdrängte. Die Rolle der Altherrenschaft, von denen viele wie mein Vater »in den Schlingen der Entnazifizierung« gezappelt hatten, wie einer von ihnen später schönfärberisch in einer Saxen-Chronik formulierte, wurde mir erst nach und nach bewusst.

Wie mir überhaupt erst im Verlauf der ersten Semester

manches Licht aufging. Als »Weißer Jahrgang« war ich vom Wehrdienst befreit und immer stolz darauf, niemals Uniform getragen zu haben. Nun war ich »Fux«, und das Leben in einer hierarchischen Männertruppe erwies sich bald als ziemlich uniformiert, wenngleich in einer spielerischeren Form. Doch die Pflichtveranstaltungen auf dem Haus, die Regularien im Umgang mit älteren Semestern und den Alten Herren, die von Zeit zu Zeit in Marburg auftauchten, und die ranzigen Rituale des Comments erschienen mir bald weniger lustig als lästig. Auf der anderen Seite überwog das Positive: die Sportveranstaltungen, fröhliche Feste und alte und neue Freundschaften, die zum Teil bis heute halten.

Natürlich war Saxonia ein biederer Machohaufen, was aber im Adenauer-Deutschland dem allgemeinen Empfinden entsprach. Mädchen kamen nur zu besonderen Anlässen aufs Haus, um bei gelegentlichen Nachmittagstees »betanzt« zu werden, und natürlich zu den Stiftungsfesten. Immerhin habe ich damals – bei einem Marktfrühschoppen – meine spätere Frau kennengelernt. Ihre Schwester war mit einem Bundesbruder verlobt, und der brachte die beiden jungen Frauen mit an den Saxen-Tisch. Ein Foto zeigt Rosemarie übermütig in meinen Armen, doch das war nur eine Bierlaune, es sollte noch fünf Jahre dauern, bis wir uns in Berlin wiederfanden.

Auch mein Studium profitierte von den Kommilitonen aus der Verbindung. Ich gehörte gewiss nicht zu den fleißigsten Studenten, aber meine Freunde Dieter und Fritz schleiften mich gnadenlos mit zu den wichtigsten Vorlesungen und Übungen in Geschichte und Germanistik. In einer Arbeitsgruppe über Conrad Ferdinand Meyer begegnete ich der Kasselanerin Erika, einer leidenschaftlichen Theaternärrin, die sich auch mit meinem Freund Fritz bestens verstand. Zwischen uns dreien, dazu Dieter, wuchs eine herzliche Freundschaft, die uns für zwei Semester gemeinsam nach Göttingen führte und die bis heute hält.

Dass ich einmal Journalist werden könnte, kam in meinen Marburger Zukunftserwartungen nicht vor. Trotzdem hatte ich schon damals Geschichte und nicht Germanistik zum Hauptfach erkoren, obwohl ich wusste, dass ich für dieses Studium das Große Latinum brauchte. In der Schule hatte ich den Lateinunterricht aber abgewählt, weil wir in der Lateinklasse nie und nimmer eine vernünftige Fußballmannschaft zustande bekommen hätten. Also musste ich jetzt das Große Latinum nachholen.

Zum Einpauken bot sich in Marburg ein Mann an, der über Jahrzehnte zu einer Institution geworden war, der alte Sangmeister. Jeden Werktag tanzte ich also schon um sieben Uhr morgens bei dem greisen Lehrer an, um zwei Stunden lang Cäsar und Cicero zu übersetzen, Grammatik zu bimsen und Tricks zu lernen. Nach einer Stunde war Pause, weil der Meister, wie er bekannt gab, »mal eben in die Sterne gucken« musste – gemeint waren die Sterne auf der Cognacflasche. »Bei mir lernt ihr vielleicht nicht wirklich Latein, wohl aber, die Prüfung zu bestehen«, versicherte er.

Irgendwann vor dem Ersten Weltkrieg, so ging die Legende, sollte Sangmeister als junger Referendar im Duell um eine schöne Frau einen Offizier erschossen haben, womit er für den Schuldienst erledigt gewesen war. Seither bot er seine Hilfe Studenten an, um im Examen die »Stupidienräte« auszutricksen. Er pflegte die Schüler der Prüfungslehrer an den Marburger Gymnasien systematisch auszuhorchen, um herauszufinden, »welche Maschen« die Prüfer draufhätten. Darauf bereitete er dann seine Studenten vor.

Bei mir gelang das nur mit Schwierigkeiten. Ich lernte nur halbherzig und fiel prompt zweimal durch. »Der weiß ja überhaupt nichts«, hörte ich einen der Prüfer bei meinem Abgang seufzen, bevor ich die Tür schließen konnte. Wütend stieß ich sie wieder auf und rief in den Raum, was ich bei Sangmeister gelernt hatte: »Nach ne, nisi, num fällt ali um.«

Bevor ich beim dritten und letzten Mal mit größter Mühe die Prüfung doch noch schaffte, versackte ich in eine Depression. Schon seit einer Weile tat ich mich schwer mit dem geordneten Leben in der Verbindung. Die Asse unter den Sportlern waren alle sehr erfolgsorientiert, und ich sah mich auf der Verliererstraße. Plötzlich schien mir mein ganzer künftiger Lebensweg vom Gelingen des Latinums abzuhängen. Sollte ich das Studium aufgeben? Aber was sollte dann aus mir werden? Und überhaupt – diese Schande. Düster malte ich mir die bodenlose Enttäuschung meiner Eltern aus, mit denen ich über meine Situation aber nicht reden konnte. Zum ersten Mal kamen mir Suizidgedanken. In Marburg sorgten sich meine Freundinnen und Freunde um mich. Ich selbst versuchte, meine Niedergeschlagenheit in Bier zu ertränken.

In dieser Situation überraschte uns der Tod eines Alten Herrn der Saxonia, zu dessen Beerdigung in Kaiserslautern eine studentische Abordnung chargieren sollte. Drei Mann mussten »in vollem Wichs« – das hieß in blauen Jacken mit silbernen Schnüren, weißen Hosen und Handschuhen, langen schwarzen Stulpenstiefeln mit Sporen sowie mit Degen und üppig verzierter Bundesfahne – am Grab Aufstellung nehmen. Weil ich wegen des Latinums einer der wenigen war, die während der Sommerferien in Marburg blieben, gehörte ich zu den dreien, die mit einer großen Kostümkiste in die Pfalz reisten.

In einem Hotel zogen wir uns um. Ein amerikanischer General, den wir beim Gang durch das Foyer trafen, sah uns fassungslos nach. Auf ihn müssen wir wie Operettenkavalleristen gewirkt haben. Langsam begann das Unternehmen mir Spaß zu machen. Wir hatten nur ein Problem: Die schwere versilberte Metallspitze auf der Fahne fehlte. Wir hatten sie allerdings nicht vergessen, sondern bewusst zu Hause gelassen, weil das Gewinde, an dem sie aufgeschraubt wurde, ausgeleiert war. Und schon ein paar Mal war die Spitze höchst unfeierlich auf den Sarg gepoltert, wenn wir feierlich zur Grablegung die Fahne gesenkt hatten.

Das sollte uns nicht noch einmal passieren. Doch ein uns bis dahin unbekannter Alter Herr, der uns auf dem Friedhof begrüßte, sah die fehlende Spitze anders. »Die habt ihr wohl weggelassen, damit da oben wieder das Hakenkreuz hinkann?«, fragte er verschwörerisch. Ich hielt das zunächst für einen schlechten Witz, bis er mich später beiseitenahm und ankündigte, er werde im nächsten Semester seinen Sohn nach Marburg schicken, den sollten wir bei Saxonia im Sinne von Hans Grimm erziehen.

Hans Grimm? Ich glaubte nicht richtig zu hören. Der völkischnationalistische Schriftsteller hatte mit seinem Roman »Volk ohne Raum« bei den Nazis höchste Anerkennung gefunden. Er gehörte zu Adolf Hitlers Lieblingsautoren. Nach 1945 zählte er zu den unverbesserlichen Beschönigern des Hitler-Regimes, 1953 hatte er auf der Liste der rechtsextremen Deutschen Reichspartei für den Bundestag kandidiert.

»Das kannst du nicht ernst meinen«, wehrte ich das Ansinnen ab, doch der Alte Herr spaßte keineswegs. Irgendwie schien er den Wahlspruch der Saxonia – »In Treue fest« – falsch verstanden zu haben. Er werde mir, damit ich wisse, wie die Erziehung für den studentischen Nachwuchs auszusehen habe, Grimms »Erzbischofsschrift« schicken, in der der Autor den Angriffskrieg der Nazis als eine Maßnahme zur Verteidigung der europäischen Kultur gegen den Kommunismus verteidigte.

Er schickte mir das Buch tatsächlich, und damit reichte es mir endgültig. Ich stellte einen Antrag auf dem Konvent, den Alten Herrn aus dem Bund auszuschließen. Falls das nicht geschehe, würde ich austreten. Wie ich erwartet hatte, wurde mein Antrag abgelehnt. Ohne großen Abschiedsschmerz, aber auch ohne Bitternis wechselte ich von Marburg nach Göttingen. Mein Austrittsgesuch reichte ich später nach. Die Studenten der Saxonia waren zwar in ihrer Mehrheit ziemlich konservativ, aber

Nazis waren sie wirklich nicht. In der Altherrenschaft hingegen liebäugelten noch immer viele mit der rechten Vergangenheit. Wir waren schließlich in den fünfziger Jahren.

Warum ich das alles nach weiteren fünfzig Jahren wieder heraufbeschwor? Weil es einmal wichtig war in meinem Leben und mich geprägt hat. Wenn die Zukunft schrumpft, blickt man zurück. Jetzt, da mich mein Schicksal zwang, mir Rechenschaft abzugeben über meine Biographie, wurde mir klar, wie bruchstückhaft die Lebensgeschichte war, die ich mir und anderen erzählt hatte, nicht falsch, aber unvollständig. Sie bedurfte einer Überprüfung, wenn ich wirklich wissen wollte, ob ich den Krebs einer falschen Lebenseinstellung verdankte.

Mir schien überdies, dass sich die Deutschen einen verbreiteten Widerwillen gönnten, sowohl gegen die Vergangenheit, in der zu viel Unheil geschehen war, als auch gegen die Zukunft, die keine allzu rosigen Aussichten versprach. Der Zeitgeist war ein Gefangener der Gegenwart. Die alte Theorie vom Ende der Geschichte, die 1989 der Amerikaner Francis Fukuyama literarisch neu in Umlauf gebracht hatte, fand trotz des Mauerfalls auch bei uns viele Anhänger, junge vor allem, die es vorzogen, einfach in den Tag hineinzuleben.

Ich konnte das nicht, ich durfte es mir auch nicht leisten. Wenn ich überleben wollte, brauchte ich eine Perspektive für die Zukunft, und die konnte ich nur gewinnen, wenn ich mir so vollständig und ehrlich wie möglich vergegenwärtigte, warum ich wie geworden war. Denn wie Max Frisch hatte auch ich keine Hoffnung, dass ich mich selbst nachholen und einen Augenblick meines Lebens verbessern könnte. »Wir sind das Damals, auch wenn wir es verwerfen, nicht minder als das Heute«, schrieb er. »Die Zeit verwandelt uns nicht. Sie entfaltet uns nur.«

In den Adventswochen 2007 weckte ein Projekt der Berliner Schaubühne in mir zusätzliche Erinnerungen an die quälende

Identitätssuche meiner Jugendjahre in der Adenauer-Ära. »Deutschlandsaga« hieß eine Serie von Kurzdramen, die auf den im kommenden Jahr bevorstehenden sechzigsten Geburtstag der Bundesrepublik abzielte. Zwei junge Regisseure und eine Reihe von Autoren, die von den demokratischen Anfängen nach dem Zweiten Weltkrieg nur aus Erzählungen und Lektüre wissen konnten, setzten ihre Vorstellungen von den vergangenen sechzig Jahren in szenische Bilder um – drei für jedes Jahrzehnt.

Meine Erinnerung an den ersten Abend, mit Eindrücken aus den fünfziger Jahren, ist sonderbar vage. Mir ist nur bruchstückhaft der Monolog einer Frau im Gedächtnis geblieben, die, von Schuldobsessionen geplagt, beklemmend die Verdrängungen und Verleugnungen ihrer Kindheit in Nazi-Deutschland schilderte. Einzelheiten, geschweige denn der Inhalt der drei Stücke, fallen mir nicht mehr ein, obwohl ich noch genau weiß, wie sehr mich die Aufführung berührt hat.

Das lag aber vor allem auch an meiner unfreiwilligen Nebenrolle. Ohne es zu wissen, fanden wir uns zu Beginn der Aufführung sozusagen auf der Bühne wieder, denn der Regisseur ließ das Stück im Zuschauerraum spielen und hieß das Publikum in der Mitte des Saales auf der Erde Platz zu nehmen – da, wo sonst gespielt wurde. Ein Mann mit einem Mikrophon in der Hand suchte dann unter den Zuschauern nach einer Person, die die Rolle des wegen seiner Haltung in der Nazi-Zeit von seiner Tochter angeklagten Vaters übernehmen sollte. Prompt blieb er vor mir stehen. Nur mit Mühe konnte ich ihm klarmachen, dass ich zu krank sei für solche Spielereien. Und nur mit Mühe kam ich, unterstützt von Helfern und meiner Frau, hinterher wieder auf die Beine.

Ich empfand diesen Zwischenfall als hochsymbolisch – ich konnte keine Rolle mehr spielen.

Der Heimweg steht mir noch klar vor Augen: Es war ein unfreundlicher, regnerischer Abend, aber dass ich zitterte, hatte wohl mehr mit innerem Frösteln als mit äußerer Kälte zu tun. Zu Hause klappte ich regelrecht zusammen – Schwindel, Luftmangel und Schmerzen. Wieder einmal fühlte ich mich überfordert und war mit meinen Kräften am Ende.

Die Frage, wo seit meiner Krankheit mein Platz im Leben wäre, verfolgte mich weiter. Schwer atmend quälte ich mich in der Vorweihnachtswoche die Treppe zur Galerie des renommierten Kunsthändlers Dieter Brusberg hoch, der sich in den Ruhestand zurückziehen wollte. Ich hatte zu ihm ein freundschaftliches Verhältnis, weil wir in den Räumen des *Spiegel* einmal gemeinsam eine Ausstellung organisiert hatten, die Grafiken von arrivierten Künstlern aus beiden Deutschlands mit Fotos aus derselben Zeit konfrontierte. Seit meiner Krankheit, von der er wusste, hatte ich ihn nicht mehr gesehen. Jetzt begrüßte er mich, als wäre ich noch ganz der Alte. Auch ein ehemaliger Staatssekretär der Bundesregierung kam und sagte mir Freundliches über meine Arbeit beim *Spiegel*. Ich bedankte mich, es war ja nett gemeint, aber ich konnte beides kaum ertragen. Sie redeten von und mit einem, der ich einfach nicht mehr war. Fast fluchtartig verließ ich die Galerie.

Noch drei Tage bis Weihnachten. Wenn ich die Aufregung der Kinder spürte, kam ich mir vor wie aus der Welt gefallen. Zum Glück schienen sie meine Entrücktheit gar nicht zu merken. Ihre Träume waren stärker als meine fremdelnde Präsenz. Rosemarie konnte ihre Hilflosigkeit gegenüber dem traurigen Bündel Mensch, zu dem ich zusammengeschrumpft war, kaum noch ertragen. »Wenn das so weitergeht«, sagte sie, »musst du wieder in eine Klinik.« Aber das wollte ich nicht. Sollte es nicht eigentlich in die andere Richtung gehen?

5. Kapitel

Familienbande

»Irgendwann macht es vielleicht wieder Sinn«

Es sind vierundsechzig Stufen bis in die vierte Etage, wo unsere Kinder wohnen. Kein Fahrstuhl. Und jeder Schritt eine Plage. Ich zog mich mühsam am Geländer hoch und pausierte schwer atmend auf jedem Treppenabsatz. »Diesen Kraftakt schenke ich der Familie zu Weihnachten«, dachte ich grimmig, als endlich die offene Tür vor mir auftauchte und ich zum letzten Mal verschnaufte. Aus der Wohnung drang aufgeregtes Kindergeschrei. Es war Heiligabend 2007, eine knappe Stunde vor der Bescherung.

Normalerweise würden mich spätestens an dieser Stelle meine Enkel Fedor und Anna Delphine mit anfeuernden »Opa, Opa«-Rufen zum Erklimmen der letzten Stufen ermutigen. Dieses Mal ließen sie sich nicht blicken. Meine Tochter und meine Frau hatten das so abgesprochen, damit ich mich, der Kinder wegen, nicht noch zusätzlich anstrengte. Tatsächlich war ich ja auch schon ohne Endspurt erschöpft genug. Als ich dann aber die Kids umarmte – ihre erhitzten Gesichter glühten, und ihre Augen leuchteten –, da wusste ich, dass sich der Aufstieg gelohnt hatte: Der Beschenkte war ich.

Es war ein seltener Augenblick der Wärme an diesem unvergesslichen Weihnachtsfest. Unvergesslich nicht nur wegen der unbeschwerten Kinderbegeisterung über die Geschenke unterm Tannenbaum und der liebevollen Aufmerksamkeit, mit der meine Tochter, mein Schwiegersohn und meine Frau mich zu verwöhnen versuchten. Nein, unvergesslich auch, weil ich unfähig war, diese Zuneigung aufzunehmen und zu erwidern. Den größten Teil des Abends war ich ein wächserner Gast, saß in dem Trubel wie taub. Von innen und außen war mir kalt. Nur mein Mund brannte. Die wenigen hölzernen Worte, die ich fand, hörte ich selbst wie aus weiter Ferne. »Zum ersten Mal hatte ich das Gefühl, dass du nicht dazugehörst«, sagte später meine Tochter.

Anfangs versuchte ich noch, das Glück, das wir mit unseren Kindern und Enkeln erlebten, in ein paar freudigen Sätzen auszudrücken. Aber meine Gesprächsansätze versickerten schnell, weil – wie ich zu bemerken glaubte – meine blutleeren Redeversuche oft schon erstarben, bevor ich einen Gedanken zu Ende formulieren konnte. Also würgte ich einen Schluck Wasser hinunter, während die anderen mit Champagner anstießen, und hustete anschließend minutenlang. Selbst als stummer Statist empfand ich mich als Fehlbesetzung. Unglücklich blätterte ich in dem Album mit Fotos ihrer glücklichen Familie, das Susanne liebevoll für uns zusammengestellt hatte. Meine Reaktion betrübte sie. »Du warst regelrecht beleidigt, wie immer, wenn es um die Vergangenheit ging«, sagte sie später.

Die Kinder waren inzwischen auf dem Boden fast unter den Schichten von Weihnachtspapier verschwunden, aus denen sie emsig Geschenke gewickelt hatten. Fedor haute mit Begeisterung wieder und wieder auf den Alarmknopf seiner Feuerwehrstation, woraufhin blau die Warnlampen blitzten und eine quäkende Stimme verkündete: »Unfall auf der A 3.« Anna, die im nächsten Jahr eingeschult werden sollte, bewunderte fast scheu ihren ersten eigenen Schreibtisch. Beide bastelten ihre neuen Lego-Teile zusammen und blätterten in Mal- und Bilderbüchern.

Ich beneidete sie, als ich sie so versunken miteinander spielen sah, kurz aufflackernde Streitigkeiten legten sie schnell bei, innige Umarmungen besiegelten den Frieden. Plötzlich sah ich mich in ihrem Alter, und ich tat mir leid, weil ich damals so allein gewesen war. Regelmäßig hatte ich Traubenzucker ins Fenster unserer Wohnung gelegt, um den Klapperstorch zu bewegen, mir eine kleine Schwester zu bringen. Umsonst. Unter dem Weihnachtsbaum mit seiner üppigen silbernen Pracht spielte ich friedlich und ausdauernd mit mir selbst, manchmal bis nach Mitternacht, denn am Heiligen Abend durfte ich aufbleiben, so lange ich wollte. Meine Mutter schlief auf dem Sofa ein, und mein Vater hockte sich dann zu mir auf den Fußboden, um die Eisenbahn aufzuziehen, die ich von meinem Berliner Vetter Georg geerbt hatte. Georg, den ich nie gesehen hatte, war gerade als junger Soldat im Zweiten Weltkrieg gefallen.

Es waren lauter Kriegsweihnachten, an die ich mich erinnerte, stille Feste ohne Telefon und Fernsehen und auch ohne Besucher. Vor den beiden Spielwarengeschäften der Stadt standen in der letzten Adventswoche Eltern in langen Schlangen an, um wenigstens einen Baukasten oder ein Bilderbuch für ihre Kinder zu ergattern. Meinem Vater aber, den ich spätestens mit fünf Jahren als Weihnachtsmann enttarnt hatte, gelang es immer, reichlich Geschenke für mich zu organisieren, in einer Kleinstadt hatte man Beziehungen. Mal bastelte ein befreundeter Tischler eine Burg für mich, mal ein stabiles rotes Holzauto, in dem ich sitzen konnte. Ein anderer Nachbar, der Bleifiguren goss, sorgte dafür, dass meine umfängliche Armee alle Jahre wieder neu aufgefüllt wurde. Mit der besiegte ich Weihnachten regelmäßig den Tommy und den Franzmann, wie mein Vater den Feind in Erinnerung an seine Dienstzeit im Ersten Weltkrieg zu nennen pflegte.

Als kleines Kind bin ich, daran kann ich mich gut erinnern, weil der Posaunenchor vom Turm »Stille Nacht, heilige Nacht« blies, mit meiner Mutter nachmittags in die Kirche gegangen, während Vater, also der Weihnachtsmann, den Tannenbaum schmückte. Später unterblieb der Kirchgang aus Angst vor Bombenangriffen. Zum Abendbrot servierte meine Mutter traditionell Würstchen und Kartoffelsalat. Gegessen wurde zur Feier des Tages im Wohnzimmer, das bei uns noch bäuerlich »die Stube« hieß. Da die Schlachtersfrau eine Freundin meiner Mutter war, klappte die Würstchenversorgung auch noch im letzten Kriegswinter, als es eigentlich schon lange nichts mehr gab.

Weihnachten 2007, als mir diese Erinnerungen kamen, schwieg ich darüber auch noch, als Susanne und Wolfgang reichlich Hummer zum Kartoffelsalat auffuhren. Das sind wohl die Würstchen der Wohlstandsgesellschaft, spottete ich bitter für mich. Dass es richtige Würstchen auch noch gab, und nicht nur für die Kinder, übersah ich in meiner Übellaunigkeit.

Natürlich konnte ich die Köstlichkeiten nicht essen, aber dennoch sollte es auch mir besonders gut gehen. Rosemarie wollte, dass ich im Familienkreis am Weihnachtstisch säße wie immer, und Susanne hatte eine besonders gut schmeckende dünne Erbsensuppe für mich gekocht und als Nachtisch einen fast flüssigen Pudding. Zum »Normalitäts«-Projekt meiner Genesungsphase gehörten nämlich seit ein paar Wochen die von mir ungeliebten Versuche, mich mit Suppen und breiigen Speisen wieder an normales Essen zu gewöhnen.

Das war jedes Mal eine schmerzhafte Prozedur. An diesem Abend gab ich mir nun besonders große Mühe, trotzdem Freude vorzuführen. Überzeugend konnten meine Anstrengungen allerdings nicht sein. Die Speisen ätzten mir, sobald ich sie im Mund hatte, die Schleimhäute, und das Schlucken tat höllisch weh. Traurig sahen alle, wie ich litt. »Unglücklich, müde und schmerzgeplagt saßest du da«, erinnerte sich meine Tochter, »im Grunde war dir alles zu viel.« Das war eine sehr zurückhaltende Beschreibung meines damaligen Zustands. Ich erlebte das Essen als eine Folter. Nie in meinem Leben hatte ich mich im Kreise meiner liebsten Menschen so einsam und verlassen gefühlt.

Danach zauberte Susanne noch ein Puzzle hervor, das traditionsgemäß auch zu unserem Weihnachtsfest gehörte. Seit vielen

Jahren lief hier ein unterschwelliger Zweikampf zwischen Vater und Tochter um den kreativsten Part, den sie immer gewann, was ich aber nie zugab, ein Höhepunkt unseres Weihnachtsrituals. Jetzt kam ich mir zwar linkisch und langsam vor, aber das Suchen nach passenden Teilen lenkte mich von meinen Schmerzen ab und lockte mich für eine Weile aus meiner Isolation. Wir schwiegen, wo wir früher gealbert hatten, aber es war ein offenes Schweigen, eine wohltuende Ruhe. Als wir gingen, war das Puzzle noch längst nicht vollständig. Ich aber fühlte mich etwas entspannter, obwohl Susanne einen viel größeren Anteil am entstehenden Gesamtbild hatte als ich. Nachdem ich kein anregender Gast gewesen war, schied ich wenigstens als guter Verlierer.

Ich schlief schlecht, und am nächsten Tag wurde alles noch schlimmer. Susanne rief an, um zu fragen, ob wir uns das Weihnachtsessen nicht schenken sollten: »Es wird alles zu viel.« Aber das wollte Rosemarie auf keinen Fall. Für sie war das Familienfest eine Art Rettung vor der Trübsal mit mir. Mir schlug sie vor, dass ich zu Hause bleiben könnte, während sie zum eigentlichen Weihnachtsmahl zu den Kindern ginge. Aber das wollte ich auf keinen Fall. Also schleppte ich mich wieder die Treppen hoch, quälte mir ein Lächeln ab und erstarrte bald wieder in meiner inneren Kälte. Unsere Freunde Gisela und Kurt kamen auf ein Glas Wein vorbei, was mich freuen sollte. Doch je größer die Runde wurde, desto einsamer kam ich mir vor. Heimlich guckte ich zur Uhr, aber die Zeiger schlichen.

»Ich erlebe meine Familie in weiter Distanz, wie durch ein umgekehrtes Fernrohr«, schrieb ich am Abend des ersten Weihnachtstages in mein Tagebuch, das ich seit dem Tod meines Vaters 1985 regelmäßig führte. »Am schlimmsten ist aber, dass nicht einmal mehr meine eigenen Gedanken bei mir ankommen. Ich kriege mit, wie sie zunächst völlig intakt vorhanden sind, dann verzetteln sie sich, laufen in die Irre und landen zerfleddert irgendwo anders. Sie verläppern sich, bleiben einfach nicht im logischen System. Dass ich nicht mehr weiß, was sie mir sagen wollen, macht mir große Angst.«

Zum ersten Mal beschlich mich das Gefühl, dass ich auf dem Wege sein könnte, verrückt zu werden. Lag es an den ständigen Schmerzen? An dem Hin und Her der Diagnosen? An den vielen Medikamenten? Ich wusste es nicht. In mein Tagebuch notierte ich einen Tag später: »Ich höre jetzt mal eben auf weiterzuschreiben. Irgendwann macht es vielleicht wieder Sinn.« Es war der letzte Eintrag bis heute.

Silvester waren die Kinder und Enkel bei uns, es war ein friedvoller Abend, keine große Belastung für mich. »Was wird eigentlich aus unserem Bilanzspaziergang?«, fragte Rosemarie am Neujahrsmorgen. Wir sahen uns betroffen an. Kein Sylt, keine Jahresbilanz? Das durfte nicht sein. Es fehlte aber nicht nur das Meer. Ein längerer Spaziergang, etwa durch den Grunewald oder den Park des Charlottenburger Schlosses, bei dem man auch noch redet, war unmöglich. Dazu fehlte mir die Kraft. Also fand die Bilanz auf dem Sofa in unserem Wohnzimmer statt.

Im Grunde war sie einfach in diesem Jahr, das ich das verflixte siebzigste genannt hatte. Da war der ehrenvolle berufliche Abschied am Anfang, dann die glanzvolle Feier zu meinem siebzigsten Geburtstag, schon ganz im Schatten der Krankheit. Ein Jahr des brutalen Absturzes für mich, ein Jahr der Herausforderungen, fand Rosemarie. Wie oft hatten wir in den vergangenen Monaten unsere Lage analysiert und über die Lebensveränderungen reflektiert – jeder für sich, beide zusammen oder mit den Kindern und Freunden.

Eigentlich blieb jetzt nur noch ein neues Thema, und das sprachen wir endlich mit aller Klarheit an – die herbe Diskrepanz zwischen Erwartung und Wirklichkeit.

Die Erwartung war gewesen: Nach dem Ende der Chemo

und der Strahlenbehandlung in der Charité wird alles besser. Die Realität sah anders aus: Es war immer schlechter geworden. Gewiss, der Tumor mochte verschwunden sein, wenn auch vielleicht nur versteckt hinter einem Schleier aus Schleim. Doch die Schmerzen waren geblieben, Atemnot und Schwindel hatten zugenommen, Schlaflosigkeit und körperliche Schwäche auch. Uns war klar, das neue Jahr 2008 würde weitere Widrigkeiten bringen.

Die folgende Nacht war unruhig. Je länger ich über unser Gespräch und über die vergangenen Feiertage nachdachte, desto deutlicher wurde mir, wie sehr mich noch ein anderes Thema bedrückte: die Familie. Ich fühlte, dass mir irgendetwas fehlte im Umgang mit meiner Sippschaft. War es denn ein Zufall, dass an meinem siebzigsten Geburtstag unter hundertzwanzig Menschen nur ein Vetter und eine Cousine nebst Ehepartner an der Festtafel saßen? Dabei komme ich doch vom Lande, stamme aus zwei bäuerlichen Großfamilien. Meine Mutter hatte mindestens sieben Geschwister, von denen ich vier noch erlebt habe, mein Vater hatte drei Schwestern und einen Bruder, an die ich mich gut erinnere. Und alle hatten Kinder. Warum waren nur zwei davon dabei gewesen?

Meine Tochter Susanne hatte sich schon einmal bei mir darüber beklagt, dass es mir an Familiensinn mangele. Nicht, dass sie, ihr Mann und ihre Kinder sich von mir nicht persönlich geliebt fühlten, doch das seien mehr direkte Verbindungen zu jeder einzelnen Person – ähnlich wie zu Freunden –, nicht zu den Gliedern eines familiären Gesamtgebildes, in dem alle ihren gleichberechtigten Platz hätten, ich auch. »Du hast eigentlich nie entschieden, wer zu deiner engeren Familie gehören sollte. Und so blieb ein Abstand«, sagte sie. Mir sei eben ein kräftiger Schuss Narzissmus eigen, spottete meine Frau: »Da bist du und dein Beruf, und dahinter tritt alles andere zurück.«

Tatsächlich habe ich nie in den Kategorien eines größeren Familienverbandes – eines Clans – gedacht. Familie, das hieß Vater, Mutter, Kind, so habe ich es von meiner Mutter gelernt, und so war es auch in meiner Ehe. Jetzt waren noch zwei Enkel dazugekommen. Diese sechs Personen meinte ich, wenn ich »wir« sagte oder »meine Familie«. Die anderen – die Vettern und Cousinen, die Schwägerinnen und Schwäger, die Onkel und Tanten, das war die Verwandtschaft, und die war weit weg.

Das war aber nicht immer so gewesen. In meiner Kindheit, während des Krieges und in den ersten Nachkriegsjahren, gehörten in mein Leben noch die Geschwister meiner Eltern und deren Kinder. Von ihnen stammte ein Großteil der sechsundsiebzig Taschentücher, die ich zu meiner Konfirmation geschenkt bekam. Geburtstage, Hochzeiten, Konfirmationen, ja auch Begräbnisse mit anschließendem Leichenschmaus – das waren laute, üppige Feste in karger Zeit. Es wurde Plattdeutsch geredet, die Bauern gaben den Ton an und bestimmten die Lautstärke.

Am nachhaltigsten ist mir die Hochzeit einer Cousine kurz nach Kriegsende in Erinnerung geblieben, eine Bauernhochzeit wie im Heimatfilm der fünfziger Jahre. Gefeiert wurde auf der Tenne eines stattlichen Hofes im Herzen der Lüneburger Heide. Bis zum frühen Morgen stampften und hopsten die Paare ausgelassen zum dröhnenden Takt einer Rumtata-Kapelle mit Teufelsgeige, einem mannshohen hölzernen Galgen, der rhythmisch auf den Boden gestoßen wurde, damit die angehängten Blechbüchsen schepperten. »Die lustigen Hannoveraner« war der Hit.

Es gab zu essen und zu trinken, dass uns die Augen übergingen. »Wie in der Vorkriegszeit«, flüsterte mir mein im britischen Internierungslager von nahezu zwei auf einen Zentner zusammengeschrumpfter Vater ins Ohr. »Hau rein, Junge.« Dass der Korn selbst gebrannt war und der Kartoffelschnaps furchtbar schmeckte, tat der Begeisterung keinen Abbruch, die Wirkung war umso durchschlagender. Von der Hochzeitssuppe mit

Fleischklößen und Spargel und dem saftigen Braten schwärmte meine Mutter noch Wochen später. Mein Vater und ich aber genossen eine gewaltige Buttercremetorte als Höhepunkt des Festes. Um sie uns zu sichern, hatten wir sie heimlich in eine ruhige Ecke abseits der Festgesellschaft verfrachtet. Dort verspeisten wir in aller Ruhe gut die Hälfte ganz allein. Bis heute ist mir rätselhaft, warum uns danach nicht speiübel war.

Ein paar Jahre später versammelte sich die Großfamilie zur silbernen Hochzeit meiner Eltern in unserer zu diesem Zweck weitgehend leergeräumten Etagenwohnung. Die Leinemanns, Vaters Verwandtschaft, vor allem seine schwergewichtigen Schwestern, waren derber und lebensfroher als die zarter besaiteten, eher grüblerischen Stümpels aus dem mütterlichen Zweig. Aber nach ein paar Runden Korn und Bier gerieten auch sie in Wallung. Es wurde deftig gestritten und geprahlt, getratscht und gewitzelt. Die Getränke trieben den Geräusch- und Stimmungspegel schnell in die Höhe. Ich saß still und staunend dabei und sah und hörte, wie im Zigarrenrauch die Gesichter der Männer rot anschwollen, die Stimmen der Frauen sich kreischend überschlugen. Wenn ich auch die Witze nicht immer verstand, die brüllendes Gelächter auslösten – dass es irgendein Schweinkram sein musste, ahnte ich schon damals.

An diesem Abend, schließlich besuchte ich schon das Gymnasium, durfte ich auch dabeibleiben, wenn es ernster zuging. Dann redeten die Männer über die wirtschaftliche Situation ihrer Betriebe, und ich begriff, dass das richtige Leben weniger lustig war als die Familienfeiern. Mein Vater warnte mich allerdings, das Gejammer seines Bruders und seiner Schwäger für bare Münze zu nehmen. »Solange die Bauern stöhnen, ist alles in Ordnung«, vertraute er mir seine Sparkassenerfahrung an. »Erst wenn sie anfangen zu prahlen, musst du vorsichtig sein.«

Eine Frage hingegen, die ich immer wieder stellte, ließ er unbeantwortet: Warum redeten sie bei solchen Gelegenheiten nie, soweit ich mich erinnern kann, nicht ein einziges Mal, über die Nazi-Zeit und den Krieg, obwohl sie doch alle Soldaten gewesen waren?

Hunger litt vor und nach Kriegsende keiner in meiner Verwandtschaft. Regelmäßig fuhr ich mit meinem Vater abends auf dem Fahrrad mit der Milchkanne zu den großelterlichen Höfen, und wenn geschlachtet worden war, natürlich schwarz, fielen für uns meist ein paar Würste, ein Topf Schmalz, eine Kanne Brühe und ein ordentliches Stück Fleisch ab, speziell für mich immer eine kleine Leberwurst. Einmal karrten wir, als es schon dunkel war, im Kinderwagen sogar ein halbes Schwein nach Hause. Und immer brachte ein Onkel uns im Herbst ein paar Säcke Kartoffeln, eigene Ernte, meist Marke »Ackersegen«.

Ich fremdelte auf den Bauernhöfen, denn meine Mutter putzte mich immer besonders bürgerlich heraus, zog mir einen schnurgeraden Scheitel, wusch mir extra sorgfältig die Finger und achtete streng darauf, dass ich mich nicht dreckig machte. Sie sah es nicht gern, wenn ich in ihrem Heimatdorf zusammen mit meinem Vetter Friederich abends die Kühe von der Weide zum Melken in den Stall trieb oder mit ihm auf dem Heuboden herumtobte. Nie sprach sie sich direkt abfällig über die ländliche Umwelt aus, aber sie ließ mich ihre Abneigung spüren. Meine Mutter war eine Meisterin der verdeckten Botschaften.

Vergeblich bat ich sie und meinen Vater, die daheim bisweilen bei ihren Gesprächen ins Plattdeutsche rutschten, besonders wenn ich etwas nicht mitkriegen sollte, auch mit mir Platt zu schnacken. Sie weigerten sich, wie ich fand, mit fadenscheinigen Begründungen. Doch je älter ich wurde, desto deutlicher wurde mir, dass ich stellvertretend für meine Mutter einen Lebensplan zu verwirklichen hatte, den sie selbst nicht hatte umsetzen können: Nie wieder aufs Feld. Nie wieder in den Stall. Immer saubere Finger.

Sie hatte mit ihrer ländlichen Vergangenheit rigoros gebrochen. Es war ja kein Zufall, dass sie einen Sparkassenangestellten geheiratet hatte, der später sogar Beamter und Direktor wurde. Der kam zwar auch aus einer bäuerlichen Familie, aber der Hof seines Vaters lag während seiner Kindheit noch mitten in der Kleinstadt, und die Bauern in Burgdorf hießen schon seit dem Mittelalter »Ackerbürger«. Jetzt hatte er immer einen weißen Kragen und stank nicht nach Kuhmist oder Schweinestall.

Sehr viel später hörte ich von ihrem Bruder, der den elterlichen Hof übernommen hatte, das Urteil, seine Schwester habe es sich in ihrem »goldenen Käfig«, der kleinen städtischen Vierzimmerwohnung, bequem gemacht. Doch ihr innigster Wunsch blieb unerfüllt. Der Krieg sorgte dafür, dass sie wieder aufs Feld musste. Um ihre eigene Kleinfamilie zu versorgen, half sie ihrem Bruder beim Kartoffelroden, Rübenverziehen und Getreideeinbringen. Auch Vater unterstützte die Familie bei der Ernte. Er tat es nicht ohne Vergnügen.

Also war ich allein dazu ausersehen, unter allen Umständen frischgewaschene Finger zu behalten. Dabei hatten mir die gelegentlichen Ausflüge in die Landwirtschaft durchaus gefallen. Noch heute sehe ich mich mit meinem Vetter Friederich unter einer großen Eiche sitzen und Kühe hüten. Mittags rösteten wir frische Kartoffeln im offenen Feuer. Und wenn es mir zu langweilig wurde, kletterte ich auf den Baum und hielt in meinem soldatischen Heldenwahn Ausschau nach feindlichen Stoßtrupps oder Panzerspitzen. Ich glaube, meinem Vetter bin ich damals ein bisschen bescheuert vorgekommen.

In den Ferien reisten wir manchmal zusammen in die Lüneburger Heide zu Onkel Willi und Tante Marie, die einen sehr viel größeren Hof hatten. Da durften wir auf dem Trecker mitfahren und morgens die Milchkannen an die Landstraße karren, von wo sie für die Molkerei eingesammelt wurden. Den Frauen halfen wir beim Erbsenpflücken im Garten und hinterher beim Auspulen.

Sehr zum Unwillen des Altbauern, der in einem so ausgeprägten Heidjer-Idiom hinter uns herfluchte, dass wir kein Wort verstanden, trieben wir allerlei Unfug: Wir stauten den Bach mit künstlichen Dämmen, stocherten mit Stöcken in riesigen Ameisenhaufen herum oder versenkten die Schubkarre im Ententeich. Abends saßen wir dann friedlich mit der ganzen Familie am Küchentisch und pickten fettige Bratkartoffeln und Speckstücke direkt aus einer riesigen Pfanne. Am schönsten aber war es, wenn am Feierabend die polnischen und französischen Kriegsgefangenen und Mägde auf der Treppe beisammensaßen und zur Mundharmonika traurige Lieder sangen.

Je älter ich wurde, desto seltener gab es solche Landpartien. Fußballspielen und Lesen wurden mir wichtiger als Hühnereiersuchen und Äpfelaufsammeln, meine Schulfreunde standen mir näher als meine Vettern und Cousinen. Unmerklich hatte sich wohl meine Mutter durchgesetzt mit ihrer feindseligen Haltung gegenüber allem, was Natur war. Auch ich empfand zunehmend Abneigung gegenüber Plumpsklos im Kuhstall, Fliegen und Spinnen beim Mittagessen und Schafsköttel und Kuhkacke an den Schuhen. Eichendorff-Gedichte und Adalbert-Stifter-Novellen erzeugten in mir einen veredelten, wenn nicht verkitschten Naturbegriff, der mich dem bäuerlichen Alltag entfremdete. Dazu kam eine von den Schulkameraden übernommene Distanz zum Blut-und-Boden-Kult der Nazis.

Heute betrachte ich mich als Großstadtmenschen. Nach dem Tod meines Vaters 1985 beschränkte ich die Besuche in der heimischen Kleinstadt auf gelegentliche Wochenenden bei meiner Mutter, die den Kontakt zum väterlichen Zweig der Familie nahezu abbrach. Nur bei ihren eigenen Geschwistern und deren Kindern ließ ich mich mit ihr zusammen hin und wieder blicken. Nachdem auch Mutter 1997 gestorben war, kam ich kaum mehr nach Burgdorf. Nur sehr selten besuchen meine Frau und ich die Verwandten auf dem Lande: Größere Familienfeste sind liebenswerte, aber auch etwas exotische Reisen in eine ferne Vergangenheit.

Wie sehr ich der entwachsen war, wurde mir zum ersten Mal in den achtziger Jahren klar. Aus beruflichen Gründen nahm ich an einem Wochenendseminar teil, bei dem ein Psychoanalytiker den Teilnehmern half, ihr Selbstbild zu vertiefen. Wir sollten eine Blume malen, irgendeine, und ich zauberte eine üppige Lilienblüte aufs Papier, die mir selbst gefiel, obwohl ich eigentlich gar nicht malen kann. Der Therapeut warf einen kurzen und – wie ich fand – abschätzigen Blick auf mein Kunstwerk und fragte: »Und wo sind die Wurzeln?« – »Wieso Wurzeln?« – »Ja, woher hat denn Ihre Blüte Saft?«

So ist es wohl, mir fehlt etwas. Meine familiären Wurzeln, die ja auch gesellschaftliche und kulturelle sind, habe ich zwar nicht bewusst gekappt, aber verdorren lassen und vernachlässigt. Dass mir trotzdem eine robuste niedersächsische Konstitution mein bisheriges Überleben gesichert hat, dass mir auch eine solide Bodenständigkeit geblieben ist, das halte ich für unzweifelhaft. Ebenso unverkennbar sind aber Züge von Heimatlosigkeit und Entfremdung, eine existenzielle Verunsicherung, die mich oft traurig macht, aber auch neugierig und wach.

Dass mir die familiäre Entwurzelung erst so spät in meinem Leben bewusst wurde, lag sicher auch daran, dass ich in der Familie meiner Frau eine neue Heimat gefunden hatte. Zu den weihnachtlichen Familientreffen bei den Schwiegereltern in Buxtehude waren auch meine Eltern eingeladen. Und natürlich reisten zu den Festtagen die Geschwister meiner Frau mit ihren Partnern an, zwei Schwestern und ein Bruder, die alle Mediziner sind. Höhepunkt an den Heiligen Abenden war in diesem Hause jedes Mal eine gewaltige Grünkohl-Fressorgie mit fetten Bregenwürsten, Kassler und Bauchspeck, dazu natürlich jede Menge Doornkaat oder Steinhäger.

Die Familie wuchs schnell. Fast zu jedem Weihnachtsfest

musste Schwiegermutter die Tafel verlängern, weil durch Heirat oder Geburt neue Mitglieder hinzugekommen waren. Die Schwestern heirateten Kollegen, und so bekamen in früheren Jahren die Familientreffen schnell den Charakter von Ärztekongressen. Kein Wunder, dass mein Schwiegervater, ein hochgebildeter Altphilologe, mich als studierten Historiker willkommen hieß, obwohl ich den in diesen seriösen akademischen Kreisen eher als zwielichtig geltenden Beruf des Journalisten ausübte. Mit meiner Schwiegermutter verstand ich mich sowieso.

Nach dem Tod der Schwiegereltern entschieden die Geschwister, die zusammen elf Kinder haben, dass die Familie sich weiterhin einmal im Jahr versammeln sollte. Inzwischen sind diese Treffen an wechselnden Orten internationale Großveranstaltungen geworden. Denn auch die Kinder, also neben unserer Tochter Susanne noch zehn Nichten und Neffen plus zwei Vettern, sind längst alle verheiratet und haben wiederum reichlich Nachwuchs. Die Ehepartner kommen nicht nur aus allen deutschen Landen, sondern auch aus Nigeria und der Ukraine, aus Kanada, der Türkei und Algerien – Buxtehude goes global.

Keine Frage, dass ich mich in diesem Kreis zu Hause fühle, dass mir die Mitglieder dieser Sippe, in die ich eingeheiratet habe, näherstehen als viele Bekannte, obwohl ich manche, vor allem die jüngeren, auch nicht viel besser kenne. Sie haben einfach einen Vertrauensvorschuss. Aber sind sie »meine Familie«?

Während ich darüber in den Januarnächten grübelte, in denen ich schlecht schlief, holte mich ein anderer Teil meiner Vergangenheit ein, über den ich mich sehr freute: Annette Milz, die Chefredakteurin des Journalisten-Magazins *medium*, hatte meine Tochter angerufen und gefragt, wie es denn um meine Gesundheit bestellt sei. Alljährlich kürt eine hochkarätige Jury im Namen dieses Magazins die Journalisten des Jahres – in den verschiedensten Disziplinen –, und für 2007 hatte sie mir den »Sonderpreis Lebenswerk« zugesprochen. Ob ich denn kräftig genug sei, den Preis persönlich in Empfang zu nehmen? »Ach, das kann der noch«, antwortete Susanne, »nur zum gemeinsamen Essen wird es wohl nicht reichen.«

Diese Auszeichnung weckte viele Emotionen in mir. Einerseits tat sie mir gut nach diesem unseligen Jahr, das meinen journalistischen Plänen so abrupt ein Ende bereitet hatte. Andererseits irritierte sie mich auch. Lebenswerk? Das klang so abschließend, als sollte meiner Arbeit ein öffentlicher Schlusspunkt verpasst werden. Wähnten die Kollegen mich schon am Ende meines Lebens? Ich war doch erst siebzig Jahre alt.

So ging ich mit gemischten Gefühlen zu der Veranstaltung. Wackelig auf den Beinen und ziemlich aufgeregt, stieß ich am 21. Januar, einem Montag, gestützt von meiner Frau, im Foyer des Deutschen Historischen Museums auf viele vertraute Kollegen. Freudiges Wiedersehen, spöttisches Geplänkel, verschwörerisches Getuschel. Geschmeichelt, wenn auch nicht ohne innere Belustigung, stellte ich mich mit den anderen Preisträgern den Fotografen, versuchte ein wenig krampfhaft, mit Anne Will zu kokettieren, und posierte als eine Art journalistischer »elder statesman« zusammen mit dem zukünftigen *Spiegel*-Chefredakteur Mathias Müller von Blumencron.

Die eigentliche Feier begann dann im frischrenovierten Museumscafé. Weil ich zum Essen nicht bleiben wollte, hatten uns die Veranstalter an einen etwas abseits gelegenen Tisch neben dem Ausgang platziert, von wo ich einen guten Blick auf die im Halbdunkel tuschelnde Gesellschaft der Kolleginnen und Kollegen hatte. Dann wurde ich aufgerufen und ging nach vorn wie in Trance. Mich erschlugen die großen Worte der Juroren – »legendärer *Spiegel*-Reporter«, »Geschichte der BRD mitgeschrieben«, »Respekt über Parteigrenzen hinweg«, »Maßstab für integren Journalismus«, »Vorbild für ganze Journalistengenerationen« und Ähnliches –, und ich erwachte erst wieder bei dem schönen Satz: »Er ist ein Mensch.«

So sprach mich auch Adolf Theobald in seiner dreiminütigen Laudatio an. Erleichtert lauschte ich seinen schlichten, warmen Worten, der Saal vor mir mit all den Großen und Wichtigen der Branche war versunken. Theobald, der einmal mein Verlagsdirektor gewesen war und mich recht gut kannte, hatte meine Bedenken wegen des Begriffs »Lebenswerk« erahnt. »Es ist nur eine Zäsur, eine Pause«, tröstete er mich. »Die zweite Halbzeit kommt noch.« Ich hätte einmal geschrieben, erinnerte er mich, dass Politiker, die eine Niederlage hinter sich hätten, einfach nachdenklicher seien. »In Ihren *Spiegel*-Porträts wurden Sie immer nachdenklicher. Bei aller Schärfe des Urteils zeigten Sie immer Verständnis für die Schwächen anderer.« Dezenter hatte mich an meine eigenen Niederlagen öffentlich noch niemand erinnert.

Dann übergab er mir die steinerne Statue eines Mannes, der von der Last seiner schweren Gedanken gebeugt war, und eine Urkunde zur Erinnerung. Beifall drang von sehr weit her an mich heran. Ich blickte auf, sah ein paar verschwommene Gesichter, hoffte, die Tränen zu unterdrücken, und sagte etwas, was ich vergessen habe, bis auf einen Satz: »Das ist der beste Beruf, den man haben kann.«

Dann waren wir im Nu weg. Kein Rotbarbenfilet in Pfefferlack mehr, keine Kalbsrückentranchen im Thymian-Speck-Mantel, kein Prädikatswein. Sebastian Turner von der Werbeagentur »Scholz und Friends«, der vor zwanzig Jahren für das *medium*-Magazin das erste Porträt über mich geschrieben hatte, lief in den Regen hinaus und besorgte uns eine Taxe. Fast glich mein Abgang einer Flucht. Ich lief vor meinen Gefühlen davon.

Denn natürlich hing ich – trotz aller Abschiedstermine und aller Trauerarbeit – noch immer mit jeder Faser an meinem Beruf. Dabei ging es gesundheitlich zunehmend weiter bergab. Immer häufiger musste ich nun schon nach den geringsten körperlichen Anstrengungen nach Luft japsen, immer öfter saß ich nachts aufrecht im Sessel, weil ich im Liegen nur noch röcheln konnte. Meine Träume verzerrten sich im Halbschlaf zu furchterregenden Monstergeschichten, die sich aus Erinnerungsfetzen an den Tag und bedrohlichen Szenen aus der Vergangenheit zusammenballten. Kalter Schweiß lief mir über den ganzen Körper. Wenn ich mit Freunden meiner Selbsthilfegruppe darüber sprach, wurde es eher schlimmer als besser.

Dennoch warf ich mich nur einen Tag später wieder halbwegs in Schale, als eine Einladung vom *Spiegel* kam, diesmal zur Verabschiedung des jungen Kollegen Horand Knaup. Beim Umziehen wollte ich schon ein paar Mal aufgeben, aber Horand schätzte ich so sehr, dass ich ihn einfach nicht ohne Gruß nach Afrika ziehen lassen wollte. Ich hatte zuerst um ihn geworben und später für ihn gekämpft. Er stand, wie ich, für eine eher undramatische Art von Journalismus, die damals nicht mehr allzu viele Anhänger bei den Leuten in entscheidenden Positionen hatte. Als ich noch aktiv im Geschäft war, hatte ich ihm manchmal den Rücken stärken können. Jetzt hatte er sich allein durchgesetzt, für einen Job, um den ihn freilich auch nur wenige beneideten – Korrespondent in Nairobi.

Jede Bewegung machte mir Mühe, und so kam ich zu spät zu der Veranstaltung am Brandenburger Tor. Zwei freundliche Sekretärinnen schoben mir jedoch noch einen bequemen Stuhl in einen Gang direkt hinter den Rednern. Unmittelbar vor mir stand der SPD-Fraktionschef Peter Struck, der mich aber lange nicht wahrnahm. Horand bedankte sich, ohne zu wissen, dass ich da war, auch bei mir, was mir das Herz wärmte. Später entdeckte er mich und umarmte mich herzlich. Kraft für lange Gespräche hatte ich nicht mehr. Ich kriegte den Mund gerade noch zum Atmen auf. Als ich ging, wusste ich definitiv, dass dies für lange Zeit mein letzter Ausflug in die vertraute Berufsumwelt gewesen war.

Am übernächsten Morgen schleppte mich meine Frau zu unseren Hausärztinnen. Es war Donnerstag, der 24. Januar 2008, kalt und regnerisch, ein mieser Winter. Alle fünfzig Meter blieb ich erschöpft stehen, lehnte mich an Rosemarie und brauchte Minuten, um wieder bei Atem zu sein. »Nein«, murmelte sie, »das liegt nicht an der Verschleimung der Atemwege, das ist eine Herzinsuffizienz wie aus dem Lehrbuch.« Ich weiß nicht, wie lange wir für die vierhundert Meter gebraucht haben, ich weiß nur noch, dass ich während der sich hinziehenden Strecke entlang dem Lidl-Laden nicht mehr daran glaubte, es überhaupt zu schaffen.

Dann endlich der Fahrstuhl. Ins Wartezimmer brauchte ich nicht mehr, ich kam gleich auf die Liege für das EKG. Das Ergebnis war eindeutig: Herzschwäche. Sofort ins Krankenhaus. Aber welches? Die Ärztin telefonierte die nächstliegenden Kliniken ab – kein Bett frei. Dann fiel uns ein, dass Tim, unser immer fröhlicher Neffe, Arzt in der Elisabeth-Klinik war. Der machte alles klar, wir sollten aber so schnell wie möglich da sein. In aller Hast packte ich meine Tasche, unsere Tochter kam mit dem Wagen und sammelte uns ein.

Alles in mir wehrte sich gegen die Rückkehr ins Krankenhaus – aber ich musste einsehen, dass meine Versuche, die alte »Normalität« wenigstens in groben Zügen durchzuhalten, gescheitert waren.

6. Kapitel

Herzschrittmacher

»Das konnte ja nicht gutgehen, dass es uns so gutgeht«

Der Oberarzt empfing mich mit breitem Grinsen und einer herzlichen Umarmung. Alles an ihm drückte Optimismus aus: Was immer das Problem ist, wir kriegen das schon hin. Einen Augenblick lang war ich irritiert. Oberarzt? Dieser Mann war doch mein Neffe Tim, den ich als jugendlichen Tausendsassa kannte. Jetzt signalisierten aber nicht nur der weiße Arztkittel, sondern auch Sprache und Haltung eine beeindruckende Professionalität. Nach der ersten Verblüffung hatte ich nicht die geringste Schwierigkeit, die unterschiedlichen Rollenbilder zu vereinbaren. Rosemarie und Susanne erging es ähnlich.

Nickend nahm Tim das Ergebnis meines Aufnahme-EKGs zur Kenntnis. Es zeigte ein »Vorhofflattern mit 3:1-Überleitung« an, eine Unregelmäßigkeit im Herzrhythmus, die zu meiner Schwäche und Atemnot geführt hatte, wie er mir erklärte. Warum ein Teil meines Herzens in einem anderen Takt tickte als der Rest, versuchte er mir auch verständlich zu machen. Irgendwie steckten Störimpulse dahinter, die von Zellen an der Einmündung der Lungenvenen in den linken Vorhof kämen. Aber das war mir zu hoch. Wie bei einem kaputten Auto wollte ich gar nicht so genau wissen, warum der Motor stottert, sondern nur, was passieren muss, damit das Stottern aufhört. »Das werden wir gleich sehen«, sagte mein Neffe. Auch seinen Freund, den Kardiologen, den er uns vorgestellt hatte, schien mein Zustand nicht weiter zu beunruhigen.

Ohne weitere Vorrede forderte Tim mich auf, ihm in sein Untersuchungszimmer in der Notaufnahme der Elisabeth-Klinik zu folgen. »Mach mal den Oberkörper frei«, verlangte er, »ich fange mit einer Echokardiographie an.« Sorgfältig horchte er mich ab, am Ende grinste er wieder. »Wie im Lehrbuch«, sagte er zufrieden. Meine Herzstörung schien ihm zu gefallen. Sein Freund teilte offenbar Tims Begeisterung: »Den Fall kann ich gleich aufnehmen in meine Studie.«

Nach der üblichen Aufnahmeroutine saßen wir, weil mein Zimmer noch nicht fertig war, eine Weile zusammen, und plötzlich war es ein Familientreffen. Der Neffe, der jung verheiratet war, verkündete stolz, dass ihm Nachwuchs ins Haus stehe. Susanne erzählte von ihren Kindern, und Rosemarie erkundigte sich nach Tims Eltern, die mit dem Auto in den USA unterwegs waren. Ich fühlte mich besser als am Morgen – sah auch nicht mehr so grau aus im Gesicht – und erzählte von meinen Schwierigkeiten, aus dem Berufsalltag auszusteigen.

Doch dann landete das Gespräch schnell wieder bei meinem morgendlichen Zusammenbruch und einem Ereignis, das meine Frau und meine Tochter so intensiv betraf wie mich: In vier Tagen, also am 28. Januar, sollte ich noch einmal für mein journalistisches »Lebenswerk« ausgezeichnet werden, diesmal mit dem »Goldenen Prometheus«. Ein weiteres Magazin, das *V.i.S.d.P.*, hatte den Preis gestiftet.

Wieder hatte mich eine prominente und kompetente Jury von Medienjournalisten und Chefredakteuren ausgewählt. Aber die Preisverleihung sollte sehr viel öffentlicher und pompöser ablaufen als die von *medium* – bei einer Gala-Festsitzung mit viel PR und allerlei Fernseh-Trara. Ich hatte die Ehrung vor ein paar Wochen akzeptiert, obwohl sie an die Bedingung geknüpft war, den Preis persönlich in Empfang zu nehmen. Damals hatte ich mich noch stark genug gefühlt. Aber jetzt war es unmöglich. Ich schlug daher vor, dass Rosemarie und Susanne an meiner Stelle präsent sein sollten, und sowohl die Veranstalter als auch meine Frau und meine Tochter stimmten notgedrungen zu. Besonders glücklich war wohl keiner der Beteiligten mit dieser Lösung. Ich auch nicht.

Trotzdem beschäftigte mich diese zweite Lebenswerk-Ehrung innerhalb eines Monats sehr. Im Vordergrund stand zwar offiziell immer meine Herzschwäche, aber weil das Flattern in der Brust mit dem Tumor an der Zunge direkt nichts zu tun hatte, nahm ich es auch nicht so ernst, wie es angemessen gewesen wäre. Natürlich war ich sicher, dass der Stress wegen dieser bösartigen Wucherung mir auch ans Herz gegriffen hatte, aber die Reihenfolge der Bedrohungen blieb erhalten: Lebensgefährlich ist der Tumor, basta. Ich hatte mir einen Stapel Bücher mitgenommen und gedachte unbeirrt weiterzuarbeiten.

Die eigentliche Ursache für meine Fehleinschätzung hatte wohl damit zu tun, dass ich die Rückkehr in ein Krankenhaus als Niederlage betrachtete, die ich mir im Grunde nicht verzieh. Es sollte besser werden mit mir, nicht schlechter. Ich war wütend. Ich sei mit den Schwestern ruppig umgesprungen, berichtete meine Tochter, selbst meine Enkelin Anna Delphine soll ich einmal grob angefahren haben, was ich mir gar nicht vorstellen kann.

Am zweiten Tag meines Aufenthalts in der Klinik wurde ich in den OP geschoben, zu einer »Kardioversion«, dem Versuch also, mittels elektrischer Impulse die beiden differierenden Herzrhythmen gleichzutakten. Das führte jedoch nur zu einem kurzen, vorübergehenden Erfolg, das Vorhofflattern blieb und damit auch die Atemnot und das Schwindelgefühl.

Ich stand nur selten auf. Wenn ich mich auf meine Tochter stützte, konnte ich auf dem Flur mit einiger Mühe bis zu einem gerahmten Gebet an der Wand schlurfen, das weltweit zum Meeting-Ritual der Anonymen Alkoholiker gehört.

Den Wortlaut kannte ich auswendig: »Gott gebe mir die Gelassenheit, Dinge hinzunehmen, die ich nicht ändern kann, den Mut, Dinge zu ändern, die ich ändern kann, und die Weisheit, das eine vom anderen zu unterscheiden.« Schwer atmend sagte ich jedes Mal den Text auf, bevor ich mich zurück in mein Bett schleppte. Jenseits aller religiösen Überzeugung enthält der Gelassenheitsspruch für mich eine Lebensweisheit, mit der manche Krise zu überstehen ist. Ich brauchte sie mehr denn je. Stundenlang grübelte ich über meine aktuelle Situation – was konnte ich ändern, und was musste ich hinnehmen? Ich betete nur noch gelegentlich, fast verschämt. Meine Zweifel an irgendeinem Sinn meines Leidens waren gewachsen, und meine Weisheit, zu unterscheiden, was ich ändern könnte und was ich als unabänderlich betrachten müsste, hielt sich – gelinde gesagt – in Grenzen. Häufig war ich ratlos, verzweifelt und zornig.

Dann kam der »Prometheus«-Abend, eine bizarre Gala in der noch nicht eröffneten U-Bahn-Station Potsdamer Platz, gerade mal ein paar hundert Meter entfernt von meiner Klinik. Telefonisch hielt mich meine Frau über die Preisübergabe an sie und die Glück- und Genesungswünsche für mich auf dem Laufenden. Und weil wir an diesem Tag zweiundvierzig Jahre verheiratet waren, sagte Rosemarie ins Mikrophon, diese Tatsache halte sie auch für preiswürdig. »Charmant« fand das der Regierende Bürgermeister Klaus Wowereit, der sich sehr herzlich um sie kümmerte, obwohl ich ihn politisch in kleinem Kreis zu Beginn seiner Amtszeit einmal heftig angegriffen hatte.

Und meine Tochter musste – nach einer Bilderserie, die ihren Vater mit Promis von Exkanzler Gerhard Schröder bis zu Fußball-Kaiser Franz Beckenbauer zeigte – erfahren, dass im pseudopathetischen Ambiente dieses Abends kein Platz war für Ironie. Wen von all den gezeigten Politgrößen Leinemann denn nun in seinem Arbeitszimmer hängen habe, wollte der Moderator Jörg Thadeusz wissen. Sie spottete: »Na. Franz Josef Strauß, versteht sich.« Schweigen. Erschrocken, weil niemand lachte, korrigierte sie: »Nein, nein, das war ein Scherz, in Wahrheit hängt da eine Porträtzeichnung von Willy Brandt.«

Die Berühmtheiten also, wieder einmal – ich hätte es mir denken können. Tatsächlich redeten alle, die meine journalistische Arbeit priesen, vor allem von meinen Porträts und Psychogrammen, weniger von den politischen Reportagen, Essays und Serien, die ich auch verfasst hatte. In der 1990 erschienenen Sammlung »Nur nicht weiter so«, die eine Auswahl der bis dahin zumeist im *Spiegel* veröffentlichten Geschichten enthielt, waren nur sechzehn von fünfunddreißig Beiträgen Porträts, also weniger als die Hälfte. Mir waren die politischen Analysen und Reportagen immer genauso wichtig wie die Personenbeschreibungen. Nicht, dass ich mich beschwert hätte über die Wertschätzung als Verfasser von Porträts.

Während ich mir am Telefon und am nächsten Tag von Besuchern die Stimmungsberichte von der Preisverleihung anhörte, überfielen mich Erinnerungen an viele Geschichten und ihre Hauptdarsteller. Mit der kritischen Beschreibung einer Person, des damaligen Juso-Vorsitzenden Klaus-Uwe Benneter, hatte meine zweite journalistische Karriere – nach dem Aufstieg und Fall in den USA – schließlich 1978 begonnen. »Du konntest doch mal schreiben«, riss mich damals Wolfgang Kaden, einer der Leiter des Bonner *Spiegel*-Büros, aus dem selbstverordneten Abseits nach meinem Alkoholzusammenbruch. »Guck dir doch mal den Benneter an, der jetzt so viel Aufruhr macht. Die Chefredaktion will eine Personengeschichte über ihn.«

Das waren willkommene News damals. Nach meiner Rückkehr aus der Therapie in Bad Herrenalb, nach fast einem Vierteljahr, hatte ich mich bei den Kollegen im Bonner Büro bedankt, dass sie mich praktisch ein Jahr lang durchgeschleppt hatten, obwohl meine Arbeit nichts getaugt hatte. Deshalb, so versprach ich, würde ich jetzt ebenfalls ein Jahr auf alle Ansprüche – wie Lieblingsthemen, Reisen, Geld oder zeitliche Vergünstigungen – verzichten und nur tun, was sie für richtig hielten. Ich wollte einer sein, auf den sie sich verlassen konnten, und sonst gar nichts.

Dass ich nun vorzeitig wieder für etwas Besonderes gebraucht wurde, war mir aber natürlich nicht unlieb. Ich wusste, dass Benneter auf Antrag von Bundesgeschäftsführer Egon Bahr aus der SPD ausgeschlossen worden war, weil er gemeinsame Demonstrationen der Jusos mit Kommunisten gutgeheißen hatte. Das löste eine erbitterte innerparteiliche Debatte aus. Kein Wunder, dass die jüngsten Schlagzeilen den jungen Rechtsanwalt als eine mächtige Figur zeichneten: Spaltet Benneter die SPD? Stürzt SPD-Chef Willy Brandt über Ex-Juso-Vorsitzenden? So oder ähnlich bewerteten die Gazetten seine angeblich umjubelte Redetournee durch westdeutsche Universitäten und Hochschulen. Das wollte ich mir ansehen.

Was ich sah, erheiterte mich sehr. Statt eines feurigen Aufrührers und Demagogen, wie ich erwartet hatte, erlebte ich einen blassen, geradezu bemitleidenswert einsamen Jungfunktionär, der ein paar halbwegs krawallige Formulierungen mit bürokratischer Monotonie vom Blatt ablas und als Persönlichkeit wenig überzeugen konnte. Er verschwand von seinen groß angekündigten Veranstaltungen so unspektakulär, wie er auftrat. Nein, Klaus-Uwe, ein Revoluzzer bist du nicht, dachte ich, nicht mal richtig jung konnte ich ihn finden. Die mächtige mediale Bugwelle, die er vor sich herschob, stand in keinem Verhältnis zu den blutleeren Floskeln, mit denen er sein erwartungsvolles Publikum einschläferte.

Entsprechend fiel meine Geschichte aus. In der Therapie war ich wochenlang in Encounter-Gruppen Zeuge und Ziel harter und höchst emotionaler Auseinandersetzungen gewesen. Ich wusste, dass man Menschen mit Worten totschlagen kann, und hatte gelernt, meine Eindrücke zwar unverblümt, aber nicht schonungslos zu formulieren. Also schrieb ich nach dem Motto: Lass man, Klaus-Uwe, die Politik machen besser die Erwachsenen. »Kurz, knapp und verletzend«, feixte mein Chefredakteur Erich Böhme. Und der niedersächsische Juso-Chef Gerhard Schröder, der wenig später Benneter im Amt nachfolgte, zwinkerte kumpelhaft, während er grinsend mahnte: »So darf man über Menschen aber nicht schreiben.«

Klaus-Uwe Benneter überlebte den Artikel nur eine Woche im Amt. Aus seiner überlebensgroßen Rebellenrolle entwich die Luft wie aus einem zerstochenen Reifen. Mit keinem Wort reagierte er mir gegenüber auf die namentlich gezeichnete *Spiegel*-Geschichte. Fünfzehn Jahre dauerte es, bis wir uns auf einem SPD-Parteitag in Bremen zufällig persönlich begegneten.

Wir erkannten einander nicht gleich, als wir uns plötzlich gegenüberstanden. Sicherheitshalber beugte er sich vor, um mein Namensschild zu lesen, dann sagte er nur mit einem tiefen Atemzug: »Jürgen Leinemann.« Es klang wie ein Seufzer ohnmächtiger Wut und Erleichterung zugleich. Auch ich hatte auf sein Namensschild geblickt und echote: »Klaus-Uwe Benneter.« Mein Seufzer dürfte zugleich alarmiert und auch erleichtert geklungen haben.

Benneter starrte mich an. »Das war gemein«, sagte er ohne weitere Erklärung, gerade so, als wäre der Artikel gestern erschienen und nicht vor eineinhalb Jahrzehnten.

»Nein«, antwortete ich, »es war hart, und ich würde heute auch nicht mehr so schreiben. Aber gemein war es nicht.« Als er schwieg, fügte ich hinzu: »Wenn Sie wollen, können wir gern darüber reden.« Er stimmte zu, und wir trafen uns in Berlin zu einem langen Gespräch, das versöhnlich endete. Er war selbst nicht besonders glücklich über seine damalige Rolle, und auch ich hatte inzwischen viel dazugelernt. Heute duzen wir uns und haben ein vertrauensvolles Verhältnis zueinander.

Meine Geschichte hatte damals so viel Aufmerksamkeit erregt, weil Ende der siebziger Jahre, als ich anfing, über Personen zu schreiben, Menschen als Machtfaktoren in theoretischen Abhandlungen über Politik kaum noch vorkamen. Biographisches galt als überholt. Strukturen und Systeme, Bürokratien, Märkte und Kulturen schienen Geschichte zu machen, wenn die sich nicht ohnehin dem Ende zuneigte, künftig abgelöst von einer die Zeit einebnenden virtuellen Globalität.

Doch dann war mit dem Fernsehen der Mensch wieder in den Blick geraten – die Glotze brauchte »action«. Und prompt reduzierten sich hochkomplizierte politische Zusammenhänge auf archaische Kämpfe zwischen Helden und Schurken, Rettern und Opfern, Machern und Moralisten. Je differenzierter und unüberschaubarer Politik wurde, desto mehr wuchs das Bedürfnis von Parteien und Wählern, mit Hilfe des Fernsehens einzelne Personen als Symbole für Kompetenz, Integrität und Durchsetzungskraft eines politischen Konzepts herauszustellen und zu akzeptieren.

Nach amerikanischem Vorbild, das ich ja sieben Jahre lang vor Ort hatte studieren dürfen, waren auch in der Bundesrepublik aus Wahlkämpfen zunehmend Duelle zwischen den Spitzenkandidaten der Parteien geworden. Darin witterte ich meine Chance. Allerdings hatte ich nicht die Absicht, mich darauf zu beschränken, zu den Bildern im Fernsehen unterhaltsame Geschichten zu erzählen. Mir ging es immer darum, die zu beschreibenden Personen in ihrem politischen Kontext zu verstehen. Natürlich glaubte ich nicht mehr – wie die Geschichtsschreiber des 19. Jahrhunderts –, dass Politiker und Staatsmänner die großen Macher seien, die alle Fäden in der Hand hielten und die Geschichte lenkten. In ihnen brach und spiegelte sich Geschichte eher.

Solche Überlegungen beschäftigten mich, während mein Gesundheitszustand in den Tagen nach der Kardioversion ziemlich unverändert blieb. Ich fühlte mich schwach und schwindelig.

Mein Herzrhythmus tickte unregelmäßig und zu schnell. Trotzdem musste ich mich schon einen Tag nach der Preisverleihung zu einer Untersuchung außerhalb des Hauses rüsten. Ich brauchte neue CT-Bilder zur Überprüfung meines Tumors. Mit dem Taxi fuhren wir zur Computertomographie in eine noble Praxis in der Friedrichstraße, wenige Meter von meinem früheren Arbeitsplatz entfernt.

Für nostalgische Gefühle aber fehlte mir die Kraft, ich brauchte alle Anstrengung, um halbwegs gerade in den Fahrstuhl der Praxis zu gelangen, die mit roten Teppichen ausgelegt war wie ein Luxushotel.

Leider entsprach die Ausbildung des Personals nicht der Ausstattung der Räumlichkeiten. Bei dem Versuch, mir von der Liege vor der Computerröhre zu helfen, griff eine Assistentin so unbeholfen zu, dass ich fast zu Boden gestürzt wäre. Eine andere Assistentin, die zur Unterstützung herbeieilte, verletzte sich dabei mit einer Spritze, mit der sie mir gerade Blut abgezapft hatte. Es war ein wüstes Durcheinander. Sie trugen mich am Ende, mehr, als ich selber ging, hinaus in den Wartebereich, wo meine erschrockene Frau mich in Empfang nahm. Erleichtert ließ ich mich nach diesem Ausflug zurück in die Klinik transportieren, mein Bett erschien mir wie ein sicherer Ankerplatz in einer turbulenten Welt, in der ich mich kaum auf den Beinen halten konnte.

Über den Tumor lieferten die neuen Bilder keine neuen Erkenntnisse – der Krebs blieb verschwunden, was ich aber nicht glaubte. Auch konnte ich mich über diese gute Kunde sowieso nur begrenzt freuen, denn der zu schnelle Herzrhythmus wollte sich trotz verstärkter medikamentöser Behandlung nicht beruhigen. Ich blieb der, aus Sicht der behandelnden Ärzte, »kachektische« – also schwächelnde – »Patient in mäßigem Allgemeinzustand«, als der ich in die Klinik eingeliefert worden war. In den nächsten drei Tagen verließ ich diesen sicheren Ort nur noch in Begleitung meiner Tochter, auf deren festen Griff ich mich verlassen konnte.

Umso mehr Zeit hatte ich, weiter über mein »Lebenswerk« nachzudenken. Aus der Benneter-Story hatte ich gelernt, dass ich sprachlich verbindlicher werden sollte, ohne die Härte in der Sache aufzugeben. Zwei Menschen musste ich nach einer solchen Arbeit noch ins Gesicht blicken können, machte ich mir klar, mir selbst und der beschriebenen Person. Also versuchte ich, so sorgfältig wie möglich zu recherchieren, präzise zu formulieren und Kritik an bestimmten Verhaltensweisen so zu fassen, dass sie den Betroffenen nicht persönlich verletzte.

Sonderbarerweise gelang mir das bei rechten Politikern, deren Denken mir fremd war, besser als bei linken, deren Auffassungen ich teilte. So verblüffte mich der CSU-Innenminister Friedrich Zimmermann nach einer nicht sonderlich freundlichen Geschichte über ihn mit einem Anruf, um sich zu bedanken. »Die Geschichte war lang«, sagte er, »das heißt, ich war Ihnen wichtig. Sie war gut geschrieben, also haben Sie mich ernst genommen. Und sie war fair. Dass Sie meine politischen Ansichten teilen, kann ich ja nun wirklich nicht erwarten.«

Zu meiner Verwunderung reagierten aber selbst mediengehärtete Politiker wie Franz Josef Strauß besonders empfindlich auf die öffentliche Beschreibung von persönlichen Eigenheiten, die jeder sehen konnte, wenn er wollte. Dass er im Fernsehen schwitzte, blieb keinem unter den Millionen Zuschauern verborgen. Doch wenn man es beschrieb, war es ein Eingriff in die Intimsphäre. Umgekehrt verstellten unverbindliche Standardfloskeln nach jahrzehntelangen öffentlichen Auftritten oft den genauen Blick auf die Heroen der politischen Bühne.

Wurde der CSU-Chef nicht immer als Kraftkerl beschrieben, ein monolithischer Block bayrischer Urwüchsigkeit, der wie ein Panzer durchs politische Unterholz bricht und zermalmt, was ihm auf seinem Marsch im Wege ist? Was für ein Irrtum. »Man muss ihn nur gehen sehen«, schrieb ich in einem umfänglichen Porträt des Wahlkämpfers Strauß im April 1980: »Er marschiert ja auch nicht, wie das Klischee weismachen will, walzt oder schiebt sich schon gar nicht vorwärts. Vielmehr hastet er in weicher Eile, verfällt fast ständig in einen unprägnanten Trippeltrab. Sein Gang hat kein Gewicht.« Bestimmt hätte er sich – nach Lektüre des Textes, was eher unwahrscheinlich ist – als Machtmensch in solchen Passagen schonungsloser bloßgestellt gesehen, als wenn ich ihm monarchische Attitüden unterstellt hätte.

Auch Helmut Kohl, über den ich so viele Geschichten schrieb, dass am Ende ein kleines Buch daraus wurde, rühmte sich, davon keine Zeile gelesen zu haben. »Sie haben doch schon ganz kurze Finger«, verhöhnte er mich bei einer der wenigen direkten Begegnungen, »weil Sie sich Ihre sogenannten Fakten daraus saugen.« Wenn es ihm aber nützlich erschien, drängte er sich skrupellos in meine Angelegenheiten. So nutzte er die Vorstellung meiner Biographie über den legendären Fußballtrainer Sepp Herberger 1997 im Mannheimer Schloss, um sich selbst zum Laudator zu ernennen. Der Deutsche Fußball-Bund als Mitveranstalter gab bereitwillig nach. Auch dem Verlag war Kohls Auftritt als PR-Gag natürlich recht.

Eine Dreiviertelstunde lang lobte der Bundeskanzler den Fußballtrainer, ohne ein Wort über mich und mein Buch zu verlieren. Als ich hinterher noch ein paar Seiten lesen wollte, rief er: »Jetzt ist genug gequatscht, jetzt wollen wir endlich was essen.« Er hörte aber dann doch mit gespannter Aufmerksamkeit zu, als ich Passagen über die Einsamkeit des verantwortlichen Trainers beim Sieg und in der Niederlage am Beispiel des Weltmeisterschafts-Endspiels und des vorhergegangenen Debakels gegen Ungarn 1954 vortrug.

Der Kanzler saß direkt vor dem Podium, auf dem ich stand, und ich sah staunend, wie sehr er sich mit dem Bundes-Sepp, wie die Fans den alten Fuchs Herberger nannten, identifizierte. Hinterher flüsterte er mir zu: »Ich hab's schon gelesen, ist ein exzellentes Buch.« Ich konnte dieses Lob kaum glauben. Hatte Kohl nicht in der Politik nur abschätzig über mich und den *Spiegel* geredet? Eigenhändig strich er mich vor Auslandsreisen beinahe jedes Mal von der Liste der mitfliegenden Journalisten. Jetzt aber fragte mich Gerhard Schröder – damals noch Ministerpräsident in Niedersachsen – nach einem Treffen mit Kohl auf der Hannover-Messe: »Was hast du denn mit dem Dicken gemacht? Der preist überall dein Buch an.«

Solche Sinneswandel, die – wie im Falle Kohl – oft auch schnell wieder umschlagen konnten, waren keine Ausnahme. Außenminister Hans-Dietrich Genscher hatte sieben Jahre lang meinen Gruß nicht erwidert, nachdem ich ihn vor seinem Wechsel von Helmut Schmidt zu Helmut Kohl als ängstlichen Zauderer porträtiert hatte. »So muss man sich Hans-Dietrich Genscher wohl vorstellen bei der Überlegung, ob er springen soll zur CDU oder nicht«, hatte ich geschrieben, »als einen Mann, der den Finger in die Luft streckt, um zu sehen, woher der Wind weht, den er selber macht.«

Nach sieben Jahren Funkstille versicherte er mir dann aber plötzlich, dass er mit Interesse und Vergnügen meine Geschichten über seine Kollegen lese. Warum er denn an der über sich selbst so wenig Vergnügen gehabt habe, fragte ich ihn. Weil ich ihn so dargestellt hätte, als wäre ihm seine verzwickte Situation damals nicht bewusst gewesen, antwortete er. Ich glaube aber, ihn ärgerte vor allem, dass ich mit meiner kritischen Geschichte den Startschuss für eine Serie negativer Berichte über ihn in vielen Zeitungen gegeben hatte.

In meinem Klinikbett fielen mir Dutzende solcher Anekdoten ein, aus einer Zeit, die ich genossen hatte, nicht nur, weil ich immer neugierig auf Menschen gewesen war, sondern auch, weil mir ohne Frage die Nähe zu den Mächtigen – das Wissen um ihr

Gerangel um Vorteile, die Kenntnis ihrer Ängste und Triumphe – ein Vergnügen war. Ich genoss die klammheimliche Lust des Mitwissers. Zwar gehörte ich nicht dazu, was ganz gut war, aber ich war nahe dran. Und manchmal bewirkte ich sogar etwas Positives.

Wie im Falle des früheren sozialdemokratischen Bildungs- und Justizministers Jürgen Schmude. Weil ich von ihm eine hohe Meinung hatte, ärgerte mich seine zaghafte Zurückhaltung in Bonn, und ich kritisierte ihn ziemlich harsch, wenn auch, wie ich fand, aufbauend. Nachdem das Porträt erschienen war, rief mich der Minister an, um mich zum Essen einzuladen. Er habe mir etwas zu erzählen.

Er schilderte mir dann eine Szene aus einer der letzten Sitzungen des sozial-liberalen Kabinetts. Hans-Dietrich Genscher hatte wieder einmal heftig gegen seinen Kanzler Helmut Schmidt polemisiert, was der jetzt sicher gleich wütend zurückweisen würde. Aber Schmidt war gar nicht da. Na, dann eben Jochen Vogel. Aber auch der war nicht da. Hans Apel? Nein, dem ging es selbst nicht gut. »Also«, erzählte Schmude, »blieb endlich mein Blick an mir selbst hängen.« Und ebenso sehr zu seiner eigenen Überraschung wie zur Verblüffung seiner Ministerkollegen watschte der sanfte sozialdemokratische Christenmensch Jürgen Schmude den Vizekanzler Genscher gehörig ab. »Und dafür«, sagte er zu mir, »möchte ich mich bei Ihnen bedanken.«

Dass diese Ereignisse auch jetzt noch nicht vergessen waren, zeigte mir ein Brief, den Schmude mir unlängst nach meiner Erkrankung schrieb. »Bequem war es vor bald dreißig Jahren für mich nicht, wie Sie mich analysiert haben«, hieß es darin. »Aber im Lauf der Zeit konnte ich erkennen und erleben, dass Sie verständnis- und manchmal sogar liebevoll mit mir umgingen. Und überaus hilfreich. Denn bei meiner von Ihnen kritisch vermerkten Haltung zu Beginn unserer Bekanntschaft durfte es nicht bleiben.«

Ich war froh, dass ich die langen Stunden in der Klinik mit solchen Erinnerungen füllen konnte, denn die täglichen EKGs lieferten keine frohen Botschaften. Im Gegenteil – die im Mediziner-Fachjargon verfassten Kurzzusammenfassungen klangen für mich, den Laien, alarmierend: »Sinustachykardie, 113/min, weiterhin AV-Block I°, keine KHK-typischen Repolarisierungsstörungen, Linkstyp, im Rhythmusstreifen intermittierender AV-Block II° Typ Wenckebach mit Ersatzextrasystolen.« Das hieß vereinfacht, dass der Impulsgeber, der den Herzrhythmus bestimmt, außer Takt geraten war, was ich ja schon wusste. Aber es hörte sich für mich sehr bedrohlich an. Meinen oberärztlichen Neffen Tim schienen diese Ergebnisse hingegen geradezu zu entzücken. »Hochinteressant«, grinste er, »ehrlich, deine Herzkurve ist richtig spannend.« Ein bisschen langweiliger wäre mir lieber gewesen.

Zwei Tage nach dem Ausflug in die Friedrichstraße war ich wieder im OP. Nach ausführlicher Diskussion, in die sich auch der Chefarzt einschaltete, hatte der ärztliche Rat beschlossen, mir einen Herzschrittmacher einzupflanzen, weil auch das Vorhofflattern wieder begonnen hatte. Dass es keine einfache Entscheidung war, bestätigte mir der Chefarzt ein Jahr später. Gesundheitlich hätten sie mich damals »auf der Kippe« erlebt, meine Tumorsituation war ungeklärt, und die Frage, die das medizinische Gremium beschäftigte, hieß brutal vereinfacht: »Lohnt sich das noch?«

Der Eingriff, der in Vollnarkose erfolgte, verlief ohne Komplikationen. Eine Nacht musste ich auf der Intensivstation verbringen, woran ich aber keine Erinnerung habe. Am nächsten Tag, berichtete Susanne, sei ich wie umgewandelt gewesen, »ganz der Alte«. Ich hätte in meinen Zeitungen gewühlt, gescherzt und Charme versprüht. »Es war unglaublich«, staunte meine Tochter. Sie rief meine Frau an, die in Bonn bei Freunden war, und sagte aufgeregt: »Jetzt hat er's gepackt.«

Vierundzwanzig Stunden später war alles vorbei, die von der Operation erhoffte Wirkung hielt nicht länger an. Bei einer Kontrolle nach drei Tagen zeigte sich, dass der Schrittmacher, den mir der Kardiologe als den »Rolls-Royce unter den Schrittmachern« angepriesen hatte, »das Beste, was auf dem Markt ist«, zwar einwandfrei arbeitete, das Vorhofflattern aber nicht beseitigt hatte. Sonderbarerweise kann ich mich selbst an diesen euphorischen Rückfall in meine gesunde Vergangenheit überhaupt nicht erinnern.

In den Tagen und Nächten danach hatte ich reichlich Gelegenheit, mir über die neue Baustelle in meinem Körper Gedanken zu machen, zusätzlich aber beschäftigte mich die Auszeichnung für mein »Lebenswerk« noch immer. Nicht von ungefähr drängten sich dabei Erinnerungen an die achtziger Jahre in den Vordergrund. Ein Zufall war das wirklich nicht, denn die Zeit nach der Wahl Helmut Kohls zum Kanzler bis zum Fall der Mauer hatte ich damals ungemein intensiv erlebt. Nicht nur, weil ich selbst spürte, dass sie meiner journalistischen Karriere förderlich sein würde, sondern vor allem, weil ich das Gefühl hatte, eine historische Umbruchzeit mitzuerleben – enorm wichtig für die Bundesrepublik Deutschland und auch für mich persönlich.

Nach der existenziell herausfordernden Therapie in Bad Herrenalb war ich damals auf der Suche nach meiner Identität. Ich wusste ziemlich genau, wer ich nicht oder, besser, nicht mehr war. Aber ich hatte nur eine sehr vage Vorstellung davon, wo und wie ich mich in der zugleich stagnierenden und rapide sich verändernden westdeutschen Gesellschaft verorten sollte. Ich glaubte zu spüren – und wehrte mich mit all meinen Kräften dagegen –, dass der CDU-Kanzler Kohl der Republik eine Wiederkehr der fünfziger Jahre zu bescheren gedachte: zurück in die Ära Adenauer mit ihrem wilhelminisch spießigen Zeitgeist, dem Pochen auf materiellen Wohlstand und einem militanten Antikommunismus. Dagegen standen die Zeichen des Aufbruchs – Demonstrationen der Friedensbewegung, der Einzug der Grünen in den Bundestag, der neue Feminismus.

Über die Folgen schrieb ich 1981 im *Spiegel*: »Empörung, Ängste, Unsicherheit, Sorge um die eigene Sicherheit und um den eigenen Besitz. Misstrauen. Viele mischen oft erstaunlich falsche Bruchstücke von Fernsehwissen über die Lage im Lande mit wutgeladenen Vorurteilen zu einer rabiaten Tonart. Besorgnisse, schlechtes Gewissen – ›Das konnte ja nicht gutgehen, dass es uns so gutgeht‹ –, Schadenfreude und Ressentiments gegen Chaoten und Exoten machen ihre Ausbrüche seltsam richtungslos. Alles klingt immer zugleich berechtigt und maßlos übertrieben. Ein selbstanklägerischer Ton ist fast immer dabei.«

Eine ganze Serie habe ich damals in diesem Stil zur »Bewusstseinslage der Nation« verfasst, »Deutsche Depression« hieß der Titel. Es war das Ergebnis meines Versuchs, nach der Rückkehr aus den USA und nach meiner Therapie mich im eigenen Lande wieder zurechtzufinden. Denn es hatte uns ja jedes Mal befremdet, wenn wir in den Siebzigern zu Besuch in der Heimat waren, wie jammerig und gereizt der Umgangston in der Bundesrepublik war, die uns als das reichste Land der Welt erschien, viel reicher jedenfalls als die Vereinigten Staaten von Amerika.

In New York hatte uns ein schwarzer Taxifahrer mittleren Alters zum Flugplatz gefahren, der nur noch einen einzigen Zahn im Mund hatte und mit kindlichem Stolz von seinem Land schwärmte. »Jeder, Mister, wirklich jeder«, ereiferte er sich, »hat in diesem Land eine reale Chance, Millionär zu werden.« Wir nickten, obwohl wir wussten, dass er in Wahrheit niemals auch nur das Geld für eine vernünftige Zahnbehandlung würde aufbringen können. In Frankfurt dagegen blickten wir in lauter Gesichter mit intakten Zähnen, aber missmutigem und grämlichem Ausdruck. Warum?, fragten wir Freunde und Verwandte. War hier nicht alles vergleichsweise wunderbar? »Na ja, es geht so«, bekamen wir zur Antwort, aber ein bisschen länger Urlaub, ein paar mehr soziale Vergünstigungen, etwas mehr Rente sollten schon sein. Die spinnen, die Deutschen, dachten wir da.

Sieben Jahre später, nun in Bonn zu Hause, hatte ich schnell gemerkt, dass das Unbehagen tiefer saß, dass meine lieben Landsleute – einzeln und als Volk – in ihrer Identität verunsichert waren wie ich selbst auch. Um uns ein genaueres Bild zu verschaffen, beschlossen meine Frau, meine damals dreizehnjährige Tochter und ich, eine mehrwöchige Reise mit dem Auto durch die Bundesrepublik zu unternehmen. Keine Autobahn, nur Landstraßen. Jeder durfte sagen, wohin er immer schon mal wollte – nach Worpswede oder Gorleben, zum Bamberger Reiter oder zum KZ Bergen-Belsen, zur Loreley oder zum Obersalzberg, nach Lübeck oder nach München, an den Bodensee oder ins Weserbergland. Wir erlebten ein Deutschland, das landschaftlich so schön und kulturell so reich war, wie wir es nicht erwartet hatten – gesellschaftlich aber so zerrissen und depressiv, dass mir angst und bange wurde.

Besonders irritierte mich das gestörte Verhältnis zur Wirklichkeit, das mir überall begegnete, insbesondere aber in der Regierungshauptstadt Bonn. Realitätsferne, Wirklichkeitsverlust, Tatsachennegierung waren Lieblingsvokabeln, mit denen Politiker aller Parteien und ihre publizistischen Helfer sich gegenseitig das Mitspracherecht bestritten. Es waren immer die anderen, die Realität ausblendeten, ignorierten, verdrehten, verzerrten, schönten, leugneten oder zurechtbogen. Politik reduzierte sich zunehmend auf ein Gezänk um Worte.

Ich wohnte zunächst nicht ungern in Bonn, obwohl es fast noch eine Kleinstadt war. Aber je länger Helmut Kohl regierte, desto deutlicher erschienen mir Parlament und Regierung in der provisorischen Hauptstadt vom Leben, von den Problemen und den Menschen »draußen im Lande« abgekoppelt zu sein. Kohl, der sich als Konrad Adenauers politischer Enkel verstand, intensivierte diesen Prozess noch. Während sich 1989 in der DDR die Lage zuspitzte, bereitete sich Bonn auf den vierzigsten Geburtstag als Regierungshauptstadt vor. Der Kanzler plante, nach diesem Datum den provisorischen Status zumindest de facto zu beenden. Für mich war klar, dass ich diese biedermeierliche Idylle hinter den sieben Bergen am Rhein nicht länger ertragen wollte. Ich vereinbarte mit meiner Chefredaktion, dass ich ab 1990 in Hamburg arbeiten wollte.

Nach der Implantation des Schrittmachers blieb ich noch drei Tage in der Klinik und hatte also Zeit, über das zurückliegende Vierteljahrhundert nachzudenken. Vieles fiel mir wieder ein – eine lange Reise durch Ronald Reagans Amerika, Uwe Barschels Ehrenwort und sein mysteriöser Tod in der Badewanne, die Fußball-WM in Mexiko, Schröders Wahlkampfniederlage in Niedersachsen, der Turnschuh-Minister Joschka Fischer, eine Serie über Alkoholismus und die Olympischen Spiele in Moskau und Los Angeles. Es war ein bewegtes Jahrzehnt für einen Journalisten wie mich.

Aber jetzt war mir meine Gesundheit wichtiger. Zwar bescheinigten mir die Ärzte in ihrem Abschlussbericht einen »stabilen Allgemeinzustand«, doch meine Beweglichkeit war durch Schwäche und Schwindel weiterhin eingeschränkt. Dazu kamen erschreckend niedrige Blutdruckwerte und mehrfach Phasen der Unterzuckerung, weil ich für Untersuchungen nüchtern bleiben musste. Kurz, ich war ziemlich wackelig auf den Beinen und keineswegs frohgemut, als mich die Ärzte am 5. Februar 2008 nach Hause entließen.

»Komm nicht so bald wieder«, wünschte mir mein Neffe. Das hatte ich auch nicht vor, obwohl mir Behandlung und Umgangston in diesem vergleichsweise kleinen Krankenhaus sehr viel besser gefallen hatten als in der unpersönlicheren Uni-Klinik. Zumindest eine ambulante Wiederkehr war aber absehbar: Ende

März sollte ich mich zu einer weiteren Kardioversion einfinden. Bis dahin musste ich das Vorhofflattern ertragen, denn dieser Eingriff war erst vier Wochen nach Einsetzen des Herzschrittmachers möglich.

7. Kapitel

Träume und Albträume

»Das Risiko von Zwischenfällen liegt bei unter fünf Prozent«

In meinem häuslichen Arbeitszimmer steht ein schwerer roter Ohrensessel. Der wurde in den folgenden Wochen meine Heimat. Stundenlang hockte ich tagsüber dort zwischen meinen Bücherwänden und starrte ins Leere. Ich war zwar aus dem Krankenhaus entlassen, aber erledigt war nichts. Mein Herz flatterte weiter unrhythmisch vor sich hin, der Tumor galt zwar als verschwunden, aber ich traute dem Frieden nicht, und mein Diabetes hatte mich immer wieder in die Unterzuckerung geschickt. Also versackte ich in diesem Lieblingsstuhl in Melancholie. »Ich habe angefangen, diesen Sessel zu hassen«, erzählte mir meine Tochter später, »er wurde mir immer mehr zum Symbol deiner Krankheit.«

Der Krankheit? Wäre es doch nur eine. Mir schienen sich inzwischen mindestens schon drei verschiedene Krankheiten gegen mich verbündet zu haben. Ich rannte von einem Arzt zum anderen, der eine besänftigte mich hier, der andere dort, aber alle zusammen konnten nicht verhindern, dass ich immer schwächer und psychisch mutloser wurde. Nach verzweifelten Telefonaten mit meinem Schmerzarzt erhöhten wir die Dosis der Opiatpflaster in ungeahnte Höhe, und doch war alles nur Schmerz, Schmerz, Schmerz. Bald saß ich auch nachts in meinem Sessel, weil ich mich in ihm verkriechen konnte vor Schlaflosigkeit und wilden Träumen. Und sitzend verklebte mir wenigstens nicht der Schleim die Atemröhre.

Schon einmal war mein Lehnstuhl mir Zuflucht gewesen in einer existenziellen Krisensituation. Vor mehr als dreißig Jahren hatte ich mich in ihm verkrochen, als ich meinen Alkoholentzug durchzitterte. Da war der Sessel noch braun gewesen, mit hellen Streifen. Erst als ich das durchgestanden hatte, haben wir den Sessel neu beziehen lassen – weinrot. Doch die Depression, die ich damals losgeworden war, schien mich jetzt wieder zu übermannen.

Immer war mir kalt. Als ich in der Zeitung las, dass Menschen, die sich in ihrem Lebensumfeld ausgegrenzt und sozial isoliert fühlen, von einem frostigen Klima nicht nur metaphorisch sprechen, sondern die Kälte auch real empfinden, fühlte ich mich sofort beschrieben. Wobei mich mein Umfeld nun wahrhaftig nicht isolierte, im Gegenteil. Doch die Krankheiten taten es aus meiner Sicht umso mehr.

Zu einer geregelten Tätigkeit konnte ich mich nicht aufraffen, zum Lesen fehlte mir die Geduld. Ich war einfach unfähig, mich auf einen längeren zusammenhängenden Text zu konzentrieren. Also blieb es mehr oder weniger bei den Schlagzeilen der Tageszeitungen. Im Fernsehen sah ich lustlos die *Tagesschau* und hin und wieder einen Krimi. Der durfte aber nicht zu hart sein, sonst holte mich das Geschehen in meinen zerfetzten Träumen wieder ein, wobei ich immer der Verfolgte oder der Angeklagte war.

Über Besucher am Tag freute ich mich, aber ich konnte ihnen oft nicht folgen, wenn sie etwas erzählten, und ich hatte Angst, dass sie etwas merkten von meinem verheerenden Zustand. Nicht, dass ich vorgab, mir gehe es gut. Aber ich verpackte meine Selbstauskünfte doch meist in eine neutrale Form wie: »den Umständen entsprechend«. Wie beschissen ich die fand, ließ ich nur hin und wieder durchblicken. Meinen Angehörigen und den engsten Freunden konnte ich allerdings nichts vormachen. Ich wollte es auch nicht.

Ein Mindestmaß an Struktur gaben mir allein die verlässlichen

Schwestern des Pflegedienstes. Fast täglich war ich früher vor der Zentrale des Dienstes in mein Taxi zum Büro gestiegen, ohne mir je Gedanken darüber zu machen, was oder wen diese Pfleger eigentlich pflegten. Jetzt erkannte ich ihre kleinen, wendigen blau-rot-gelben Autos mit dem schwarzen Dach schon von weitem, sie waren Teil meines Alltags geworden. Jeden Abend zwischen sechs und sieben versorgten mich die Schwestern Alexandra, Bianca, Christine und Sonja abwechselnd mit Medikamenten und Nahrung. Dafür hängten sie mich an den verhassten Galgen, das heißt: Sie verbanden die an einem Ständer hängenden Wasser- und Nahrungsbeutel in direkter Leitung mit meinem Magen. Nicht mal dafür verließ ich jetzt noch meinen Sessel.

Am Tag versorgte mich meine Frau, die immer angestrengter wirkte. Mit gelegentlichen Ausbrüchen von Gereiztheit, die nicht ausbleiben konnten, machten wir uns beide das Leben nicht leichter. Wie schon in der Vergangenheit raffte ich mich aber trotz aller Widrigkeiten auch jetzt wieder ein paar Mal zu Kraftakten besonderer Art auf. Einmal im Februar ging ich mit Rosemarie in ein Restaurant zum Essen, was praktisch bedeutete: Sie speiste, und ich nippte dazu an einem Glas Wasser. Eine verdünnte Gemüsesuppe, die mir der freundliche Giorgio und seine Kollegen, unsere Lieblings-Italiener, servierten, konnte ich gerade noch probieren, aber beim besten Willen nicht auslöffeln – erstens viel zu scharf, zweitens zu viel und drittens überhaupt. Trotzdem genossen wir beide den Abend.

Rosemarie bedankte sich mit den Worten: »Du hast mir ein Stück Lebensqualität wiedergeschenkt.« Wir redeten viel und sehr intensiv, das Gespräch hatte Schuldgefühle von mir zum Inhalt, die mich während meiner Studienzeit fast zum Suizid verleitet hätten. »Gab es denn damals keine Menschen in deiner Umgebung, die helfend hätten eingreifen können?«, wollte

Rosemarie wissen. Ich hatte mich niemandem geöffnet. Meinen Eltern schon gar nicht.

Auf dem Heimweg war ich noch ziemlich erregt, und als mich daheim meine Frau liebevoll an sich zog, stieg es mir im selben Augenblick heiß aus dem Magen hoch – wahrscheinlich die ungewohnte Suppe – und ich musste würgen. Ich hatte Angst, mich übergeben zu müssen. Zugleich wusste ich aber, dass es dafür der schlechteste Zeitpunkt meines Lebens war – denn die Umstände waren alles andere als zum Kotzen. Plötzlich bekam die Situation für mich – und wie sich herausstellte, auch für Rosemarie – einen hohen symbolischen Bedeutungsgehalt. Dies war ein entscheidender Augenblick, wenn ich auch nicht wusste, warum. Mir war nur klar, dass ich meine Frau jetzt auf keinen Fall loslassen durfte. Selten in unserem langen Leben hatte ich uns so nah beieinander empfunden. Also verharrte ich in der innigen Umarmung, und auch Rosemarie zog sich nicht zurück. So verblieben wir eine Weile. Eine große Ruhe breitete sich in mir aus. Als wir uns endlich voneinander lösten, war ich mir plötzlich ganz sicher, dass ich ein Buch über meine Krankheiten schreiben wollte, dieses Buch. War es das gewesen, was rausmusste?

Das Thema Buch rumorte in mir schon eine Weile. Ich hatte ja einen Vertrag über ein politisches Buch abgeschlossen, an dem ich – auch aus selbsttherapeutischen Gründen – schon heftig gearbeitet hatte. Aber jetzt war ich von meinen Krankheiten so in Anspruch genommen, dass Interviews mit jungen Abgeordneten kaum noch in Frage kamen. Am Nachmittag hatte ich mit meiner Lektorin und meiner Agentin über das Thema geredet, beide sagten mir, ich solle mir Zeit lassen mit meiner Entscheidung, bis Ostern oder sogar bis Pfingsten. Dem stimmte auch der Verleger zu, der mich am nächsten Tag besuchte. Also hielt ich das Thema offen. Doch im Rückblick weiß ich, dass die Entscheidung an dem unvergesslichen Februarabend mit meiner Frau gefallen war.

Zu den treuesten Freunden und zuverlässigsten Besuchern gehörten während der gesamten Krankheitsphase Anne und Wolf vom Prenzlauer Berg. Bei unserer Begegnung Anfang Februar war der Grafiker Wolf zwar betroffen über meine Schwäche, aber wie immer brachte der Ostberliner viele Erinnerungen mit an die Zeit der Wende, als ich ihn kennengelernt hatte. Vielleicht weil ich wieder einmal auf der Suche war nach mir selbst, traten mir die wilden Monate nach dem Fall der Mauer besonders nachdrücklich vors innere Auge, als ich wieder allein war. Auch damals hatte ich nicht gewusst, wer ich eigentlich war und wer ich sein wollte – wie Deutschland. Damals saß ich meiner vierten Illusion auf.

Wolf hatte 1990 zusammen mit dem Westberliner Maler Nil Ausländer in der Nähe des Charlottenburger Savignyplatzes ein gemeinsames Studio eröffnet, um im Kiez »Kunst wie Brötchen« zu vertreiben. »NIL-West, LEO-Ost« stand an der Tür der Galerie. Die zwei waren ein seltsames Paar. »Wir sind so 'ne Art Romeo-und-Julia-Geschichte«, schwärmte Wolf damals.

Der empfindsame Wolf und der polternd laute Nil hätten gegensätzlicher nicht sein können. Wolf zeichnete und formte mit zarten Grautönen eher mythologisch abstrakte Figuren auf Papier oder mit Pappe, Nil malte mit knalligen Farben schrille Frauenporträts, klobige politische Symbolszenen wie das Brandenburger Tor mit einer Banane obendrauf und naive Comics. Als sie anfingen, fand Nil die Arbeiten Wolfs feinnervig und zart, der nannte Nils »komische Frauen« frech und erfrischend. Sie gefielen ihm.

Ich suchte damals nach Symbolfiguren für den Prozess des Zusammenwachsens, an den ich glaubte wie Willy Brandt. Die beiden Künstler kamen mir da gerade recht. Nur, dass offenbar doch nicht zusammengehörte, was zusammenwachsen wollte.

Nach zwei Jahren, in denen sich die beiden in endlosen Gesprächen bis aufs Blut genervt hatten, sagte Nil: »Deine Bilder sind so langweilig und grau wie deine Scheißrepublik.« Und Wolf hielt die Produkte des Wessi-Malers für »reine Konsumprodukte«, gemalte Fingerabdrücke des Kapitalismus. In einem letzten Gespräch, das ich angeregt hatte, bevor sie endgültig auseinandergingen, wurde deutlich, dass Nil »die Niederlage« unbedingt für das Ergebnis persönlicher Eigenheiten halten wollte, während Wolf »unser Scheitern« politisch betrachtete, als Folge unterschiedlicher Sozialisationen und einer westlichen Weigerung, wenigstens zu versuchen, den Osten zu verstehen.

Wolf schwärmte von den hintergründigen, leisen Gesprächen mit Menschen aus Westdeutschland, Israel, Amerika und Australien, die er in der Ladengalerie geführt hatte. Nil lachte bitter. »Und? Haben die etwa was gekauft?« – »Nein, aber sie haben vielleicht etwas verstanden von der deutschen Situation nach der Teilung.« – »Und wie soll ick davon meine Miete bezahlen?«, unterbrach Nil wütend Wolfs verträumten Monolog. »Leise«, spottete er, »ja, du bist viel zu leise. Und wenn man das hier im Westen tut, ist man bald so leise, dass man tot ist.«

Es war bewegend, die beiden zornigen Männer – beide damals Ende vierzig – um Fassung ringen zu sehen. Denn dass sie sich noch immer mochten, war unübersehbar. Wolf hob an zu einer staatstragenden Abschiedsrede: »Wir können nicht bei der großen Politik einklagen, was wir selbst nicht geschafft haben. Wir haben unsere Möglichkeiten nicht ausgeschöpft.« Nil seufzte: »Ick finde det rührend.« Beide hatten Tränen in den Augen, als sie sich zum letzten Mal umarmten.

Zu diesem Zeitpunkt, 1992, hatte auch ich meine großen Enttäuschungen über die längst zur bloßen Wende verniedlichte Vereinigung schon hinter mir. Dabei war ich zuerst so hoffnungsvoll gewesen. Denn den Fall der Mauer hatte ich in Warschau erlebt, wo ich gerade mit der Entourage von Bundeskanzler Helmut

Kohl gewesen war. Aber schon einen Tag später, am 10. November, flog ich mit ihm nach Berlin, und die Menge vor dem Rathaus Schöneberg bedachte ihn mit Pfiffen und buhte ihn aus. In Bonn dagegen wurde tags darauf gefeiert – und zwar am 11.11. um 11 Uhr 11 der Karnevalsauftakt. Und während ich dem närrischen Treiben auf dem Theaterplatz von Bad Godesberg zuschaute – nach Warschau und Berlin war das, gelinde gesagt, ein Kulturschock –, fasste ich endgültig den Entschluss, Bonn zu verlassen. Allerdings nicht Richtung Hamburg, wie angedacht, sondern nach Berlin – der Stadt, in der sich jetzt wieder Geschichte verdichtete.

Nicht, dass ich mit dem Fall der Mauer gerechnet hätte. Ich war auch nicht sicher, was ich mir jetzt wünschen sollte. Aber dass der bleierne Stillstand vorbei war, unter dem ich in Bonn gelitten hatte, erfüllte mich mit geradezu enthusiastischem Schwung. In Berlin, das hatte ich am 10. November 1989 erlebt, waren jetzt endlich die Dinge in Bewegung geraten, die lähmende Immobilität der Bonner Republik wurde von außen aufgebrochen. Jetzt wusste ich, wo in nächster Zeit die »action« sein würde. Dort wollte ich leben.

Ich fühlte mich plötzlich beflügelt, als hätte mir jemand eine große Last abgenommen. Mit nationaler Emphase hatte das nichts zu tun, an ein vereintes Deutschland dachte ich da noch keinen Augenblick, nur an Aufbruch. Die Stimmung in Berlin, die Bilder im Fernsehen, die Telefonate mit Frau und Tochter, die beide in der Nacht des Mauerfalls und den folgenden Tagen zufällig in Leipzig waren, meine unmittelbare Nähe zu einem Geschehen, dessen Grundstimmung Freude war und dessen Ausgang ganz und gar ungewiss – das alles wirkte wie ein euphorisierender Energiestoß.

Bonn, so viel war jedenfalls klar, hatte ich hinter mir. Denn für mich als Reporter war die Wende eine Traumsituation – äußere Geschichte und eigene Befindlichkeit fielen so offenkundig zusammen. Es gehört zu den Eigenarten der Reportage, dass sich – anders als bei allen anderen journalistischen Formen, Kommentar inbegriffen – der Autor als Person selbst ins Spiel bringt. Und dazu war ich bereit.

Der Schreiber ist sozusagen das Medium der Geschichte. Er beobachtet die Ereignisse nicht aus sicherer Entfernung, sondern lässt sich emotional voll auf sie ein. Der Reporter erlebt seine Story und setzt sich Erfahrungen aus. Erst mit dem Schreiben rückt er das Erlebte auf Distanz, er trifft eine bewertende Auswahl der Fakten und Eindrücke und versucht, für seine Gefühle einen angemessenen Ton zu finden. Die Biographie des Autors prägt seine Maßstäbe und Kriterien. Was er in seinem Leben erfahren hat, fließt in den Blick auf das aktuelle Geschehen ein und wird integraler Teil seiner Reportage.

Von der ersten Woche der Maueröffnung an lebte und arbeitete ich in Berlin. Im Mai 1990 zog ich dann mit meiner Frau um – vom Rhein an die Spree; in der *Spiegel*-Redaktion – damals noch in der Westberliner Kurfürstenstraße – fand ich ein angenehmes Büro und freundliche Kollegen. Um mich mit der Stadt, in der ich ja nun fünfundzwanzig Jahre nicht mehr gelebt hatte und deren Ostteil ich nur sehr oberflächlich kannte, mit den Menschen und mit der Atmosphäre vertraut zu machen, recherchierte ich sogleich eine dreiteilige Serie, die später unter dem Titel »Der gemütliche Moloch« auch als Buch erschien. Dabei erlebte ich anrührende erste Begegnungen zwischen Ost- und Westdeutschen und lernte Menschen kennen wie die Leos, die Freunde wurden, und Angela Merkel, die uns heute regiert.

Warum ich über so unbedeutende Künstler wie ihn schriebe, hatte Wolf nach seinem Abschied von Nil gejammert. Lieber sollte ich mich um seine Frau Anne kümmern, eine Historikerin, die habe ganz andere Geschichten zu erzählen – eine aufregende Familiensaga von der Weimarer Republik bis heute, mit KZ-

Opfern, Widerständlern gegen die Nazis, schwierigen Karrieren in der DDR und einer ungewissen Zukunft im vereinigten Deutschland. So hatte ich seine Frau kennengelernt und seine zwei Söhne, von denen einer inzwischen journalistischer Kollege geworden ist, der andere Jurist. Auch über die Geschichte dieser Familie schrieb ich ausführlich im *Spiegel*.

Ebenso zufällig wie das Zusammentreffen mit Wolf und Anne ergab sich auch die Bekanntschaft mit der künftigen Kanzlerin. Um zu erkunden, wie sich die kleinen Parteien auf die bevorstehende letzte Wahl zur DDR-Volkskammer vorbereiteten, die nicht wie die Union und die SPD von Bonn aus zentral ausgerichtet wurden, durchstreifte ich am 14. Februar 1990 ihre Büros im »Haus der Demokratie« in der Berliner Friedrichstraße, gegenüber der neuen *Spiegel*-Hauptstadtredaktion. Da es Mittagszeit war, traf ich niemanden an. Nur beim Demokratischen Aufbruch (DA) werkelte eine unauffällige junge Frau emsig an einem Kopiergerät – eine Doktorin der Physik, die sich von ihrem Institut an der Akademie der Wissenschaften für sechs Wochen hatte beurlauben lassen, um beim Aufbau der Demokratie mitzumachen. Ihr Name: Angela Merkel.

Eher routinemäßig als ernsthaft interessiert fragte ich sie aus. Machte sie auch Wahlkampf für ihre Partei? Ach, du lieber Gott, daran sei eigentlich noch gar nicht zu denken, sie seien ja gerade dabei, die Partei aufzubauen. Verlegenheit und Eifer röteten ihr rundes Mädchengesicht, auf dem jede Gemütsbewegung wetterleuchtete. Wie man sich den Aufbau denn vorzustellen habe? Na, so wie heute Abend zum Beispiel, da fahre sie nach Zossen, um dort einen Ortsverein des DA zu gründen. »Na, prima«, sagte ich, »da bin ich dabei.«

Zossen, ein Städtchen mit damals 6500 Einwohnern, liegt etwa vierzig Kilometer südlich von Berlin. Der erste Eindruck im Wendewinter war trostlos: baufällige graue Häuser, löcherige Straßen und eine marode Kanalisation. Um die Abwasserlage »gesundheitsseitig« zu klären, empfahl die Amtsärztin in der Versammlung, die Angela Merkel leitete, »'ne große Planierraupe«, um Zossen abzuräumen. Den Bürgern sitze die Angst im Nacken, ergänzte die resolute Bürgermeisterin. Die DA-Abgesandte Merkel, die nicht überrascht schien über die Stimmungslage, griff das Thema vage auf: »Wir leben in einer Spannung zwischen dem, was war, und dem, was sein wird.« Eine mitreißende Rede hielt sie nicht.

Danach, bei einem Gespräch in kleinem Kreis vor dem gemütlichen Kachelofen eines Tischlermeisters, wirkte sie lockerer. Aber auch da hörte sie vor allem zu, als die Zossener ihre Klagen vorbrachten, und ließ wenig Eigenes erkennen. Nur dass sie mit den »Blockflöten« der Ost-CDU nichts zu tun haben wollte, wurde deutlich. Dass diese junge Frau einmal CDU-Bundesvorsitzende und Kanzlerin des vereinten Deutschland werden würde, habe ich an diesem Abend so wenig geahnt, wie ich fünfzehn Jahre vorher in dem zottelhaarigen niedersächsischen Juso-Chef Gerhard Schröder im Rollkragenpullover den künftigen Chef der Bundesregierung gewittert hatte. Aber zu beiden hielt ich zunächst lockeren, später – vor allem zu Schröder – engeren Kontakt, und beide beehrten mich bei meiner Verabschiedung vom *Spiegel* mit ihrem Besuch.

Das war nun schon wieder über ein Jahr her. Und es hatte sich einiges seither geändert in meinem Leben.

Im Verlauf des Februar hatte sich mein Gesundheitszustand nicht verbessert. An gelegentliche Fahrten zu kurzen Spaziergängen in den Grunewald war nicht mehr zu denken, dazu war ich viel zu schwach. Ich rang auch schnell nach Luft. Schleim, Schleim, Schleim – manchmal glaubte ich an dem gelblich grünen Glibber zu ersticken, der in meinem Rachenraum herumhing wie Fledermäuse in einem dunklen Gewölbe. Die Videokamera der Hals-Nasen-Ohren-Ärztin zauberte bizarre Gebilde von meinem Zungengrund zutage.

Zwei zusätzliche Untersuchungen bei einem Spezialisten in der Charité hatten überdies erbracht, dass sich dort, wo einst der Tumor saß, eine Hauttasche gebildet hatte, in der sich Schleim und allerlei Entzündliches sammelte. Das Ergebnis eines Abstrichs teilte der Professor schriftlich mit: »Daraus lässt sich ablesen, dass Sie eine erhebliche Entzündung in dem bestrahlten Halsgebiet haben. Das muss behandelt werden.« Ein Rezept für ein Antibiotikum, das ich mindestens zwanzig Tage nehmen sollte, lag dabei. Es war ein sehr teures Medikament, ganz neu aus den USA. Was für eine Entzündung war das? Wie könnte ich verhindern, dass sie wiederkommt? Lauter neue Ungewissheiten, mit denen ich leben musste. Was war überhaupt noch berechenbar?

Ich wusste schon längst nicht mehr, wo ich stand und wohin mein Weg mich noch führen würde. Das machte mich unruhig und unsicher. »Kämpfen, Herr Leinemann, kämpfen«, hatte mir Giorgio, der Italiener, nach unserem Restaurantbesuch ins Ohr geflüstert, »das Leben ist Kampf, jeden Tag.« Er klang wie Uli Hoeneß, der sich auch noch mal gemeldet hatte. Kämpfen also, gut, aber gegen wen oder was? In der Charité, während meiner gruseligen Bestrahlungszeit, hatte der Tumor für ein klares Feindbild gesorgt. Aber jetzt?

Allein im Februar war ich bei sieben Ärzten gewesen, die alle an mir herumgedoktert hatten. Da waren zunächst einmal die beiden Hausärztinnen, dann meine Diabetologin, die Hals-Nasen-Ohren-Ärztin, der Kardiologe, der Schmerzexperte, der Strahlenpapst der Charité, der Hals-Nasen-Ohren-Experte und – demnächst – der Herzspezialist. Dazu kamen die Logopädin, die Physiotherapeutin sowie als medizinische Privatberater mein Neffe und meine Frau. Manchmal kam ich mir vor wie ein sterbender Monarch, um den Kapazitäten aller Fachrichtungen kreisen, zu dessen Staatsbegräbnis aber trotzdem bald die Einladungen verschickt werden.

So weit war ich zwar noch nicht. Doch ging es mir so schlecht, dass ich nicht zu Annes sechzigstem Geburtstag gehen konnte, den sie am 1. März 2008 am Prenzlauer Berg feierte. Das tat mir besonders leid, weil bei ihr immer aufregende Ost-West-Begegnungen stattfanden. Ganz am Anfang der neunziger Jahre waren die Gäste aus dem Westen im Wohnzimmer schnell unter sich geblieben, da sich die Einheimischen nach alter Gewohnheit in der Küche versammelten. Später hielt man es miteinander aus, suchte aber krampfhaft nach möglichst harmlosen neutralen Gesprächsthemen.

So redeten wir einmal über eine Stunde lang über einen jungen Eichelhäher, den Wolf und Anne vor der Tür ihres Ferienhauses gefunden und aufgezogen hatten. Drei Wochen nachdem sie ihn in die Freiheit entlassen hatten, erkannte der treue Vogel seine Ersatzeltern wieder und begleitete sie noch einmal in die Wohnung, wo ich ihn auch erlebte und beim Frühstück als störend empfand. Wolf war sogar sicher, dass der Eichelhäher – nachdem er ihn noch einmal freigesetzt hatte – ihm noch mehrfach in großem Abstand bei Spaziergängen in den Wald gefolgt war. War das nicht eine rührende Geschichte?

Als Wolf und Anne sich um andere Gäste kümmerten und ihre Freunde aus Ost und West am Tisch für eine Weile allein ließen, hielten wir uns noch lange an dem Thema fest. Es war ein mühsames Gespräch mit langen Pausen. Aber irgendjemand fiel dann immer noch eine Frage ein, entweder zu diesem speziellen Fall, zu Eichelhähern als solchen oder allgemein zur Vogelwelt. Alles nur, um nicht über die Schwierigkeiten der Vereinigung und die eigene Befindlichkeit in diesen aufgeheizten Zeiten reden zu müssen.

Der kurzen Euphorie der friedlichen Revolution und des Mauerfalls war schnell eine Phase der Ernüchterung und Enttäuschung gefolgt. Die ersten freien Volkskammerwahlen am 18. März 1990 endeten mit einem Triumph von Helmut Kohls konservativer Allianz, bei deren Gründung die Union auch Angela Merkel und ihren Demokratischen Aufbruch geschluckt hatte. Ich kann mich nicht erinnern, dass mich jemals ein Wahlausgang so deprimiert hat wie dieser, bei dem Sozialdemokraten und Bürgerrechtler weit abgeschlagen unter den Verlierern landeten.

Damit hatten wir nicht gerechnet, obwohl uns am Mittag des Wahltages eine rätselhafte Warnung erreichte. Meine Frau und ich hatten uns eine Wohnung am Lietzensee angesehen, setzten uns zur Beratung in ein Hotelrestaurant am Ufer und bestellten einen Kaffee. Plötzlich rauschte Ibrahim Böhme, der Vorsitzende der SPD (DDR), mit Begleitung herein und begrüßte uns herzlich. »Na, wie fühlt man sich, wenn man heute Abend Ministerpräsident wird?«, fragte ich ihn. Da blickte er mich todernst und verschwörerisch mit seinen traurigen Augen an und flüsterte: »Denken Sie an meine Worte. Wer immer jetzt oder heute Abend an der Spitze sein wird – innerhalb weniger Tage sind wir alle weg vom Fenster. Alle. Denken Sie an meine Worte.« Dann machte er eine zackige Verbeugung und verschwand auf sein Zimmer. Wir waren völlig verblüfft. – Drei Tage später war Ibrahim Böhme als Stasi-Spitzel entlarvt.

Am Wahlabend saß ich, geschockt über den Ausgang der Abstimmung, im noch unversehrten Palast der Republik, der an diesem Tag die Medienzentrale der DDR war. Am Nebentisch lärmte Heinrich Lummer, der ultrarechte Westberliner CDU-Senator, als wäre er der eigentliche Sieger des Abends. »Von wegen, wer zu spät kommt, den bestraft das Leben«, röhrte er. »Wir waren spät, und wie haben wir gewonnen.« Irgendwie hatte er über Gorbatschow gleich mitgesiegt; zu den Siegern gehörten ohnehin nicht wenige, die in früheren Zeiten mit Erich Honecker gegen Experimente aus Moskau gekämpft hatten.

Ich zählte mich auch zu den Verlierern. Die Wiedervereinigung, für oder gegen die ich nichts hatte, war absehbar. An eine gemeinsam ausgehandelte Verfassung, in der sich die

Erfahrungen der Bonner Republik und die der Bürgerrechtler aus der DDR niederschlagen sollten, glaubte ich allerdings nicht mehr. Denn längst war der politische Betrieb des Bonner Parteienstaates dabei, die Trümmer der alten und die Ansätze einer neuen politischen Kultur in der DDR plattzuwalzen.

Für mich war es spätestens am 3. Oktober, dem Tag der formellen Vereinigung, ausgemacht: Die großen Ereignisse des Jahres 1989 hatten in Deutschland das historische Bewusstsein nicht umgekrempelt. Damit war – nach der Nazi-Katastrophe, der Entzauberung der amerikanischen Demokratie und der Achtundsechziger – zum vierten Mal mein Glaube an die menschliche Vernunft in öffentlichen Angelegenheiten enttäuscht worden. Für den Rest meines Lebens sollten diese Lehren reichen.

Aber war das nicht alles Schnee von gestern? Für mich nicht, und im Februar und März 2008 brachten nicht nur Anne und Wolf, sondern auch Freunde aus Dresden und Thüringen und Kollegen aus Ostberlin die Erinnerungen an diese Zeit zurück. Ohnehin begannen in meinem Kopf die Grenzen zu fließen zwischen Gegenwart und Vergangenheit, zwischen Traum und Wirklichkeit. Immer häufiger drifteten meine Gedanken von einem konkreten Ausgangspunkt mit bizarren Sprüngen in eine völlig unbekannte Richtung, um im Ungefähren zu landen. Das machte mir Angst. Vor allem, wenn ich nachträglich nicht mehr unterscheiden konnte, was ich geträumt und was ich erlebt hatte.

Daneben machte mir die körperliche Schwäche zu schaffen. Um zur Physiotherapie und Lymphdrainage zu gelangen, brauchte ich bloß die Straße zu überqueren. Aber zunehmend wurde dies ein Unternehmen, das ich kaum noch bewältigte. »Sie waren sehr instabil damals«, sagte meine Therapeutin später, »und wenig belastbar.« Die Fahrt zum Virchow-Klinikum, wohin ich am 3. März zur Untersuchung meiner Herzrhythmusstörung bestellt war, wurde deshalb schon zu einer Expedition. Meine

Frau schaffte es mit Mühe, mich ins Taxi und von dort ins Wartezimmer der Ambulanz zu schaffen, wo ich erschöpft im Stuhl zusammensackte.

»Bei Herrn Leinemann liegt Vorhofflattern vor, das dazu führt, dass der Patient körperlich nicht richtig belastbar ist«, schrieb der Professor am nächsten Tag untertreibend an den Kardiologen. Eine »komplexe Co-Morbidität« komme hinzu – also Tumor, Bypässe, Schrittmacher usw. »Wir haben die Durchführung einer Ablation des Vorhofflatterns vereinbart.« Als Termin setzte er den 2. April fest.

Dass eine Ablation ein Kathetereingriff ist, bei dem ein dünner Draht mit einer winzigen Sonde an der Spitze von der Leiste in das Gefäßsystem eingeführt wird, versuchte mir der Professor kurz zu erklären: Von dort wird die Sonde bis zu der Stelle im Herzen gelenkt, wo das Vorhofflattern entsteht. Vor Ort wird die Sonde elektrisch bis auf siebzig Grad aufgeheizt und verursacht auf diese Weise künstliche Narben um die Zellen herum, von denen die Impulse für das Flattern ausgehen. So behandelt, können sie aber keine Signale mehr an die Vorhofmuskeln aussenden. »Das Risiko von Zwischenfällen liegt bei unter fünf Prozent«, schätzte der Professor. Da stand mir also wieder Aufregendes bevor.

Längst hatte ich begonnen, von einem Augenblick zum anderen zu leben, mitzunehmen, was sich zu lohnen schien. Denn wer wusste schon, wie es weiterging. Also bat ich auf dem Rückweg den Taxifahrer, durchs Regierungsviertel und über den Potsdamer Platz zu fahren, weil ich an diesen Stätten meines früheren Arbeitsalltags lange nicht gewesen war. Ich empfand diese Umwege als Abschiedsfahrten. »Das sehe ich jetzt zum letzten Mal«, dachte ich. Der Gedanke an den Tod war mir schon recht nahe gerückt.

Trotzdem nahm ich wieder einmal wahr, wie rigoros die Berliner Stadtplaner die DDR-Vergangenheit abgeräumt hatten, nur noch ein paar dekorativ bemalte Mauerstücke erinnerten an die Todeszone. Was war das für eine öde Wüstenei gewesen zwischen Brandenburger Tor und Potsdamer Platz nach der Grenzöffnung – eine Mondlandschaft, Tabula rasa. Autos huschten quer durch die Leere, als glitten sie durch Death Valley. Ihre Motorengeräusche versackten in wattiger Stille. Eine Magnetbahn schwebte auf stählernen Stelzen um die Ödnis herum und spielte eine längst überholte Zukunft vor. Ihr Abriss war schon beschlossen. Treppen, deren Zugänge vergittert waren, führten zu U-Bahn-Schächten, die vermauert waren.

Zeitstillstand. Hier war in den Wochen nach dem Mauerfall die tote Mitte der wiedervereinigten Hauptstadt gewesen, ein Zentralfriedhof der deutschen Geschichte. Tagelang war ich 1990 hier herumgestolpert, hatte die seltsam unwirkliche Atmosphäre in mich aufgesogen. Da verrottete ein ausgebrannter und gefledderter Grill-Lieferwagen, die Türen weit geöffnet, mitten auf der versteppten Schotterfläche. »Original Berliner Riesengrillwurst 3,50« stand auf einem knallgelben Schild, das vor dem Wrack in den Dreck getreten war. Auf der Motorhaube höhnte ein Aufkleber »Ja zu Bonn«. Junge Kaninchen schlugen Haken um weggeworfene Bierdosen. Moos und dürres Gras wucherten über zentnerschweren Betonbrocken, über Ziegelsteinen, Schotter und Plastikbahnen.

Nein, »Mutter Erde« war das nicht, wie eine schwärmerische junge Berlinerin säuselte, die neben mir auf einem mit dürrem Gras bewachsenen Hügel aus Schutt stand, der von Hitlers Führerbunker übrig geblieben war. Dies war Trümmerland. Es wucherte über den Resten einer hochgerüsteten Todeszone der DDR, durch die Patrouillen-Trabis geknattert waren und in der Schäferhunde gebellt hatten. Wachtürme und Minen hatten den hundert Meter breiten Streifen Brachland zwischen der vorderen und der hinteren Mauer gesichert.

Und darunter waren die Reste der Hitler'schen Reichskanzlei

und des Führerbunkers verscharrt. Aber schon damals hatte ich vorausgeahnt, dass hier bald »ringsherum bizarre Wolkenkratzer emporwachsen, monumentale Bürohaustürme, megalomanische Betonblöcke, ein Spree-Manhattan aus Beton, Glas und Stahl, neonlichtdurchpulst, bunt, grell, laut und gigantisch«.

Längst war das prosperierende Wirklichkeit, auch wenn alles eine Nummer kleiner geworden ist als damals phantasiert, mit 100 statt 250 Meter hohen Türmen, Kinos, Hotels, Restaurants, einem Spielcasino nebst Revuetheater und einer Einkaufspassage mit 120 Läden und quirligem Leben. 2008 besuchten täglich um die 80000 Menschen die Passage, 48000 stiegen am Regionalbahnhof Potsdamer Platz ein und aus. Das Holocaust-Mahnmal erinnert an die Naziverbrechen, aber auf den Todesstreifen verweist kein Denkmal.

Vergessen ist die vierzigjährige Teilung des Landes in zwei deutsche Staaten trotzdem nicht. Bei unseren Freunden in den USA pflegte beim Drink nach dem Essen häufig eine Diskussion, wenn nicht gar ein Streit über die entscheidenden Schlachten des Sezessionskrieges zwischen den Nord- und den Südstaaten von 1861 bis 1865 auszubrechen. Bis heute schlägt sich die Herkunft der Amerikaner aus dem Norden oder aus dem Süden im Umgang mit den schwarzen Mitbürgern, im Wahlverhalten und in den Kochgewohnheiten nieder. So ähnlich, denke ich mir, wenn auch vielleicht nicht ganz so ausgeprägt, wird es auch bei uns noch nach Generationen zwischen Ost und West zugehen. Eine kulturelle und wirtschaftliche Wasserscheide wird noch lange bleiben.

»Kopf nach rechts drehen, tok-tok-tok. Kopf nach links drehen, tok-tok-tok.« Obwohl mein Gesundheitszustand immer labiler wurde, liefen die therapeutischen Anstrengungen, mich zu stärken, weiter. Die lebensfrohe und tatkräftige brasilianische Logopädin, die mir wieder Sprechen und Schlucken beizubringen versuchte, verströmte allein durch ihre Anwesenheit schon mehr Lebensmut, als ich in meinen besten Zeiten aufzubringen vermocht hatte. Und professionell war sie hervorragend. Nur hielt ihr aufrüttelndes Temperament mich nicht lange aufrecht, allzu schnell sackte ich wieder in meine mutlose Teilnahmslosigkeit.

Auch meine Verwirrung nahm zu. Wahnvorstellungen häuften sich, dafür vergaß ich Ereignisse, die gerade eben erst geschehen waren. Immer häufiger vermischte sich das Erleben der Innenwelt mit dem der Außenwelt. Und als ich in der Nacht zum 17. März, wieder hilflos vor mich hin stierend und zitternd vor Angst und Kälte, in meinem roten Sessel saß, reichte es meiner Frau. »Das mache ich nicht länger mit«, sagte sie verzweifelt, »das kann ich nicht verantworten, und das kann ich auch nicht länger verkraften. Du musst wieder ins Krankenhaus.«

8. Kapitel

Der Totenwagen

»Was heißt da schon Glauben?«

Am Montag, dem 17. März 2008, einen guten Monat nach meiner Entlassung, lag ich wieder auf der Liege in der Notaufnahme der Elisabeth-Klinik in Berlin. Der Chefarzt begrüßte mich nach einer ersten flüchtigen Untersuchung überraschend optimistisch: »Gesundheitlich kommen Sie mir weitaus besser vor als vor fünf Wochen.« Das fühlte ich selbst völlig anders. Auch schien mir die Diagnose wenig geeignet, seinen Optimismus zu untermauern. »Es scheint keine Herzmuskelschwäche zu sein, sondern eine Rippenfell- und Lungenentzündung«, sagte er. »Ich glaube, das kriegen wir schon hin. Sie haben gute Chancen.«

Na ja, das hörte sich tröstlich an. Einerseits. Andererseits hatte mir der Arzt damit ganz nebenbei zwei neue Krankheiten bescheinigt, als hätte ich nicht schon genug. Denn das stand auch in meinem Aufnahmebefund – das Vorhofflattern hielt unverändert an, der Tumor, wenngleich momentan nicht sichtbar, blieb der Ausgangspunkt all meiner Halsmalaisen, der Diabetes hatte sich nicht verflüchtigt, und meine Nahrung kriegte ich immer noch über eine Magensonde eingeflößt. Wo also war die gesundheitliche Besserung? Und kräftiger war ich in der Zwischenzeit auch nicht geworden.

Der nächste Morgen begann mit einem Riesenschrecken – bei der Gewichtskontrolle zeigte die Waage dreiundsechzig Kilogramm. Das konnte nicht sein, das wollte ich einfach nicht glauben. Beim letzten Wiegen vor einer guten Woche zu Hause waren es noch siebzig Kilo gewesen. Angefangen hatte ich die Behandlung, in der Charité im Juli 2007, noch mit neunundachtzig Kilogramm, viel zu viel für meine Größe von 176 Zentimetern. Das Übergewicht war ja dann auch schnell verschwunden. Aber nach der Bestrahlung hatten die Ärzte immer sorgfältig auf mein Gewicht geachtet – bloß nicht noch mehr abnehmen, das könnte auch ein Zeichen für neues Tumorwachstum sein. Und jetzt also diese Katastrophenzahl. Bis heute weiß ich nicht, ob die dreiundsechzig Kilogramm tatsächlich eine korrekte Angabe waren, ich glaube, eher nicht.

Dass meine Verwirrung fortschritt, hatte Susanne schon bei der Aufnahmeuntersuchung gemerkt, als sich ein freundlicher afrikanischer Arzt namens Yeboah um mich bemühte. »Yeboah?«, fragte ich. »Sind Sie verwandt mit dem Fußballspieler?« Er grinste breit: »Das ist mein Onkel.« Ob ich mich denn auch für Fußball interessierte, wollte er wissen, ob ich gar Fan von Hertha BSC sei? »Nein«, wehrte ich ab, obwohl ich jahrelang jedes Heimspiel der Berliner Bundesligamannschaft besucht hatte, »ich bin Bayern-München-Fan.«

Meine Tochter konnte es nicht fassen. »Du und Bayern-Fan? Das glaubst du doch selbst nicht.« Hatte ich nicht stets, nach meinem Verhältnis zu den Münchnern befragt, ohne nachzudenken, geantwortet, mir sei jeder Verein lieb, solange er gegen die Bayern gewinne? Aber ich beharrte auf meiner neuen Vorliebe, die vermutlich unbewusst durch Uli Hoeneß' Fürsorge und Hilfe ausgelöst worden war. Für Susanne war da zum ersten Mal klar, dass mit mir im Kopf etwas nicht mehr stimmte.

In diesen Tagen besuchten mich Lore und Ingrid, zwei Freundinnen aus meiner Selbsthilfegruppe. Ich freute mich sehr. Ausdrücken konnte ich das aber nur sehr unzulänglich. Ich war unkonzentriert, und ich sprach sehr schludrig. Mal fehlte mir der Atem, mal musste ich nach Worten suchen. Immer wieder döste ich mitten im Gespräch ein, oder ich musste nachfragen, weil ich eine Bemerkung nicht gehört hatte.

Die beiden Frauen waren erschrocken über meinen desolaten Zustand, was ich aber nicht mitbekam. Sie erzählten mir Monate später von ihren Eindrücken. Lore, die mich öfter besucht hatte, sagte, dass sie mich in so schlechter Verfassung vorher noch nicht angetroffen hätte. Und Ingrid, die aus Salzburg angereist war und selten nach Berlin kam, hatte befürchtet, dass sie mich womöglich zum letzten Mal gesehen haben könnte. Beide bezweifelten, dass ich mich schnell wieder erholen würde, wenn überhaupt.

Ich halte es für möglich, dass ich die Freundinnen auch mit dem Satz geschockt hatte, dass ich nicht mehr leben wollte. Denn so weit war ich zu diesem Zeitpunkt durchaus. Als meine Tochter mich mit ihrem Wagen zur Elisabeth-Klinik brachte, hatte ich sie gebeten, nicht den kürzesten Weg zu nehmen. »Bitte fahr mich über den Kurfürstendamm, den will ich noch einmal sehen, bevor ich sterbe«, sagte ich. Ich glaubte damals, keine Kraftreserven mehr mobilisieren zu können, ich wollte es auch nicht mehr. Dass mir der Tod lieber sei als ein Leben unter diesen miserablen Bedingungen, hatte ich Rosemarie schon häufiger gestanden. In mir war keinerlei Hoffnung auf Besserung. Allerdings hatte ich meiner Frau versprochen, dass ich auf keinen Fall selbst meinem Leben ein Ende bereiten würde.

Normalerweise ist der Tod kein Thema in unserer Spaßgesellschaft. Um ihn kümmern sich Fachleute – Mediziner, Geistliche, Bestattungsunternehmer. Haben die Normalmenschen nicht genug mit dem Leben zu tun? Dass dieser Spruch ein Irrtum ist, haben unsere Altvorderen immer gewusst. Heute wissen es vor allem die Menschen, die durch eine Krankheit gezwungen sind, dem Tod ins Auge zu sehen. »Wir leben das Leben besser, wenn wir es so leben, wie es ist, nämlich befristet«, hat der Schweizer Jurist und Schriftsteller Peter Noll wenige Monate vor seinem Tod geschrieben.

In seinem posthum erschienenen Buch »Diktate über Sterben & Tod« heißt es weiter: »Nicht nur die Christen, sondern besonders die Nichtchristen, von Seneca und Montaigne bis, wenn Sie wollen, Heidegger, waren der Meinung, dass das Leben mehr Sinn habe, wenn man an den Tod denkt, als wenn man den Gedanken an ihn beiseiteschiebt, verdrängt. Sie sagten auch, es sei leichter zu sterben, wenn man sich sein ganzes Leben lang mit dem Tod beschäftigt habe, als wenn man von ihm überrascht werde. Ich habe erfahren, dass das alles stimmt. Ich hatte Zeit, den Tod kennenzulernen. Das ist das Gute am Krebstod, den alle so fürchten.«

Spätestens seit dem 8. Mai 2007, dem Tag, an dem ich von meinem Tumor im Hals erfuhr, gehörte der Tod auch zu meinen ständigen Begleitern. Aber ich musste die gedankliche Nähe zu »Freund Hein« nur erneuern, nicht völlig neu knüpfen. Denn von meiner Kindheit an, über die Pubertät und Studentenzeit bis zu meiner Alkoholkrise in der Lebensmitte, war mir in depressiven Phasen oder in Druck- und Krisensituationen der Gedanke an eine Flucht aus dem Leben durch Selbstmord immer geläufig, allzu geläufig, wie ich heute finde.

Der Grund ist wohl, dass der Tod für mich nichts Bedrohliches hatte. Schon als Kind empfand ich eher Ehrfurcht und Respekt als Angst vor dem Ende. Der Schrecken beschränkte sich auf das Sterben, vor Siechtum habe ich mich gefürchtet. Ich hatte immer Angst davor, am Ende meines Lebens an Schläuche und Maschinen gehängt, künstlich ernährt und entwürdigt zu werden. Inzwischen habe ich ja reichlich Vorgeschmack auf so eine Situation bekommen.

Dass ich früh eine Art zeremonielle Hochachtung vor der Majestät des Todes empfunden habe, betrachte ich heute als ein Erbe des Nationalsozialismus. Die pathetischen Heldengedenktage, die heroischen Staatsbegräbnisse und der weihevolle

Totenkult der Nazis beeindruckten mich schon im Vorschulalter. Tagelang kommandierte ich auf unserem Hinterhof eine Schar vier- bis fünfjähriger Mädchen aus der Nachbarschaft, ließ sie vor einem »Ehrengrab« antreten, das ich in der Ecke unter einer jungen Kastanie gebaut hatte.

Aus Zaunlatten hatte ich ein Kreuz zusammengenagelt und darauf einen Stahlhelm gehängt, den ich irgendwo im Straßengraben gefunden hatte. Die Mädchen hatten das »Grab« für meinen unbekannten Helden, der in meinen Träumen natürlich ich selbst war, mit Blumen bepflanzt, die wir aus umliegenden Gärten geklaut hatten. Erst auf Protest von Nachbarn hin machte mein Vater diesem makabren Spiel ein Ende.

Als Nächstes beerdigte ich feierlich eine tote Maus, über deren Grab ich mit der Zaunlatte Salut schoss. Vorbilder für diese kindlichen Staatsbegräbnisse waren militärische Beisetzungen auf unserem Friedhof, bei denen tatsächlich über das Grab hinweg Ehrensalven geschossen wurden. Und natürlich die Heldenbegräbnisse in den Wochenschauen, die vor dem Hauptfilm liefen, auch vor Willy Birgels Film »Reitet für Deutschland« oder dem Fußballfilm »Das große Spiel«, zu denen mich mein Vater mitnahm.

Später trug mein Onkel Heinrich, ein Bruder meines Vaters, dazu bei, dass der Tod für mich seine respektheischende Aura behielt. Onkel Heinrich fuhr in Burgdorf den Totenwagen, und das war in den fünfziger Jahren noch kein schmuckloses schwarzes Automobil, sondern ein Pferdefuhrwerk wie eine Postkutsche, nur dass die Kabine ein silbern verzierter Glaskasten war, in dem der Sarg stand. Silberne Federbüsche schmückten die vier Ecken des Glasgehäuses und die Köpfe der beiden Pferde. Die Rücken der Tiere waren in schwarze Decken gehüllt. Mein Onkel, der auf seinem Kutschersitz sehr feierlich und gar nicht mehr wie ein Bauer aussah, trug seine alte schwarze Uniform der Braunschweiger Husaren aus der Zeit vor dem Ersten Weltkrieg. Die

Menschen blieben auf der Straße stehen, und manche bewegten die Lippen in einem kurzen Gebet, wenn er einen Sarg zum Friedhof fuhr. Die Männer zogen ihre Hüte.

Noch viele Jahrzehnte sollten vergehen, bis ich selbst erstmals einen Toten zu sehen bekam. 1985 starb mein Vater und 1997 meine Mutter. Mein sechsundachtzigjähriger Vater verschied friedlich schlafend im häuslichen Bett, meine einundneunzigjährige Mutter nicht ganz so friedvoll in einem Pflegeheim. Mit meinem Vater habe ich eine Woche vor seinem Tod noch ein langes, sehr versöhnliches und herzliches Gespräch geführt, das ein richtiger Abschied war. Aufgebahrt sah er so freundlich aus wie im Leben.

Der Todeskampf meiner Mutter begann, während ich in Rom meinen sechzigsten Geburtstag feierte. Am Tag nach der Feier erreichte mich ein dringlicher Anruf eines Vetters aus Burgdorf, der mir sagte, es gehe mit meiner Mutter zu Ende, ich solle sofort kommen. Da es schon Abend war, buchte ich für den frühen nächsten Morgen einen Flug nach Hannover. Das dauerte lange, ich musste in Mailand und in Frankfurt umsteigen. Von Mailand aus rief ich meine Verwandten an. Der Vetter sagte: »Deine Mutter ist in der Nacht verstorben.«

Wie betäubt legte ich den restlichen Weg zurück, am frühen Nachmittag kam ich in dem Altenheim an, in dem Mutter die letzten Jahre verbracht hatte. Noch war ihr Leichnam im Hause, wenn auch versteckt, um unter den anderen alten Heimbewohnern keine Aufregung auszulösen. Etwas verlegen und Entschuldigungen murmelnd, führte eine Pflegerin mich in einen kleinen Raum, der nichts anderes war als eine Abstellkammer mit allerlei Gerümpel.

Dort lag die Tote aufgebahrt.

Ich war gebannt von ihrem Anblick. Mutters Gesicht wirkte streng, ja herrisch. Von ihren fahlen Zügen ging eine alttestamentarische Hoheit, eine Würde aus, die mich stumm auf Abstand hielt. Erst nach einer Weile wagte ich, die erkalteten Hände zu berühren, die man ihr über dem Leib gefaltet hatte. Meine Mutter war immer eine machtbewusste Frau gewesen, doch hatte sie ihren Einfluss bei Lebzeiten eher manipulativ entfaltet. Erst im Tode offenbarte sie sich als strenge Gebieterin. Ich habe diesen letzten Eindruck nie vergessen, er hat sich mir untilgbar eingeprägt, mehr als alle Bilder von ihr zu Lebzeiten.

Der Ort, an dem sie aufgebahrt lag, allerdings auch. »Niemals zuvor in der Geschichte der Menschheit wurden Sterbende so hygienisch aus der Sicht der Lebenden hinter die Kulissen des gesellschaftlichen Lebens fortgeschafft«, hat der Soziologe Norbert Elias über die heute übliche Entsorgung von Dahingeschiedenen geschrieben, »niemals zuvor wurden menschliche Leichen so geruchlos und mit solcher technischen Perfektion aus dem Sterbezimmer ins Grab expediert.« Wenn das, was Elias beschreibt, eine allgemein menschliche und kulturelle Tragödie unserer Zeit ist, dann war die schäbige Abschiebung meiner toten Mutter die Wiederholung als bittere Farce.

Die Verantwortlichen dieses kommunalen Pflegeheims hatten immer sehr freundlich getan, wenn ich zu Besuch kam. Alles sah ordentlich aus. Meine Mutter hatte auch nicht geklagt. Aber wer so mit Verstorbenen verfährt, kann keine Achtung vor der Würde der Sterbenden gehabt haben. Ich machte mir bittere Vorwürfe, dass ich meine Mutter diesem Schicksal ausgeliefert hatte.

Wenigstens wurde sie anschließend mit gebührender Anteilnahme beigesetzt. Die schlichte christliche Trauerfeier würde ihr gefallen haben, glaube ich. Auf den Grabstein der Familie hatte meine Mutter ihren Namen schon nach der Beisetzung ihres Mannes einmeißeln lassen, nur das Datum musste noch hinzugefügt werden. Als die Träger dann den Sarg langsam in die Grube senkten, tauchte dahinter – aus meiner Blickperspektive – ihr Name auf. Mir kam es vor, als wäre sie nun endgültig bei sich selbst angekommen.

Auch dieses Bild habe ich nicht vergessen. Mir wurde es fortan wichtig, eine eigene letzte Ruhestätte zu finden. Und so haben wir, meine Frau und ich, seit vielen Jahren nach einem Friedhof gesucht, der uns gefiel. Keitum auf Sylt wäre so ein Platz gewesen, oder – noch unvergesslicher mit seinem wunderbaren Blick über das blaue Meer – Positano am Golf von Salerno in Italien. Aber letztlich entschieden wir uns doch dafür, die Suche auf Berlin zu beschränken. Dort wollten wir den Rest unseres Lebens verbringen, dann könnten wir da auch begraben sein.

Gibt es so etwas wie ein inneres Vorwarnsystem auf kommendes Unheil? Anders kann ich mir kaum erklären, dass ich ab Herbst 2006 – also ein halbes Jahr vor der Entdeckung meiner Krebserkrankung – plötzlich unruhig wurde und zu drängen begann, die Suche endlich ernsthaft zu betreiben und zu einem Ergebnis zu kommen. Das gelang uns auch – der Friedhof am Olympiastadion in Charlottenburg mit seinen bewaldeten Hügeln und Hängen um einen kleinen See herum kam unseren Vorstellungen am nächsten. Wir kauften uns noch keine Grabstätte, aber wir wussten, wohin wir uns zu wenden hätten, wenn es einmal so weit wäre.

Ausgerechnet am Karfreitag 2008 schien mir dieser Zeitpunkt nicht mehr fern. Meine Todesahnungen verdichteten sich. In meinem Zimmer wollte ich keine Blumen mehr haben, denn die erinnerten mich plötzlich an Grabgestecke. Ich quälte mich durch wüste, bedrohliche Träume, in denen es immer um mein Leben ging. Wieder fürchtete ich, verrückt zu werden. Nachts bäumte ich mich auf, in Atemnot und mit irren Gedanken. Schmerzen schossen mir bis in die Haarwurzeln und durch jede Faser meines Körpers. Mir war, als wäre ich gefangen in einer Hauthülle, die zu knapp geraten war für meinen Körper. Es juckte mich, und ich zitterte wie bei einem Anfall.

Tagsüber war ich dann müde und zermürbt von all den Kämpfen, die mir jetzt aussichtslos erschienen. Freunde erlebten erschrocken, wie ich mitten im Gespräch einschlief oder dass meine Sätze wirr verläpperten. Vor meiner Frau und meiner Tochter heuchelte ich nicht einmal mehr Lebenswillen. Susanne erinnerte sich später mit Schrecken daran, und doch empfand sie diese Zeit auch als einen Gewinn. Dass der Abschied so lang sei, habe auch sein Gutes, sagte sie. Man lerne sich noch einmal neu und anders kennen. »So lange es auch dauert, ich weiß das zu schätzen.«

Meine eigenen Überlegungen, über die ich mich damals freilich ausschwieg, bekamen wahnhafte Züge. Ich wusste, der Rest meines Lebens hatte begonnen. Das Ende war nicht weit, und es war mir willkommen. Für die Bemühungen der Ärzte hatte ich nur noch ein Achselzucken. Sie punktierten einen Erguss in der linken Rippenfellgegend, diagnostizierten bronchitische Rasselgeräusche und »eine schwere restriktive Ventilationsstörung«. Sie überprüften meinen Herzschrittmacher und fanden »beste Werte«. Aber das Vorhofflattern blieb.

Vor allem aber, das war meine feste Überzeugung, blieb auch der Tumor, wenn er sich auch nicht zeigte. Ich glaubte einfach zu spüren, dass das Andere, das Fremde, das Böse, das in mir wucherte, nicht verschwunden war. Nein, diese Krankheit war keine »Episode«, wie mir in den ersten Wochen in der Charité eine junge Ärztin tröstend versichert hatte. Im Gegenteil – ich war sicher, dass all die anderen Baustellen, an denen die Mediziner sich abarbeiteten, in Wahrheit nur Nebenkriegsschauplätze waren, wenn nicht gar Fallen, die der Dämon, der in mir fraß, den oberklugen Doktores stellte, um sie lächerlich zu machen.

Lange schon hatte die Krankheit eine Distanz zwischen mir und meiner Umwelt geschaffen. Jetzt fühlte ich sie wachsen. Ich spürte die Liebe meiner engsten Angehörigen, die Zuneigung meiner Freunde, aber ich erlebte alle Zuwendungen so, als würden sie mir über einen Graben hinweg gereicht. Ich fühlte mich als Sterbender, und damit war ich allein. Die Gemeinsamkeiten waren mehr Vergangenheit als Gegenwart. Ich las nichts mehr. Und ich schaute auch nicht mehr in den Spiegel. Mein Spiegel waren die Gesichter der Freunde, die ihr Erschrecken zu verbergen suchten, wenn sie mich sahen. Und sah ich denn nicht auch anders aus als früher? Und hörte mich anders an? Mit meinen von der Lymphe aufgequollenen Gesichtszügen, meinen schwankenden Bewegungen und den röchelnden Lauten?

»Lehre uns bedenken, dass wir sterben müssen, auf dass wir klug werden«, mahnt die Bibel, Psalm 90, Vers 12. Aber klug im Sinne der Bibel fühlte ich mich ganz und gar nicht. Der Schweizer Peter Noll hat in seinen Notaten geschrieben, dass er sich frei fühle als Sterbender. Denn niemand, so argumentierte er, könne uns mehr nehmen als das Leben, und das werde uns ohnehin genommen: »Dieser Gedanke gibt Freiheit, gibt geradezu frische Luft.« Die Zwänge der vermeintlichen Bedürfnisse, die Karriere, die Statussymbole, die gesellschaftlichen Fesseln – all das würde nach und nach gleichgültig, und wir könnten zum Beispiel einfach sagen, was wir denken, rücksichtslos gegenüber den Konventionen oder Mächten, die es uns verbieten wollten.

Warum konnte ich Nolls Freiheit nicht empfinden? Ich glaube, mir fehlte das unerschütterliche Gottvertrauen, das Noll zu besitzen schien. Ja, fast lesen sich seine Notizen zu diesem Thema wie wissenschaftlich fundierte Überzeugungen. Die Frage nach Gott? Noll: »Man muss nur endlich sich einmal lösen von der blödsinnigen Vorstellung eines bärtigen Opas … Es ist einfach lächerlich anzunehmen, das, was wir mit unseren Sinnen wahrnehmen, sei alles. Natürlich ist es nicht logisch, aber naheliegend, dass es einen Geist gibt, der das alles gemacht hat, der noch unendlich viele weitere Welten geschaffen hat und der uns – und das ist das Entscheidende – mit dem Gehirn den Zwang eingepflanzt hat, ihn sich zu denken. Was heißt da schon Glauben?«

Dass es einen solchen Gott gibt, »eine Macht, größer als wir selbst«, das hatte ich in meiner Selbsthilfegruppe gelernt, wenn auch zögernd und immer wieder zweifelnd. Nachdem ich jahrelang mit meinen Versuchen gescheitert war, als der kleine Gott meines eigenen Lebens die Dinge in den Griff zu kriegen, akzeptierte ich den Rat meiner Freundinnen und Freunde, mich bei Dingen, die ich nicht ändern kann, einer höheren Macht zu unterwerfen, die ich natürlich auch Gott nennen konnte. Eine Vater- oder gar Opa-Figur mit Rauschebart war dieser Gott freilich nicht, eher ein allumfassendes Prinzip der Solidarität oder der Liebe.

War ich nun gläubig? Die Frage würde ich verneinen, weil sie mir zu christlich klingt, und an eine Auferstehung und ein ewiges Leben glaube ich eben nicht. Mit Franz Beckenbauer habe ich einmal ein sehr ernsthaftes Gespräch über das Leben nach dem Tode geführt, von dem er fest überzeugt ist. Er kann sich einfach nicht vorstellen, dass nach dem Sterben alles vorbei sein soll, und er war deshalb richtig erschrocken, als ich auf seine Frage, was ich mir denn erhoffte, lapidar antwortete: »Nichts. Nur Ruhe.« Ich denke mir Totsein wie Schlafen, allerdings ohne Träume.

Aber ein Atheist war ich gewiss auch nicht mehr. Diese Einsicht hatte im Laufe der Zeit meine gesamte Lebenshaltung geändert – ich bemühte mich, bescheidener, ja demütiger im Umgang mit anderen Menschen zu werden. »Absteigen, runter vom hohen Ross, einreihen in das Heer der Alltagsmenschen, aufhören, sich als Sonderfall einzuschätzen«, heißt es in einem Kommentar meiner Gruppe. Leicht ist mir das nicht gefallen, Rückfälle gibt es bis heute.

Trotzdem waren die Lebensweisheiten meiner Leidensgefährten, zusammengetragen aus Religionen und Therapien aus aller Welt, für mich vor allem auch ein Programm zur persönlichen Freiheit. Mir, der ich mich so lange als Marionette des Alkohols und als Hampelmann meiner Umwelt gefühlt hatte, wäre es schwergefallen, wenn nicht unmöglich gewesen, mich einem Programm anzuvertrauen, das mich zur abhängigen Spielfigur irgendeines göttlichen Drahtziehers degradiert hätte. Die Empfehlungen meiner Gruppe überlassen die letzte Entscheidung aber immer mir selbst.

Ostern 2008, als ich mich mit Gedanken über meinen Tod herumschlug, hatte ich fast zweiunddreißig Jahre lang keinen Alkohol mehr getrunken. Man könnte glauben, dass mir nach so langer Zeit meine Trockenheit nicht mehr so wichtig sein müsste. Doch das Gegenteil war der Fall. Noch immer war ich tief dankbar für dieses Geschenk, und das kann wohl nur verstehen, wer selbst einmal mit einer Sucht zu kämpfen hatte, die ja auch eine tödliche Krankheit ist. Dass es mir missglückt war, mir 1976 das Leben zu nehmen, empfand ich als eine bindende Verpflichtung, es jetzt nicht noch einmal zu versuchen.

Ich hatte es meiner Frau und meiner Tochter versprochen, und daran gedachte ich mich auch zu halten, mochte auch der Lebenswille schwach sein oder ganz verschwunden. Aber galt das auch für Sterbehilfe? Wir hatten – auch das übrigens kurze Zeit bevor der Tumor auftauchte – unsere Patientenverfügung beim Notar hinterlegt, und jetzt versprach mir meine Frau feierlich in die Hand, all ihre Kräfte einzusetzen, damit ich – wenn mein Leben wirklich an einem unheilbaren Ende angekommen wäre – kein unnötiges und entwürdigendes Leiden erdulden müsste.

Darauf konnte ich mich verlassen, das wusste ich. Trotzdem verfolgte ich mit Sorge die erregte öffentliche Diskussion über Sterbehilfe, die in diesen Monaten geführt wurde. Deutschland tat sich durch die Nazivergangenheit besonders schwer mit dem Thema, das zunächst einmal in vielem der Abtreibungsdebatte vergangener Zeiten ähnelte. Ging es doch auch um dieselben Grundwerte – Lebensschutz und Selbstbestimmungsrecht.

Der Schatten der grauenvollen Euthanasieverbrechen der Nazis lastete schwer auf der Debatte. Unvermeidlich, aber zu Unrecht, wie der Journalist Wolfgang Prosinger findet, der eine bewegende Reportage über die letzten Wochen eines todkranken Menschen geschrieben hat, der ein selbstbestimmtes Lebensende wählte: »Tanner geht. Sterbehilfe – ein Mann plant seinen Tod.«

Prosingers Urteil: »Euthanasie, wie sie die Nazis praktizierten, und Sterbehilfe sind vollkommen verschiedene, ja gegensätzliche Dinge. Euthanasie war Mord, Menschen wurden gegen ihren Willen getötet; bei der Sterbehilfe hingegen sterben Menschen aufgrund ihres eigenen Willens. Euthanasie war ein Gewaltakt des Staates, bei der Sterbehilfe handelt das Individuum.«

Trotzdem würde ich mich wohl eher für die Palliativmedizin als für Sterbehilfe entschieden haben, hätte ich Ostern 2008 die Wahl gehabt. Palliativmedizin ist die Medizin am Lebensende, die physische und psychische Not lindert und nicht mehr vorgibt zu heilen. Ich war aber in diesen kritischen Tagen nur subjektiv zum Sterben bereit, objektiv war mein Tod noch nicht aktuell. Schmerzmittel bekam ich ohnehin reichlich. Auf den Rat meines Schmerz-Professors hin hatte ich die Menge von opiathaltigen Schmerzpflastern bis auf 275 Mikrogramm pro Stunde gesteigert, ein Ausmaß, das viele Klinikschwestern, die mir alle drei Tage neue Pflaster auf den Rücken kleben mussten, bis dahin noch nie gesehen hatten. »Wir gehen höchstens bis 75«, sagte eine Schwester auf der Intensivstation.

Tatsächlich sind die meisten Praktiker eher sparsam mit solchen Mitteln, die als Drogen gelten und unter das Betäubungsmittelgesetz fallen. Und wenn auch mein Schmerzexperte, der mir bei jeder Steigerung zuriet, versicherte, die Pflaster erzeugten bei Kranken keine Suchtabhängigkeit, habe ich doch nachträglich wenig Zweifel, dass meine geistige Verwirrung, die

Wahnideen und die wilden Träume auch mit diesen Opiaten zu tun hatten.

Während meines Aufenthalts in der Elisabeth-Klinik begann ich diese Folgen nicht weniger zu fürchten als die entsetzlichen Schmerzen, die die Pflaster verhinderten.

Vordringlich behandlungsbedürftig neben meiner Lungen- und Rippenfellentzündung erschienen den Ärzten aber zunächst einmal meine Herzrhythmusstörungen. Sie schoben meine mangelnde geistige Klarheit offenbar vor allem auf eine unzureichende Durchblutung des Gehirns infolge des unregelmäßigen Herzschlags. Der Kardiologe und einer seiner Kollegen im Virchow-Klinikum vereinbarten daher telefonisch, dass die für den 2. April festgelegte Ablation von typischem Vorhofflattern vorgezogen werden sollte, obwohl der zuständige Professor im Urlaub war. Der arbeite sowieso im Team, wurde mir versichert, deshalb seien seine Leute mit dem Verfahren genauso gut vertraut wie ihr Chef.

Ich war längst zu lethargisch, um diese Entscheidung vernünftig einschätzen zu können. Und so wurde ich am 24. März 2008, dem zweiten Osterfeiertag, per Krankenwagen zum Campus Virchow-Klinikum der Charité verlegt.

9. Kapitel

Macht und Ohnmacht

»Wie gesagt, wir wissen von nichts«

Auf Station 15 des Berliner Virchow-Klinikums war ich nicht willkommen. Über eine Stunde saßen meine Frau und ich am Vormittag des Ostermontags 2008 auf dem Gang vor dem Stationszimmer und warteten auf eine Zimmerzuweisung. Ich fror und war ungeduldig. Nicht, dass zu viel Betrieb gewesen wäre – die Gänge, in die wir blicken konnten, lagen in feiertäglichem Frieden. Die wenigen Ärzte und Schwestern, die gelegentlich auftauchten, wirkten unbeschäftigt und ohne Eile. Nur der Arzt, der unsere Überweisung aus der Elisabeth-Klinik mit skeptischem Widerwillen entgegengenommen hatte, war jetzt offenbar so überlastet, dass er nicht zurückkommen konnte.

»Nein«, hatten zur Begrüßung mehrere Schwestern und dieser Arzt abgewehrt, »das kann nicht sein, wir haben für heute keine Neuaufnahme vorliegen.« Mit welchem Arzt denn welcher Arzt telefoniert habe? Als könnten wir das so genau wissen. Ich war nur sicher, dass der Kardiologe von der Elisabeth-Klinik wirklich angerufen hatte, denn ich hatte es selbst gehört. »Jawohl, Ostermontag, Station 15. Vielen Dank, Herr Kollege«, hatte er abschließend gesagt, und dann zu mir: »Prima, das klappt also, am 24. März wechseln Sie ins Virchow.«

Weil ich zu schwach war für eine Fahrt im Taxi, hatten zwei Pfleger uns mit dem Krankenwagen abgeholt, mit einem Rollstuhl auf die neue Station gebracht und dem diensthabenden

Virchow-Doktor die Überweisung in die Hand gedrückt. Der aber war kopfschüttelnd verschwunden.

Als er endlich wiederkam, grummelte er mürrisch, dass die Sache in Ordnung sei, nur habe sein hiesiger Kollege, der die Absprache getroffen hätte, die Nachricht nicht weitergegeben. Jetzt ging alles ganz schnell, erleichtert und erschöpft sank ich in mein Bett. Noch ahnte ich nicht, dass die unangenehme Empfangsszenerie das Erfreulichste in den insgesamt neun Tagen auf dieser Station sein würde.

Obwohl es mir gesundheitlich nicht besser ging als in der Woche zuvor in der Elisabeth-Klinik, ertrug ich die ersten beiden Tage noch ganz gut. Ich war ja Charité-erfahren und wusste also, dass es in einer Uni-Klinik mehr Personal gab und es schneller wechselte, dass der Ton rauer und das Tempo höher war und die Aufmerksamkeit für den Patienten geringer. In dem konfessionellen kleinen Haus, aus dem ich kam, hatten sich alle mehr Zeit für die Kranken genommen, das war dort selbstverständlich. In Gesundheitsfabriken wie der, in der ich jetzt lag, wurden Krankheiten behandelt, nicht Kranke. Der Mensch zählte nur als Symptomträger, sonst störte er.

Ich hätte also wissen müssen, was mir bevorstand. Trotzdem fand ich den arroganten, selbstgerechten Ton, mit dem mein Pfleger mich in die Gebräuche einwies und mich über meinen Zustand belehrte, schon arg gewöhnungsbedürftig. Und auch die halsbrecherische Geschwindigkeit, mit der die Helfer mein Bett über die kilometerlangen Gänge von einem Untersuchungsraum zum nächsten rollten, ängstigte mich.

Täglich karrten sie mich von einer Station zur anderen, stellten mich ab wie eine Warenlieferung oder sammelten mich grußlos wieder ein. »Die waren nicht bewusst grausam«, befand meine Tochter Susanne, die mich häufig begleitete, »die waren Gefangene des Betriebs.« Dazu gehörten auch lange Wartezeiten. Bis zu einer Stunde stand ich manchmal vor irgendeiner Tür im Gang herum, immer in Sorge, ob ich tatsächlich abgeholt werden würde. Denn dass funktionierende Kommunikation nicht zu den Stärken des Hauses gehört, hatte ich ja schon in den ersten Minuten erfahren dürfen.

Einzelheiten über die Geschehnisse dieser ersten beiden Tage habe ich offensichtlich verdrängt. Ich weiß noch, dass ich am Tag nach Ostern zur Echokardiographie musste. Auch an die üblichen Schwierigkeiten beim Blutabnehmen kann ich mich erinnern, weil meine Venen inzwischen ziemlich vernarbt waren. Und ich war zu geschwächt, um allein den Gang auf und ab zu laufen. Einmal half mir meine Tochter, den Weg bis zum Ende des Flurs zu gehen. Ich wollte da unbedingt hin, weil dort ein Fenster war, mit einem kleinen Tisch und Stühlen davor. Das nahm sich aus der Entfernung im Gegenlicht richtig heimelig aus, aus der Nähe war es dann einfach nur ein Nullachtfünfzehn-Tisch, wenig einladend. Schwer atmend sackte ich auf einen der Stühle. Der Rückweg war eine Tortur.

Schon am nächsten Tag, dem 26. März, stand der Eingriff an, dessentwegen ich hierher überwiesen worden war, zur »Hochfrequenzstromkatheterablation des cavotrikuspidalen Isthmus bei typischem Vorhofflattern«. Dass der Professor, der mich in einem angenehmen Vorgespräch einen Monat zuvor auf das Verfahren eingestimmt hatte, jetzt im Urlaub war, erschien mir plötzlich gleichgültig. Im Grunde war mir längst alles egal.

Ich wurde in Vollnarkose versetzt und erfuhr hinterher, dass alles zufriedenstellend verlaufen sei. »Typisches Vorhofflattern sollte in Zukunft nicht mehr auftreten«, stand im Arztbericht, dafür hätte ich aber unter Umständen mit Vorhofflimmern zu rechnen. Flimmern sollte aber nicht so gefährlich sein wie Flattern, erklärte mir irgendeiner der vielen Ärzte, die danach an meinem Bett saßen, keiner lange genug, um mir Namen oder

Gesicht einzuprägen. Mir gefielen die bildhaften Beschreibungen. Und dem Arztbericht konnte ich später entnehmen, dass Uni-Kliniken beim Verfassen von Berichten über noch viel exquisitere Fremdwörter verfügen als die Kollegen in den Feld-Wald-und-Wiesen-Hospitälern.

Eigentlich hätte ich jetzt schon entlassen werden sollen, aber daran war überhaupt nicht zu denken. Denn meine Muskelschwäche, meine Schläfrigkeit, meine zunehmende Desorientiertheit sowie erhöhte Entzündungswerte legten zusätzliche Untersuchungen nahe. Ich ließ das alles teilnahmslos über mich ergehen, fühlte mich dem Geschehen, dem ich kaum folgen konnte, ausgeliefert.

Die Würde des Menschen ist unantastbar? Wie sollte ich das denn einklagen, wenn ich unfähig war, einen klaren Satz zu artikulieren? Sie standen vor mir, die Ärzte in ihren weißen Kitteln, und redeten auf mich ein, junge Schnösel zum Teil, aber auch fremde Frauen, immer von ganz oben nach ganz unten. Vielleicht waren die meisten auch nur hilflos, konnten überhaupt nicht einschätzen, was sich da vor ihnen abspielte, obwohl es ja in der Krankenakte stand. Auf jeden Fall traten sie arrogant auf, es war ihnen völlig egal, dass ich offensichtlich nur die Hälfte verstand von dem, was sie mir erzählten. Und jeder von ihnen machte mir Angst, Angst, Angst.

Noch nie hatte ich mich so ohnmächtig gefühlt. Dass ich dem Alkohol gegenüber machtlos bin, hatte ich gelernt und akzeptiert. Das war der erste Schritt meines Selbsthilfeprogramms. Aber machtlos gegenüber Menschen? Das war mir neu, in dieser Form war es mir neu. Ich kannte ihre Statussymbole und ihre Herrschaftsgesten, und dennoch war ich ihnen ausgeliefert, ihrer Jovialität so gut wie ihrer teilnahmslosen Kälte. Plötzlich wusste ich, was die berühmte »Dialektik der Macht« ist – meine Wehrlosigkeit als Kranker machte sie stark.

Vierzig Jahre lang war ich als Journalist im Dunstkreis der

Macht tätig gewesen. In den USA war meine Berichterstattung ohne Rückmeldung geblieben, wenn sie nicht deutsche Belange betraf. Doch in Bonn hatte ich sofort den Unterschied gespürt. Als ich als Neuling der Bonner Redaktion des *Spiegel* zum ersten Mal einen Abgeordneten in seinem Büro aufsuchte, warnte dessen Sekretärin ihren Chef: »Seien Sie vorsichtig, der *Spiegel* ist mächtig.« Damals habe ich wortreich erklärt, dass ich doch nur der nette Jürgen Leinemann sei und nicht der *Spiegel* – und Macht hätte ich nun wahrlich keine. Dabei hatte mir doch ein Kollege in den ersten Tagen beim Hamburger Nachrichtenmagazin den Rat gegeben, nie zu vergessen, dass von mir etwas übrig bleiben müsse, wenn einmal auf meiner Visitenkarte das rote *Spiegel*-Markenzeichen fehlen würde.

Verstanden. In meiner Funktion als *Spiegel*-Korrespondent hatte ich Mittel, die Karriere und die Absichten anderer zu beeinflussen. Meine Anrufe wurden erwidert. Es öffneten sich Türen, die anderen verschlossen blieben. Also korrigierte ich insgeheim meine Machtlosigkeitserklärung für mich. Ich wusste, dass es einen Unterschied für einen Abgeordneten machte, ob etwas über ihn im *Spiegel* stand oder nicht. Und es machte einen weiteren Unterschied, ob das Geschriebene für ihn positiv oder negativ war. Ich hatte also Einfluss auf seine politische Position. Und dafür trug ich die Verantwortung.

»Vor jedem Raum direkter Macht«, schrieb der einflussreiche, aber wegen seiner Rolle im Nazi-Reich umstrittene Staatsrechtler Carl Schmitt, »bildet sich ein Vorraum indirekter Einflüsse und Gewalten, ein Zugang zum Ohr, ein Korridor zur Seele des Machthabers. Es gibt keine menschliche Macht ohne diesen Vorraum und ohne diesen Korridor.« Dass ich bei allen Bemühungen um Distanz zu den Mächtigen zu denen gehörte, die – wenn auch begrenzten – Zugang zu ihnen fanden, war unbestreitbar. Nach Schmitts Definition hatte ich damit schon »Anteil an der Macht«. Ich fand das so lange nicht bedenklich, wie ich mir dieser Tatsache und der damit verbundenen Versuchungen bewusst war.

In meiner inzwischen schon monatelangen Krankenhauserfahrung hatte ich auch an meinem Bett das Gedrängel und Gerangel um Zugang zur Macht erleben können. Bei jeder Visite konnte ich beobachten, wie sich die rangniederen Ärzte und das Pflegepersonal um die Aufmerksamkeit ihres Chefs bemühten. Wie sie seine Nähe suchten, ihm gefällig waren, ihm nach dem Munde redeten. Und wenn sie mit der geliehenen Macht des Stellvertreters allein vor meinem Bett standen, spielten sie sich bisweilen auf wie der Chef persönlich.

So trat eines Tages ein junger, smarter Doktor in mein Zimmer, um mir mit lässiger Beiläufigkeit zu erklären, dass es mit meiner Lebenserwartung ja ohnehin nicht mehr weit her sei und sich besonderer medizinischer Aufwand deshalb nicht mehr lohne. Natürlich drückte er sich anders aus. Er sagte, dass bei einer am 28. März durchgeführten Computertomographie des Hals-Lungen-Bereichs metastasenverdächtige Herde in beiden Lungenflügeln festgestellt worden seien. Der Experte für Hals-Nasen-Ohren-Erkrankungen habe deshalb »vor allem bei Progress der malignen Grunderkrankung« – bei Ausbreitung meines bis dahin als verschwunden geltenden Tumors also – einen operativen Eingriff »im Bereich der Nekrosehöhle« – also der Hauttasche im Halsbereich, die als Herd für die Lungenentzündung angesehen wurde – nicht für angesagt erklärt.

Dass ich bei der Behauptung, da seien Metastasen in meinem Hals, nicht zu Tode erschrocken auffuhr, lag allein an meinem desaströsen Zustand. Ich war so schwach und müde, geistig so weggetreten, dass ich die Botschaft gar nicht wahrnahm. Zum Glück war aber meine Frau bei mir, die zornbebend ins Stationszimmer stürmte, wo eine Reihe von Schwestern, Pflegern und Medizinern beisammensaßen, und den jungen Arzt anpfiff: »Sie können doch nicht einfach vor einen ahnungslosen Patienten treten und ihm unvorbereitet und quasi nebenbei Metastasen anhängen.« Zumal diese Diagnose mit großer Wahrscheinlichkeit auch noch falsch sei. Es handele sich bei dem verdächtigen Befund nämlich in Wahrheit um Bestrahlungsnarben, wie schon bei früheren CT-Aufnahmen von dem Strahlenexperten der Charité und dem HNO-Chef des Sankt-Gertrauden-Krankenhauses festgestellt worden sei.

Der Stationsarzt beharrte dennoch auf dem Befund seines HNO-Konsilarius, dessen Name in keinem Zusammenhang auftauchte. »Es zeigten sich multiple metastasensuspekte Rundherde in beiden Lungen«, stand später im Virchow-Arztbrief für das Sankt-Gertrauden-Krankenhaus, in das ich dann überwiesen wurde. Einer neuerlichen doppelten Überprüfung von unabhängigen Fachleuten im Sankt-Gertrauden- und im Behring-Krankenhaus hielt diese Diagnose nicht stand. Falsch war auch die Behauptung des Virchow-Arztes: »Es liegen keine Voraufnahmen zum Vergleich vor.« Meine Frau hatte frische und ältere CT-Bilder zur Anschauung auf dem Nachttisch meines Krankenzimmers ausgelegt. Von diesem Angebot hatte niemand Gebrauch gemacht.

»Im Grunde wussten die Ärzte im Virchow überhaupt nichts mit dir anzufangen«, erinnerte sich meine Tochter später. »Du hast den ganzen Tag in deinem Bett gelegen, die Augen verdreht, wie in schlechten Filmen die Irren, und links oben unter die Decke gestarrt. Wenn du gesprochen hast, fingen deine Sätze manchmal noch vernünftig an, aber dann wurden sie wirr und unverständlich.« Nach Susannes Eindruck wusste die junge Medizinertruppe im Grunde nichts von mir. Nur einen traf sie, etwas älter, so um die vierzig, der meine inzwischen sehr umfangreiche Krankenakte genau gelesen hatte. Und der war dann auch der Einzige, der mir half. »Ihr Vater muss hier weg«, sagte er zu ihr, »so schnell wie möglich. Seine Krankheit ist viel zu komplex, als dass wir ihm hier in dieser spezialisierten Abteilung gerecht werden könnten. Er muss in ein kleines Haus, wo die Ärzte der verschiedenen Disziplinen sich in der Kantine beim Mittagessen treffen und Erfahrungen austauschen. Und das muss bald geschehen, denn Ihr Vater ist in einem Zustand, in dem ihn schon nicht mehr jedes Haus aufnimmt. Ich werde mich darum bemühen.« Und das tat er auch. Seinen Namen haben wir nie erfahren.

Ich selbst konnte meinen Zustand nicht mehr einschätzen. Ich bekam nicht einmal mit, dass die Virchow-Ärzte am 29. März eine Computertomographie meines Gehirns durchführten und mir am 1. April zwei Blutkonserven verpassten, weil meine Hb-Werte dramatisch gesunken waren. Um die Gründe dafür zu ermitteln, berieten die Ärzte von Station 15 sich mit gastroenterologischen Kollegen über die Möglichkeit, dass sich im Bereich meiner Magensonde eine Entzündung entwickelt haben könnte. Das war aber nicht der Fall.

Auch die Beratung mit den Neurologen erbrachte keine neuen Erkenntnisse. Weder gab es Anzeichen für eine frische Blutung im Gehirn, noch fanden die Ärzte Metastasen. Dass ich diese Untersuchung behindert hatte, indem ich mich weigerte, mir ein Kontrastmittel für die CT-Bilder spritzen zu lassen, entnahm ich nachträglich dem Arztbrief. An den Vorgang selbst erinnerte ich mich nicht. Mein desolater Geisteszustand hielt unverändert an. Ich wollte sterben, dringlicher denn je.

Die Beispiele meiner Verwirrung, die mir Freunde und meine Tochter Susanne nachträglich und erst auf Nachfrage erzählten, schockierten mich. Schon seit Wochen hatte ich immer mal gefürchtet, dass meine bizarren und monströsen Träume Anzeichen einer beginnenden Geisteskrankheit sein könnten. Aber meine Angehörigen hatten mich jedes Mal beruhigt, wenn ich ihnen von diesen Ängsten erzählte. Sie fänden angesichts der

Krankheit und der damit verbundenen Aufregungen die wilden Traumreaktionen nicht verwunderlich. Auch gelang es mir meist, sprachliche Ausuferungen ins Wahnhafte zu unterdrücken, bevor sie meine Gesprächspartner verwundern könnten.

In den letzten Tagen im Virchow-Klinikum hatten diese Kontrollmechanismen offenbar nicht mehr funktioniert. Als Susanne mir beispielsweise erzählte, dass die Reportage über meine Krankheit, die im Herbst im *Zeit*-Magazin *Leben* erschienen war, jetzt für den Henri-Nannen-Preis eingereicht worden sei, reagierte ich zunächst völlig normal mit Freude und Genugtuung. Aber dann sei ich plötzlich nachdenklich geworden. »Dann muss ich aber so schnell wie möglich Uli Hoeneß bei Bayern München anrufen«, sagte ich, »denn ich brauche noch ein Extratraining bei Ecken und Elfmetern. In diesen Standardsituationen fehlt mir noch einiges.« Anschließend hätte ich mich aber mit der Aussicht getröstet, dass ein Sportkamerad aus meiner Jugendmannschaft in Burgdorf mich schon in Form bringen werde.

Solche geistigen Ausflüge in die Welt des Fußballs seien keine Seltenheit gewesen, erzählte mir Susanne. Auch hätte ich häufiger so geredet, als wäre ich in München zu Hause. Ich hätte dabei entweder auf den Boden oder an die Decke gestarrt, manchmal auch aus dem Fenster, aber da hätte ich dann sonderbare und bedrohliche Gespinste am Himmel entdeckt.

Auf einem Zettel, den ich später wiederfand, hatte ich am 31. März mit mir fast fremder Schrift hingekritzelt, was ich nachts geträumt hatte: »Unruhen in der ungarischen Botschaft sollen zu mehreren Toten geführt haben. In einem Geheimbericht aus der Botschaft Libyens heißt es, es habe brutale Vernehmungen, Folter und Erpressungen gegeben. Der Betrieb wird als Notladen fortgeführt. Viel Hektik und Angst. Mein ungarischer Gewährsmann beschließt, nicht über Fußball auszusagen.«

Auch mein junger Freund Andreas erinnerte sich an solche

Szenen. Bei einem Besuch habe er mir erzählt, dass er als künstlerischer Fotograf vom Goethe-Institut in den Jemen eingeladen worden sei, um dort Studenten zu unterrichten. Zu seiner Überraschung hätte ich ihm daraufhin mitgeteilt, dass auch ich in den Jemen eingeladen worden sei, allerdings für einen Spionageauftrag. Den hätte ich aber abgelehnt, weil der deutsche Bundesnachrichtendienst da unten keine guten Agenten habe.

Andreas, den Susanne vor seinem Krankenbesuch telefonisch auf meinen Zustand vorbereitet hatte, gab sich wenig überrascht von meiner Geschichte, und so hätte ich munter weitergeplaudert, bis er auf einmal zu seiner Verblüffung bemerkte, dass wir offenbar zu viert im Zimmer waren, obwohl er doch als einziger Besucher an meinem Bett saß. Ich hätte aber neben ihm noch einen Schulfreund und einen Unbekannten ins Gespräch einbezogen, in dem es unter anderem auch um Fußball ging. Andreas habe meine Hand ergriffen und mir schweigend zugehört, bis ich nach einer Weile eingeschlafen sei.

Dass ich Personen sah, die gar nicht anwesend waren, hatte auch Susanne erlebt. Als sie mich einmal zusammen mit meiner Enkelin Anna Delphine besuchte, sei ich plötzlich sehr ärgerlich geworden und hätte sie angefahren: »Warum verschweigst du mir etwas? Die Mutter ist doch hier. Warum versteckst du sie vor mir?« Die Mutter – also meine Frau – war aber gar nicht anwesend. Meine Enkelin habe mein Ausbruch sehr verstört.

Solche Berichte aus diesen schrecklichen Tagen empfand ich als gruselig. Mit Entsetzen erkannte ich, wie schmal der Grat war, der mich vom Abdriften in den Irrsinn trennte. Eines Nachts hatte ich – daran kann ich mich sehr wohl erinnern – in meiner schrecklichen Angst die Schläuche für eine Infusion zerschnitten. »Da haben wir den Salat«, schimpfte der Pfleger, von dem ich mich sowieso verfolgt wähnte, »ich hab es kommen sehen.« Ich fürchtete eine gnadenlose Bestrafung, wobei ich nicht wusste, worin die bestehen könnte.

Erst nachträglich wurde mir klar, wie wichtig in diesen Tagen der Schutz durch meine Angehörigen war, die inzwischen den Pflegekräften gegenüber längst nicht mehr so höflich und handzahm waren wie zu Beginn meiner Krankenhauskarriere, sondern raubeinig und direkt. Ich brauchte nicht viel Phantasie, um mir auszumalen, dass ich ohne sie auch schnell in irgendeiner Psychiatrie hätte landen können.

Mich trafen diese Erkenntnisse auch deshalb so hart, weil sie Erinnerungen an meine Saufzeit wachriefen. War ich nicht wieder dieselbe hilflose Person geworden wie damals? Hatte ich nicht wieder völlig die Kontrolle über mein Leben verloren? Der brutale soziale Absturz von einem, der im Hubschrauber mit dem Kanzler auf Reisen gegangen war, im gepanzerten Dienstwagen des Innenministers von einer Polizeieskorte in wildem Tempo über eine völlig verstopfte Autobahn ins Fußballstadion geleitet wurde, zu einem geistigen und körperlichen Wrack, das niemand mehr ernst nimmt?

Das war das eine. Das andere war meine Hilflosigkeit. »Besonders schlimm war es«, sagte meine Tochter, »wenn dein früherer Charme durchschien, wenn du versuchtest, eine lustige Bemerkung zu machen, und nichts kam an – du brachtest deine Pointe sprachlich nicht rüber, das Timing stimmte nicht, und du hattest auch nicht die körperliche Präsenz, um deinen Worten Gewicht zu geben.«

Das war traurig, und es ängstigte mich. Aber tiefer traf mich der Verdacht, dass sich meine in den zweiunddreißig Jahren ohne Alkohol entwickelte Hoffnung, jederzeit ein bewusstes, selbstverantwortliches Leben führen zu können, als Illusion zu erweisen schien. Gewiss, ich hatte meine Bereitschaft erklärt, mich einer »Macht, größer als ich selbst«, zu unterwerfen, wenn ich persönlich nicht mehr weiterwüsste. Aber mein Körper, der jetzt auch meine geistigen Gebrechen verursachte, konnte doch nicht jene höhere Macht sein, die andere Gott nannten.

So sah es für mich auf den ersten Blick aber aus. Denn es war mein Körper, der durch einen noch nicht entdeckten Defekt mein Gehirn so verwirrte, dass ich fürchtete, verrückt geworden zu sein. Wo waren denn meine Seele und mein Ich, während ich irres Zeug redete und Wahnvorstellungen hatte, die mich zu Tode ängstigten? Hatte ich nicht immer geglaubt, dass mein Ich über eine immaterielle Seele verfügte, die mein materielles Gehirn und den Körper steuerte? Aber nun hatte ich am eigenen Leibe erlebt, was die moderne Hirnforschung schon seit dreißig Jahren behauptet, dass nämlich das Gehirn in Wahrheit mein Schöpfer ist, der meine Gedanken und Gefühle und das, was ich für meine Seele halte, hervorbringt, letztlich also mein gesamtes Ich. War dieses Ich damit entzaubert?

Dass die Virchow-Ärzte bei ihren doch eher flüchtigen Untersuchungen meines Gehirns keinen Schaden erkennen konnten, hieß ja nicht, dass keiner vorlag. Irgendetwas in meinem Körper war einfach nicht in Ordnung und schlug mir aufs Hirn. Denn dass meine Wahrnehmung, meine Kommunikationsfähigkeit, mein Selbstbeobachtungsvermögen und die Kontrolle meiner Gedanken und Empfindungen gestört waren, bemerkten selbst jene Freunde, die mein Befinden noch als nicht allzu dramatisch betrachteten. Klar war meiner Frau jedenfalls immer, dass diese »Desorientierung« eine Folge mangelnder Durchblutung oder unzureichender Versorgung des Gehirns mit Sauerstoff sein müsse, während ich als Suchtmensch sofort an die hohe Dosierung der Schmerzmittel als Ursache dachte.

In jedem Falle aber hielten wir einen physischen Defekt für den Auslöser meines partiellen Irrsinns. Das nahm der Tatsache nichts von ihrem Schrecken. Schließlich hatten wir an vielen Beispielen in der Verwandtschaft und unter Freunden erlebt, wie Schlaganfälle Menschen im Kern ihrer Persönlichkeit verändern und ihnen Sprache, Emotionen und Teile des Gedächtnisses rauben. Und in jüngster Zeit häuften sich Berichte über grauenvolle Alzheimer-Schicksale, aus denen zu lernen war, wie das Ich der Betroffenen erlischt, wenn das Gehirn abstirbt.

Mit meinen Überlegungen, die der Schock über das zeitweilige Aussetzen meiner Vernunft auslöste, bin ich noch längst nicht fertig. Ich weiß, dass keine wissenschaftliche Theorie den Glauben an einen Gott, wie immer wir ihn verstehen, widerlegen kann. Auch Peter Noll leugnete ja nicht die naturwissenschaftlichen Erkenntnisse und glaubte doch an einen Gott. Dass die Seele nicht eine Schöpfung dieses Gottes sein sollte, sondern ein körperliches Phänomen, »Teil eines ziellosen Kosmos, der sich« – mit den Worten des journalistischen Kollegen Bas Kast – »in unserem Gehirn auf rätselhafte Weise seiner selbst bewusst wird«, das wollte mir einfach nicht in den Kopf.

Denn wo blieb dann mein freier Wille? Woher stammte die Moral, wenn ich als Mensch nichts wäre als ein Evolutionsprodukt im Sinne Charles Darwins? Wer hat mir die Fähigkeit eingepflanzt, zwischen Gut und Böse zu unterscheiden? War mein Gewissen nur ein Produkt der Anpassung an eine sozial komplexe Umwelt? Lauter Fragen, die sich mir mit zunehmendem Alter womöglich sowieso neu gestellt hätten. Doch nun bewirkte dieses immer unüberschaubarer werdende Geflecht von Krankheiten, das mir das Leben abschnürte, dass sie mir dringlicher erschienen, existenziell zwingender, als ich mir das früher in meinen gelegentlichen Phantasien über ein behagliches Rentnerdasein ausgemalt hatte.

Ob ich denn ein neuer Hiob werden solle, habe ich mich in meiner Verzweiflung auch schon gefragt, im selben Augenblick wissend, dass diese Frage anmaßend, ja geradezu blasphemisch erscheinen müsste, in einer Welt, die Menschen täglich so ungleich viel mehr und schrecklicheres Unheil zufügt, als mir widerfahren war. Und dennoch – die Verzweiflung war echt, die Klage über die Ungerechtigkeit, die ich empfand, kam aus tiefstem Herzen. Nein, ein solches Leben hatte ich nicht verdient.

Aber meine Talfahrt war noch nicht zu Ende. Am Dienstag, dem 1. April 2008, saß der Professor, der aus seinem Osterurlaub zurück war, an meinem Krankenbett, um mir in kühlen, wohlgesetzten Worten mitzuteilen, dass ich am nächsten Tag ins Sankt-Gertrauden-Krankenhaus überwiesen würde. Zwar hörte ich seinen professionell korrekten Vortrag, aber ich verstand seine Worte nur bruchstückhaft. Denn gedanklich und emotional hatte ich den Mann in weite Ferne gerückt, während er mir, die Beine lässig übereinandergeschlagen, aufdringlich seine teuren Schuhe unter die Nase hielt.

Von der Vorbesprechung zu meiner Ablation wegen des Herzflatterns, die in meiner Vorstellung schon Ewigkeiten, in Wahrheit aber erst vier Wochen zurücklag, hatte ich ihn als einen freundlichen, verständnisvollen Mann in Erinnerung. Jetzt erlebte ich ihn als geschäftsmäßig und herablassend. In meiner Wahrnehmung verkörperte er perfekt jenes mich zu Tode ängstigende, blutleere medizinische System, unter dem ich in seiner Abwesenheit zu leiden hatte.

10. Kapitel

Der Tiefpunkt

»Rufen Sie bitte meine Frau an, dass ich wach bin«

Als ich erwachte, war ich sprachlos. Und das im wahrsten Sinne des Wortes. Vergeblich versuchte ich Sätze hervorzubringen – mit einem Keuchen entwich die Atemluft, ohne dass ich mich sinnvoll artikulieren konnte. Meine Lippen formten lautlose Hilfeschreie. Erschrocken griff ich mir an den Hals, spürte einen Verband und erkannte die furchtbare Wahrheit: Sie hatten mir die Luftröhre aufgeschnitten.

Wenn ich sagen würde, dass ich geschockt war, wäre das eine grobe Untertreibung. Ich war entsetzt, überwältigt. Hätte ich noch reden können, wären mir die Worte versiegt. Ich fühlte mich, als hätte man versucht, mich umzubringen. Eine hallende, weite Leere breitete sich in mir aus. Nicht mehr reden können, das erschien mir im ersten Augenblick so schlimm, als könnte ich nicht mehr sehen.

»Wörter machen Leute« heißt ein von Wolf Schneider verfasstes Standardwerk zu Magie und Macht der Sprache. Ich sah mich als einen dieser Leute, die durch Wörter zu dem wurden, was sie sind, weit über die allgemeine Prägung durch den in der Sprache abgelagerten kulturellen Erfahrungsschatz hinaus. Nicht nur Schreiben, auch Reden war mein Beruf. »Du bist ja ein Homme de lettre«, hatte Rudolf Augstein einmal zu mir gesagt, das empfand ich, als hätte er mir einen Orden an die Brust geheftet. Und jetzt war ich stumm.

Gewiss, ich konnte mich noch schriftlich mitteilen, aber das war nur die Hälfte, höchstens. Ich musste auch meine geschriebenen Sätze laut hören, musste sie sozusagen mit den Ohren abschmecken, bevor ich sie stehen ließ. Ich war es gewohnt, mit der Sprache zu spielen, nicht von ungefähr war ich während meines Studiums in meinem Freundeskreis der unumstrittene Kalauerkönig. Meine Frau pflegt auch heute noch meine Stimmung nach der Häufigkeit von Sprachspielereien einzuschätzen. Und ich musste mich mit gesprochenen Einwürfen wehren können, und sei es durch spontanen Einspruch gegen die Fernsehnachrichten. Wir alle hören ja mindestens doppelt so viel, wie wir selbst sprechen. Jetzt war ich jedem Dummschwätzer ausgeliefert.

Wie konnte das geschehen? Ein knappes Jahr zuvor hatte ich mit dem Professor in Nürnberg vereinbart, dass er den Tumor in meinem Zungengrund nicht operieren solle, wenn dabei meine Fähigkeit zu schlucken oder zu sprechen zerstört würde. Er hatte sich daran gehalten. Mit massiver Bestrahlung und Chemotherapie war man anschließend in der Berliner Charité der Krebsgeschwulst zu Leibe gerückt. Das Ergebnis: Der Tumor war weg, doch Nahrung schlucken konnte ich nicht mehr. Meine Stimme aber blieb intakt.

Und jetzt dieser Eingriff ohne Vorankündigung, der in einem eklatanten Widerspruch stand zu dem Anspruch, den die Klinik selbst propagierte. Träger des Hauses war eine Gemeinnützige Gesellschaft der Katharinenschwestern mbH aus Münster, ein 1571 gegründeter Frauenorden, der die Leitlinien der Pflege in die Wartezimmer hängte: »Christliche Nächstenliebe und die Achtung vor dem Leben bilden im Sankt-Gertrauden-Krankenhaus die Basis pflegerischen Handelns.« Die Patienten sollen sich »geborgen und in ihren individuellen Belangen verstanden fühlen«, heißt es weiter im Text, »sie haben ein Recht auf Freundlichkeit, Selbstbestimmung, Information, Taktgefühl und persönliche Zuwendung. Ihre Angehörigen beziehen wir in die Pflege ein.«

Nach meiner jüngsten Erfahrung las ich diese Versprechen mit bitterem Hohn. Wo waren denn Selbstbestimmung, Information und Taktgefühl, als es darauf ankam? Zwar hatte ich zuvor tatsächlich erlebt, dass Schwestern und Ärzte die Leitlinien ihres Hauses offenbar verinnerlicht hatten. Obwohl es mir wahrlich nicht gutging, hatte ich mich in keinem Augenblick entwürdigt gefühlt – eine Erfahrung, die ich auch in der Elisabeth-Klinik und später im Evangelischen Geriatriezentrum machte. Hier wurden Kranke als Menschen wahrgenommen, nicht nur als Träger von Krankheiten. Susanne erinnert sich, dass sie bei ihrem ersten Besuch von der für mich zuständigen Schwester streng befragt wurde, was sie denn in meinem Zimmer zu suchen habe. »Das war aber nicht unfreundlich«, sagte sie, »sondern es war ganz klar, dass sie zum Schutz des Patienten fragte.«

Umso unverständlicher erschien mir dieser massive unangekündigte Eingriff. War damit nicht auch die zweite, noch entscheidendere Voraussetzung zunichtegemacht worden, unter der ich bereit gewesen war, die ganze Quälerei der Tumorbekämpfung auf mich zu nehmen? Ich kam mir betrogen vor, hilflos medizinischen Falschspielern ausgeliefert. Wütend und verzweifelt ballte ich die Fäuste und schüttelte wild den Kopf. Tränen liefen mir über die Wangen. Nein, nein, nein, flüsterten meine Lippen lautlos, immer wieder: nein, nein, nein. Meine Ohnmacht machte mich aggressiv, meine Verzweiflung lebensüberdrüssig.

Dann saß der Professor an meinem Bett, der die Operation durchgeführt hatte. Widerwillig hörte ich ihm zu, als er mit ruhigen, klaren Worten erläuterte, wie geschwollen und vernarbt die Umgebung des früheren Tumors im Hals durch die Bestrahlung sei. Luft- und Speiseröhre seien so verengt, dass er den Entlastungsschnitt für unumgänglich gehalten habe. Denn die Enge sei auch der Grund für meine körperliche Schwäche und meine geistige Desorientierung gewesen, weil mein Hirn nur unzureichend mit Sauerstoff versorgt worden sei. Im Übrigen sei die

Sprachlosigkeit nur eine Angelegenheit von Tagen, dann werde mir eine Sprachkanüle eingesetzt, und ich würde neu sprechen lernen.

Die wohltuend sachliche Art des Arztes blieb nicht ohne beschwichtigende Wirkung auf mein aufgewühltes Gemüt, doch war ich weit davon entfernt, ihm jedes Wort zu glauben. Dazu war alles zu plötzlich gekommen, und dazu schnitt das Tracheostoma, wie die Fachleute den Eingriff nennen, zu sehr in mein Selbstverständnis ein. Ich empfand mich als ein Mensch, der in und mit der Sprache lebt. Die Frage, welchen Sinn eigentlich ein immer eingeschränkteres Leben für mich noch haben sollte, stellte sich mit neuer Dringlichkeit. Auch meine Frau und meine Tochter waren völlig überrascht und konnten nur schwer die Fassung bewahren.

Trotzdem habe ich den Professor bis heute nicht gefragt, warum er mich nicht vorgewarnt hatte. Erst war ich zu sehr geschockt, später durch die Sprachkanüle besänftigt. Und natürlich konnte ich mir vorstellen, was er antworten würde: Er habe das Ausmaß der Verätzung durch die Bestrahlung nicht vorhersehen können, er habe handeln müssen, um mein Gehirn mit Sauerstoff zu versorgen, kurz – die Umstände hätten ihn zum Handeln gezwungen. So ähnlich hatte er sich ja auch geäußert. Rein sachlich hatte ich daran keine Zweifel, doch wenn ich bedenke, vor wie viel potenziellem Unheil ich schriftlich vor der Operation gewarnt worden war, hätte ich mir ein paar alarmierende Worte schon gewünscht. Vermutlich konnte sich der Mediziner – im Vertrauen auf die Sprachkanüle – aber das Ausmaß meiner Erschütterung auch gar nicht vorstellen. Er wusste ja nichts von mir.

Die Begegnung mit Besuchern verlief quälend in den Tagen nach der Operation. Schon dass ich nicht »Guten Tag« oder wenigstens »Hallo« zur Begrüßung sagen konnte, stürzte mich in Verzweiflung. Ich winkte matt mit einer Hand und grüßte mit den Augen. Es ist ja die Funktion des Grußes, dass das Schweigen gebrochen, die Spannung der Fremdheit am Anfang einer Begegnung gelöst wird. Das Wort »grüßen« geht auf das westgermanische »grotjan« zurück, belehrte mich das Grimm'sche Wörterbuch, was »zum Sprechen bringen«, »reden machen« bedeutet.

Es waren solche Kleinigkeiten, die mir Schmerz bereiteten. Man redet ja nicht nur, um Informationen auszutauschen, es ist vielmehr das ziellose Geplauder, das die soziale Bindungskraft der Sprache vor allem ausmacht, den geistigen und seelischen Kontakt zwischen Menschen herstellt. Ich wollte auf den Gesichtern meiner Angehörigen und Freunde das Echo meiner Worte sehen, wollte den Klang meiner eigenen Stimme hören, meine Gefühle im Tonfall mitschwingen lassen.

Wenn ich in den letzten Jahren bisweilen in Fernsehinterviews oder Talkshows aufgetreten war, hatte meine Tochter bemängelt, dass ich – wegen des intensiven Lichts, aber wohl auch aus instinktivem Schutzbedürfnis – meine Augen zu Schlitzen verengte. »Versuch's doch mal mit offenen Augen«, spottete sie. So sei es vor allem meine Stimme gewesen, die mir Vertrauen und Glaubwürdigkeit verschafft hätte. Dass ihr Klang den Zuhörern angenehm war, hatte ich auch bei meinen Lesungen vielfach zurückgemeldet bekommen. Und ich unterschätzte die Bedeutung keinen Augenblick. Denn ich kannte ja die berühmte Kommunikationsformel 55 – 38 – 7, die besagt, dass die Überzeugungskraft im Gespräch nur zu sieben Prozent vom Inhalt der Rede abhängt, zu 38 Prozent von der Modulation und Ausdrucksfähigkeit der Stimme und zu 55 Prozent von der Körpersprache. Um 45 Prozent war also jetzt meine soziale Kompetenz gemindert. Ich konnte ja nicht einmal mehr mein Wort geben.

Mit meiner Frau, meiner Tochter und den Freunden, die mich in den nächsten vier Tagen besuchten, verkehrte ich nur mit schriftlichen Kurznotizen. »Luft« heißt das erste Wort auf den Zetteln, die ich aufbewahrt habe, dann: »Wie spät ist es?« Und schließlich meine Bitte an die Schwester: »Rufen Sie bitte meine Frau an, dass ich wach bin.« Das musste am Donnerstag, dem 3. April, gewesen sein, am Nachmittag nach der Operation. »Erzähl bitte den Ablauf von gestern«, forderte ich, als Rosemarie dann da war, »ich weiß nichts.«

Einen Tag zuvor war ich, im Krankenwagen liegend, vom Virchow-Klinikum nach Wilmersdorf gebracht worden. An die Aufnahme im Sankt-Gertrauden-Krankenhaus habe ich nicht die geringste Erinnerung. Selbst die Tatsache, dass ich in der ersten Nacht mein Zimmer mit einem alten Herrn teilen musste, fiel mir erst später wieder ein, als Rosemarie davon erzählt hatte. Trotzdem setzte sich in mir unterschwellig sofort das Gefühl fest, dass ich in diesem kleineren und konfessionell betreuten Haus sehr viel besser aufgehoben sein würde als in dem unpersönlichen Betrieb der Uni-Klinik.

Ich bekam auch in meinen sprachlosen Tagen wenig mit. Die Erfüllung meiner dringlichsten Bedürfnisse forderte ich schriftlich ein, meist mit einem Wort. »Durst« schrieb ich, »stilles Wasser« und »Sauerstoff«. Häufig hätten aber auch ausgefallenere Stichwörter wie »Reha« oder »Riesenbaby« genügt, um sich differenzierter zu verständigen, berichtete eine Freundin später. Denn nach einiger Übung seien vertraute Personen durchaus in der Lage gewesen, mir den Kontext zu den Stichwörtern von den Lippen abzulesen. »Da konnte man sich schon einiges zusammenbuchstabieren«, sagte sie.

Das war ja gut und schön, aber wer würde im richtigen Leben schon so viel Geduld aufbringen? Den Zetteln, die ich mit großer, fahriger Schrift bedeckte, kann ich auch entnehmen, dass in diesen ersten Tagen zwei jüngere Freunde mich besuchten, über die ich mich sehr gefreut haben muss: Christoph, der als Journalist in Israel arbeitete und nur für ein paar Tage in Berlin war, und Andreas, der wieder geduldig an meinem Bett ausharrte, wenn ich wegdöste. Er würde auch nachts kommen, bot er mir an, wenn ich es wünschte. Doch wer würde sich auf Dauer schon mit einem so behinderten Menschen abgeben wollen?

Obwohl mein Gehirn nach und nach besser mit Sauerstoff versorgt sein sollte, wofür bei akutem Bedarf auch ein spezielles Gerät sorgte, war ich noch immer müde und schlapp. Zwar führte ich keine Geistergespräche mehr mit Menschen, die gar nicht anwesend waren, aber noch immer döste ich schnell ein, wenn ein Besucher mir etwas erzählte. Die Welt außerhalb meines Krankenzimmers gehörte in ein anderes Leben, das mich derzeit nicht sehr interessierte. »Das ist alles weit weg von mir«, notierte ich. Mit Zeitungen ließ ich mich zwar immer noch versorgen, aber ich blätterte sie nur flüchtig durch. Selten schrieb ich auf meine Zettel die Frage: »Was habt ihr gemacht heute?«

Ich war auf mich selbst zurückgeworfen, begann mich in mein Schweigen einzumauern. Meine Mutter fiel mir ein, die Schweigen als Strafe einzusetzen pflegte, worunter ich als Kind furchtbar gelitten habe. Ich versprach nach einer solchen Schweigeperiode alles, nur um wieder ins Gespräch zu kommen. War ich jetzt dabei, mein Verstummen aggressiv gegen die Umwelt einzusetzen? Noch war ich nicht so weit, aber ich spürte die Gefahr und versackte immer mehr in meine Einsamkeit.

Selbst Geschehnisse, die mir näherlagen und mich direkt betrafen, weckten nur noch begrenzt meine Aufmerksamkeit. Der Professor erzählte von einem Mann in meinem Nachbarzimmer, der ein paar Tage vor mir ein Tracheostoma erhalten hatte und nun schon wieder ganz munter redete. Ein paar Stunden später stand der Mann an meinem Bett – tatsächlich, ich konnte ihn verstehen. Mein Misstrauen blieb trotzdem. Auf einem meiner Konversationszettel steht der Satz: »Ich glaube erst an das Sprechen, wenn ich es selbst erlebe.«

Die Nächte waren noch immer furchtbar. »Angst. Angst, Panik«, schrieb ich auf. Oder: »Erst um sechs Uhr morgens eingeschlafen. Davor Angst.« In einer Nacht stritt ich mich heftig mit einer Schwester, die mir kein zusätzliches Schlafmittel geben wollte. Ich glaube, ich habe noch nie einer Frau eine solche Szene geliefert wie dieser armen Nachtschwester. Ich gestikulierte wild, warf mich im Bett hin und her, raufte mir die Haare und grunzte aggressiv. Dass ich mich aufführte wie ein Stummfilmmime, war mir im Hinterkopf bewusst. Aber die Not war echt. »Entweder Sie sind ein grandioser Schauspieler«, sagte sie am Ende erschöpft, »oder in Ihnen gehen furchtbare Dinge vor.« So war es: Mir kam es vor, als löste sich mein Körper in lauter wunde Einzelteile auf. Und Schreckensbilder jagten durch meinen Schädel.

Einzig die Angst vor einem Leben ohne Sprache trieb mich um. Meine ganze Existenz reduzierte sich in meinen halbwachen Albträumen auf diesen Zustand. Wer wäre ich denn, wenn ich nicht mehr reden könnte? Die tröstenden Versprechungen des Professors am Tage halfen mir nachts überhaupt nicht. Hatte ich nicht – bei aller Furcht vor dem Tumor – insgeheim immer noch gehofft, dass ich mein altes Leben wenigstens in Teilen würde fortsetzen können? Aber dieses Leben war Sprache gewesen, nicht nur geschriebene – ich hatte aus meinen Büchern gelesen, Vorträge gehalten, Interviews gegeben, bei Diskussionen auf Podien gesessen, kurz: Ich redete, redete, redete.

Und natürlich liebte ich den Smalltalk mit Freunden wie mit Fremden, das witzige Geplänkel, Kalauer auch. Jetzt wurde mir plötzlich bewusst, dass ich nicht einmal meinen Enkeln eine Gutenachtgeschichte würde vorlesen können, was ich zwar noch nie getan hatte, jetzt aber unbedingt wollte. Und auch die Auskünfte über die eigene Befindlichkeit in Selbsthilfegruppen, die so oft Druck von mir genommen hatten und fruchtbar waren für das Gespräch mit anderen – vorbei, alles vorbei.

Gewiss, ein Quantum Wehleidigkeit und Selbstmitleid mochte dabei gewesen sein in diesen Nächten, aber es stellten sich auch realistische Einsichten ein, denen ich nicht gewachsen war. Denn Bücher wie das über den Generationswechsel in der Politik würde ich nie mehr schreiben können. Die dafür nötigen ausführlichen Interviews waren mit dem Tracheostoma schwerlich denkbar. Was hieß das aber für mich? Sollte ich, wenn ich denn überhaupt noch einmal die Kraft aufbrächte zum professionellen Schreiben, Romane verfassen? Oder Gedichte?

In diesen sprachlosen Nächten im Sankt-Gertrauden-Krankenhaus wurde mir bewusst, dass der Rest meines Lebens, wie knapp oder großzügig er auch bemessen sein mochte, grundlegend anders ablaufen würde als die ersten siebzig Jahre. Plötzlich wusste ich, dass die wirklichen Konsequenzen meiner Krankheit noch gar nicht eingetreten waren, sondern dass mir Veränderungen bevorstanden, die ich bis jetzt nicht einmal ahnte. Das machte mir Angst, wahnsinnige Angst.

Am Tage freute ich mich über jeden, der mich besuchte. Aber nachts bezweifelte ich, dass er wiederkommen würde. Würde mir auf Dauer überhaupt jemand bleiben aus der großen Zahl von Menschen, mit denen ich in meinem bisherigen Leben zu tun gehabt hatte? Wer würde auf Abstand gehen oder einfach den Kontakt einschlafen lassen? Auf meine nächsten Angehörigen konnte ich mich verlassen, da war ich ganz sicher, und das war schon mal gut. Aber wie sollte ich die Beziehung zu meinen Freunden aufrechterhalten, wenn ich nicht mehr sprechen konnte?

Denn das war mir klar: Freundschaft entsteht und entwickelt sich im Gespräch. Als kontaktfreudiger und neugieriger Mensch hatte ich immer wieder erlebt, wie sich Menschen im lockeren sprachlichen Geplänkel zu öffnen begannen und wie sich plötzlich eine Übereinstimmung entwickelte, die es erlaubte, unvermittelt vom Scherzhaften ins ernsthaft Private überzugehen – ohne Verlegenheit und Befremden. Immer hatte ich in solchen Augenblicken dem Gesprächspartner gegenüber freundschaftliche Gefühle. Aber jetzt, in meiner Not, war ich plötzlich nicht mehr sicher, ob ich nicht in der Vergangenheit allzu großzügig mit Freundschaft umgegangen war. Waren das alles Freunde, die ich so nannte?

Meine Angst minderte sich am Dienstag, dem 8. April, als eine Sprachkanüle – ein hornförmiges Plastikteil mit aufgesetzter Luftschleuse, das sinnigerweise »Seele« heißt und in den aufgeschnittenen Luftröhrenkanal eingeführt wird – meiner stummen Zeit ein Ende machte. Zu meiner Erleichterung war das Einsetzen überhaupt nicht schmerzhaft, es verlief auch ohne Zwischenfälle.

»Das war ein großer Augenblick, ein glücklicher Moment. Du hast gleich drauflosgeredet«, erinnert sich meine Tochter. Für Susanne und Rosemarie musste es eine ziemliche Überraschung gewesen sein, denn Ärzte und Schwestern hatten sie darauf vorbereitet, dass ich erst langsam lernen und lange würde üben müssen, mit der Kanüle umzugehen. »Aber du warst vom ersten Augenblick an voll wieder da. Mutter und ich, wir waren beide ganz baff«, staunte meine Tochter. »Es war auch deine Stimme. Vielleicht ein bisschen belegt und tiefer, aber unzweifelhaft deine Stimme. Das und die Schnelligkeit haben uns überrumpelt. Wir hatten auch mit so einer quäkenden Stimme gerechnet, wie von einem Automaten.« Ich vernahm das alles, als wäre ich nicht dabei gewesen. »Und was habe ich gesagt?«, fragte ich. »Na ja, was du so sagst – hallo, Schätzchen, oder so was.«

Dass ich auch an diesen erfreulichen Augenblick keine Erinnerung habe, zeigt mir, wie angstbesetzt das Thema Sprache damals für mich war. Auch von dieser Kanüle war ich keineswegs entzückt, dafür war das Reden doch zu eingeschränkt. Oft war ich schwer zu verstehen, weil meine Stimmbänder mit Schleim bedeckt waren. Die Zunge hatte keine Kraft, und die Kiefer waren ziemlich unbeweglich. Das Sprechen kostete mich viel Anstrengung und Konzentration. Auch klang meine Stimme in der eigenen Wahrnehmung reichlich knarrend und tief. Aber wenigstens die Freunde erkannten sie deutlich als meine.

Eine Woche hatte ich im Sankt-Gertrauden-Krankenhaus Zeit, mich unter Anleitung mit dem Tracheostoma vertraut zu machen, bevor ich in das Evangelische Geriatriezentrum im Wedding verlegt werden würde. Ein Vertreter der Firma, die die Kanülen herstellte und betreute, brachte mir sozusagen als Abschiedsgeschenk eine Sporttasche, die allerdings keine Golfutensilien enthielt, sondern eine umfangreiche Erstausstattung mit Kanülen für das Tracheostoma, ein Befeuchtungs- und ein Absauggerät. Er hielt mir auch einen langen Vortrag, der mich aber offenbar nicht sonderlich interessierte, denn Susanne berichtete später, ich hätte während seiner Rede den Fernseher eingeschaltet und gar nicht mehr zugehört.

Ich war über den Schock des Verstummens wohl immer noch nicht hinweg und wusste, dass selbst mit Kanüle vieles nicht mehr so sein würde wie früher. Aber ich war noch nicht so weit, mich damit auseinandersetzen zu können. Auch sah ich der Geriatrie mit gemischten Gefühlen entgegen. Geriatrie – wie das schon klang. Es stimmte mich nicht besonders euphorisch, dass ich jetzt schon als greisenhaft und hinfällig gelten sollte. Natürlich war mir bewusst, dass ich dorthin vor allem zum Zwecke der Rehabilitation verlegt wurde. Trotzdem. Ich war es einfach leid, von einem Krankenhaus ins nächste weitergereicht zu werden.

Doch an eine Entlassung nach Hause war noch lange nicht zu denken, das sah ich selbst. Ich konnte es ja nicht leugnen, dass ich – nach den Horrortagen im Virchow, der Lungenentzündung und der jetzigen Operation – noch zu schwach war, um allein zur Toilette gehen zu können. Und die Geriatrie in der Reinickendorfer Straße, die zwar eine selbständige Einheit war, zugleich aber zur Charité gehörte, war mir von mehreren Seiten empfohlen worden. Das Haus galt als gut ausgerüstet, gut geführt und ordentlich besetzt und sollte mir physisch und psychisch wieder auf die Beine helfen.

Die Aussichten waren positiv, zum ersten Mal seit Monaten. Psychisch sei ich – bis auf eine leichte depressive Eintrübung – inzwischen wieder stabil, befanden die Neurologen im Sankt Gertrauden. Das Röntgenbild meiner Brust zeigte noch immer Überbleibsel der Lungenentzündung, aber keine akuten Beschwernisse. Der Tumor ließ sich nicht blicken. Und sprechen konnte ich auch wieder.

11. Kapitel

Neuanfang und Abschied

»Das Schreiben empfand er stets als Folter«

So, nun sollte es also losgehen. Endlich wieder aufwärts. Ein bisschen ängstlich blickte ich von meinem Bett aus hinaus in die mächtigen Kastanien vor meinem Fenster. Gegenüber bildeten vom Alter gedunkelte rote Klinkerbauten einen gediegenen Hintergrund, vor dem die prachtvollen Bäume in der Frühlingssonne vor Saft und Kraft fast zu explodieren schienen. Schon konnte man die roten und weißen Blütenkerzen ahnen, die bald hervorschießen würden. Auch die Menschen, die auf den Wegen darunter entlangeilten, manche mit wehenden weißen Kitteln, wirkten beschwingt und energiegeladen. Nein, nach Geriatrie sah es mir da draußen nicht aus, eher nach einem Universitätscampus an der Ostküste der USA.

Vor zwei Tagen, am 15. April 2008, hatte ich – bei der Anfahrt im Krankenwagen durch den bunten, etwas heruntergewirtschafteten ehemaligen Arbeiter- und jetzigen Multikultibezirk Wedding – noch unmittelbar vor dem Klinikgelände nicht ahnen können, in welch unzeitgemäße Idylle ich gleich geraten würde. Dann hob sich ein Schlagbaum, und wir fuhren durch eine Allee in ein Ensemble von roten Backsteinbauten aus den Jahren vor dem Ersten Weltkrieg, in dessen Mitte – umgeben von Rasenflächen, Fliederbüschen und hohen Kastanien – ein moderner sechsgeschossiger Stahlskelettbau mit grauen Fassadenplatten und farbigen Feldern zwischen den Fenstern stand, der seitlich durch eine rote Klinkerfassade dem architektonischen Erbe angeglichen war: das Evangelische Geriatriezentrum.

Das unter Denkmalschutz stehende Klinik-Ensemble war 1890 als »Kaiser-und-Kaiserin-Friedrich-Kinderkrankenhaus« eröffnet worden. Im Zweiten Weltkrieg wurde es durch Bomben und Artilleriebeschuss beschädigt, danach aber weiterbetrieben. Zu einer Klinik für alternde und alte Menschen wurde der 1976 errichtete Neubau des Krankenhauses erst nach 1996 umgebaut, nachdem das Haus dem Rudolf-Virchow-Klinikum assoziiert worden war und damit zur Charité gehörte.

Mit Erleichterung nahm ich in den ersten beiden Tagen wahr, dass die Ärzte und Therapeuten, die Schwestern und Pfleger sehr viel jünger waren, als ich angenommen hatte. Wahrscheinlich hatte ich geglaubt, dass sich in einer geriatrischen Klinik auch das Betreuungspersonal dem Greisenalter annähere. Zu meinen Irrtümern gehörte auch, dass ich mich selbst insgeheim noch eher zur Jugend rechnete als zu den Alten, obwohl ich meine Schwäche täglich erlebte. Mit diesen Illusionen räumten die gründlichen Untersuchungen nach der Aufnahme allerdings schonungslos auf.

Ich galt nach Einschätzung der Therapeuten als »freundlicher und belastungsreduzierter Patient«, der schon Schwierigkeiten hatte, überhaupt das Gleichgewicht zu halten. Beim Aufstehen zwang mich nach dreißig Sekunden ein starker Schwindel wieder in die Sitzposition. Der Arztbrief hielt fest: »Stand mit Halt möglich, freier Stand unsicher. Gehen frei sehr unsicher. Langsames Gehen am Vierradrollator in Begleitung zweimal zwanzig Meter möglich. Treppensteigen aufgrund der reduzierten Belastbarkeit nicht möglich.« Ich konnte die »Oberkörpervorderseite« eigenständig waschen und mich bekleiden. Bei der Versorgung des Rückens und des Unterkörpers brauchte ich Hilfe.

Die Logopädin fand es zwar möglich, sich mit mir zu unterhalten. Doch sei die Zungen- und Kiefernbeweglichkeit eingeschränkt, weshalb die Artikulation undeutlich sei. Außerdem werde die Redefähigkeit durch Mundtrockenheit beeinträchtigt. Insgesamt: »Die Sprechverständlichkeit ist mittelmäßig eingeschränkt. Herr L. ist nur bei genauem Zuhören verständlich. Gelegentlich sind Nachfragen nötig.«

Die Nahrungsaufnahme lief ausschließlich über die Sonde. Beim Schlucken von Wasser verschluckte ich mich, nach dem Husten trat Flüssigkeit aus dem Tracheostoma. Dasselbe ereignete sich nach dem Schlucken breiiger Substanzen. Die Gefahr, dass wieder Fremdstoffe in die Lunge gelangen und eine Lungenentzündung auslösen könnten, erschien groß. Weitere Schluckversuche wurden eingestellt. Mein Energiebedarf werde durch die Sondenkost bei einem Grundumsatz von 1560 kcal hinreichend gedeckt.

Der Neuropsychologe fand mich zwar wach, bewusstseinsklar und allseits orientiert, also kein bisschen verrückt, diagnostizierte aber »eine krankheitswertige depressive Symptomatik«. Ich hatte ihm erzählt, dass ich mich oft niedergeschlagen fühlte, viel grübelte und schlecht ein- und durchschlafen könne. Auch hätte ich Schwierigkeiten, mich zu konzentrieren. Suizidgedanken kämen weiterhin vor, jedoch vage und ohne konkrete Absichten. »Trotz allem wolle er noch lange mit seiner Familie zusammen sein und weiterhin ein aktives Leben führen«, hieß es in dem Bericht des Psychologen.

Insgesamt empfand ich das erste zusammenfassende Gesamtbild meines körperlichen und seelischen Zustands als niederschmetternd. Gewiss, der Tumor blieb noch immer verschwunden, aber Heilung hatte ich mir anders vorgestellt. Umso entschlossener war ich, durch aktive Mitarbeit bei den therapeutischen Bemühungen meinen Zustand zu verbessern. Ein intensives und abwechslungsreiches Programm sorgte täglich dafür, dass ich in Bewegung kam. Die Arbeit der Therapeuten begann schon morgens im Bett, wo ich durch Fuß- und Handbewegungen meinen Kreislauf anregen musste. Überhaupt lernte ich, dass auch minimale Aktionen mir helfen konnten.

Als Erstes wollte ich den Rollstuhl loswerden, mit dem ich anfangs zu diversen Untersuchungen gefahren wurde. Das gelang auch. Auf dem Weg zur sogenannten Hockergruppe, zu der ich mehrfach die Woche abgeholt wurde, stützte ich mich schon auf einen Rollator. Diese Hockergruppe hatte etwas Bizarres. Es dauerte manchmal bis zu einer halben Stunde, ehe alle alten Damen und Herren mühsam herbeigeschafft werden konnten. Bis die Veranstaltung dann begann, starrten alle vor sich hin, keiner redete mit dem anderen, nicht einmal Grüße wurden ausgetauscht. Dennoch empfand ich die erschöpfte Versammlung nicht als besonders unfreundlich. Das war eben so. Alle schienen an der Grenze ihrer Kräfte zu sein. Das machte aus jedem Einzelnen eine geschlossene Gesellschaft.

Wenn es dann losging, saßen etwa acht bis zehn behindert wirkende Patienten im Kreis und machten unter Anleitung eines um gute Stimmung bemühten Therapeuten scheinbar leichte Übungen. Nie hätte ich geglaubt, wie anstrengend es sein konnte, einfach die Arme über den Kopf zu recken oder einen Gummiball mit einer Hand vom Fuß über das Schienbein und den Oberschenkel bis in den Schoß emporzurollen. Ich bin es eigentlich gewohnt, meine Umgebung genau zu beobachten. Doch bei diesen Hockerrunden hatte auch ich so intensiv mit mir zu tun, dass ich oft nicht einmal wahrnahm, wer neben mir saß und mir einen Ball zureichte.

Ich hasse Fahrradfahren, aber brav setzte ich mich jetzt in den Therapieraum und strampelte fünfzehn bis zwanzig Minuten am Ergometer. Sicher hätte ich das noch öfter tun sollen, aber ich musste mich jedes Mal überwinden zu dieser stupiden Treterei. Da waren mir die Übungen mit dem elastischen Theraband schon lieber. Erst dehnte ich das Band, indem ich beide Arme in Beckenhöhe nach außen streckte, dann in Brusthöhe, schließlich über dem Kopf. Zusätzlich drehte ich den Rumpf nach rechts und links. Das war nur eine aus einer Reihe von Aufgaben, die auf meinem täglichen Programm standen. »Bitte führen Sie das Eigenprogramm mindestens einmal täglich durch. Die Bewegungen sollen langsam durchgeführt werden. Jede Übung zehnmal wiederholen.«

Langsam lernte ich auch, mich mit meinem Rollator eigenständig über die Gänge zu bewegen. Erleichtert merkte ich, wie ich sicherer wurde in meinen Bewegungen. Es entlastete mich auch, dass mich niemand mehr zur Toilette begleiten musste. Nach ein paar Tagen brauchte ich keine Hilfe mehr beim Waschen und Anziehen. Ich spürte, dass diese kleinen Fortschritte mir psychisch enormen Auftrieb gaben. Nur meine nächtlichen Träume waren noch immer wild und bedrohlich.

Eine geheimnisvolle braune Holzkiste spielte wiederholt eine zentrale Rolle in dem nächtlichen Geschehen. Nie wusste ich, was in der Kiste verborgen war. Manchmal forderte mich ein Unbekannter auf, das Geld rauszurücken – »wie immer«. In anderen Traumsequenzen äußerte jemand den Verdacht, es müssten Drogen darin versteckt sein. Aber nie gelang es mir, die Kiste zu öffnen und herauszufinden, was wirklich in ihr steckte. Das quälte mich.

Am Tage hatte ich die Kiste wieder vor Augen. Sie war auf einem Foto, das meinem Bett gegenüber an der Wand hing. Zwei Frauen bereiteten in freier, eher karger Landschaft eine Mahlzeit vor, die Kiste stand ohne erkennbare Funktion am Rande des Bildes herum. Je häufiger mein Blick darauffiel, desto sicherer glaubte ich, in der Kiste eine grobgezimmerte braune Truhe wiederzuerkennen, die wir – zusammen mit anderen alten Bauernmöbeln – auf einem Antiquitätenmarkt in Virginia gekauft und später nach Deutschland mitgebracht hatten. Wir bewahrten darin Dokumente und Erinnerungen an unsere Eltern auf, die wir längst hatten ordnen wollen, was aber aus Zeitmangel immer unterblieben war. Jetzt verdichtete sich in mir der Vorsatz, nicht nur diese Kiste, sondern mein ganzes Leben noch einmal durchzusehen und neu zu sortieren, sobald ich die Krankenhauszeit hinter mir hätte.

Und dann schien dieses Ziel plötzlich wieder in weite Ferne zu rücken. Am Mittwoch, dem 23. April, erwachte ich am Morgen mit blutdurchtränktem T-Shirt und Pyjama. Auch Hals und Gesicht waren – zum Entsetzen der diensthabenden Schwester – blutverschmiert und verkrustet. Da ich keine Schmerzen hatte und keine äußere Verletzung, war mir das alles verborgen geblieben, und ich hatte Blut und Eiter auch ins Bett und an den Körper gewischt. Als ich mich im Spiegel sah, hätte ich vor Schreck fast aufgeschrien – ich sah aus wie ein irrer Lustmörder in einem Fernsehkrimi.

Die Ärzte vermuteten die Blutungsquelle im Luftröhrenschnitt oder im Tumorbereich und beschlossen, mich zur genaueren Untersuchung ins Sankt-Gertrauden-Krankenhaus zurückzuschicken. Ich hatte inzwischen vergeblich versucht, meine Frau anzurufen. Meine Tochter Susanne kam stattdessen und tröstete mich, so gut sie es vermochte. Denn ich war völlig niedergeschlagen. Wie schon so oft in diesem schrecklichen Jahr hatte ich wieder das Gefühl, auf dem Wege der Besserung abrupt zurückgeworfen zu werden. Und wie immer ging es in meiner Vorstellung gleich ums ganze Leben.

Ich wollte auch nicht zurück. Denn entgegen aller anfänglichen Befürchtungen erschien mir das Evangelische Geriatriezentrum inzwischen als eine echte Chance zur körperlichen Wiedererstarkung, als ein Ausgangspunkt zurück ins richtige Leben. Sollte ich stattdessen wieder im Sankt Gertrauden landen, womöglich für eine neue Operation?

Die Geriatrie-Schwestern sahen mir im Gang nach, als würde ich für immer verschwinden. Zwei kräftige Berliner Krankenpfleger schoben mich im Rollstuhl in ihren Krankentransporter, um mich über die Stadtautobahn nach Wilmersdorf zu verfrachten. Es war eine abenteuerliche Fahrt. In dem schlicht ausgestatteten Wagen kam ich mir vor, als wäre ich ein beschädigtes Warenpaket im Versandhandel. In jeder Kurve suppte aufs Neue Blut und Eiter aus dem Tracheostoma, Susanne fing den Sud mit vorsorglich mitgenommenen Papiertüchern auf.

Als wir – Rosemarie war inzwischen auch eingetroffen – dann nach langer Wartezeit ins Untersuchungszimmer des Professors gerufen wurden, der den Tumor in meinem Hals entdeckt und mir vor drei Wochen den Luftröhrenschnitt verpasst hatte, übernahm ein junger Assistenzarzt die Untersuchung. Der Professor ließ sich nur später unterrichten und nickte die Entscheidung seines jungen Kollegen ab. »Der schob dir allerlei Schläuche durch die Nase und in den Luftröhrenschnitt«, erinnert sich Susanne, »da war ganz schön was los.« Sie staunte darüber, in wie viele Körperöffnungen Mediziner gleichzeitig Schläuche schieben können.

Der Arzt beantwortete nebenher auch geduldig und präzise die vielen Fragen, mit denen ihn meine Frauen eindeckten. An den Untersuchungsvorgang selbst habe ich keine genauen Erinnerungen, umso intensiver ist aber das tiefe Gefühl von Dankbarkeit und Stolz in meinem Gedächtnis verankert, das mich überkam, als ich Rosemarie und Susanne in dieser Krisensituation agieren sah. Mir fielen plötzlich ungezählte Szenen und Situationen ein, in denen sie mir kompetent und zuverlässig zur Seite gestanden hatten, und die innere Bewegung trieb mir Tränen in die Augen. Die hätte aber auch der Schlauch in der Nase hervorbringen können, also brauchte ich nichts zu erklären. Nur mir sagte ich, dass ich irgendwo trotz alledem ein Glückspilz sei, solange mir diese beiden Frauen beistünden. Und ihnen sagte ich es später auch.

Das Ergebnis der Untersuchung war dann nicht ganz so

schlimm, wie ich erwartet hatte. Die Ärzte diagnostizierten eine eitrige Bronchitis und den Beginn einer neuen Lungenentzündung. Gegen beides musste ich Antibiotika nehmen. Im Tumorbereich und auch an der Halsöffnung waren keine Blutungsquellen festzustellen. Bräunlich eitrige Sekrete sonderte ich in der Folgezeit weiter ab, die Blutung wiederholte sich nicht. Das Wichtigste aber war: Die Ärzte im Sankt Gertrauden sahen keine Notwendigkeit, mich bei sich zu behalten. Und so wurde ich am Nachmittag in die Geriatrie zurücktransportiert. Ich empfand es wie eine Heimkehr, zumal mich die Oberärztin und Frau Professor, die Chefin, überaus herzlich in Empfang nahmen. Bei denen fühlte ich mich einfach gut aufgehoben.

Die Chefin und ich hatten inzwischen entdeckt, dass wir gemeinsame Freunde hatten, was dazu führte, dass sie zwischen ihren häufigen Vortrags- und Kongressreisen nach New York und Istanbul, Zürich oder Stockholm immer mal wieder zu einem kurzen Plausch an mein Bett kam. An meiner jeweiligen Artikulationsfähigkeit erkannte sie auf Anhieb meine physische und psychische Befindlichkeit. Sie hatte den Kopf voller großer Pläne und dabei – nicht immer zur Freude des Pflegepersonals – ein waches Auge für das kleinste Detail.

Die für mich zuständige Oberärztin kümmerte sich sorgfältig darum, dass die Behandlungen meiner verschiedenen Krankheitsbaustellen aufeinander abgestimmt wurden. Zum ersten Mal seit Wochen hatte ich das Gefühl, dass ich als Person im Ganzen wahrgenommen und respektiert wurde. Mein Gemütszustand war in dieser ersten Zeit noch ziemlich labil, und wenn ich besonders stark durchhing, dann sagte die Ärztin auf unnachahmliche Weise nur, »Ach, Möönsch«, und nahm mich auch schon mal tröstend in die Arme. Wie ihre Chefin, mit der sie sich besonders gut zu verstehen schien, schaffte sie es, mich zu immer neuen Anstrengungen anzustacheln und auf die Rückkehr ins Leben vorzubereiten.

Zu meiner Überraschung war die Medizinerin, wie alle Ärzte des Hauses, voll in den Forschungs- und Lehrbetrieb der Humboldt-Universität eingespannt. So entstand bei aller Bodenständigkeit und Menschenfreundlichkeit des Fachpersonals zugleich ein Klima der Weltoffenheit, das mich verblüffte. Als ich einen der Oberärzte an einem Sonntagmorgen fragte, was ihn, der keinen Dienst hatte, denn trotzdem in die Klinik treibe, erzählte er mir, dass ihn ein besonders komplizierter Fall im Hause beschäftige. Er habe deshalb heute schon per Mail mit einem Kollegen in Athen Erfahrungen ausgetauscht, und beide würden bis zum Abend auch noch Rat von einem befreundeten Experten in Baltimore/USA einholen. »Dann bin ich für die Konferenz am Montag gut gerüstet.« Dieser Arzt hatte in Holland, Frankreich und in der Schweiz studiert und anschließend zwei Jahre an der Harvard Medical School Forschung betrieben, daher seine internationalen Kontakte. Inzwischen hat er einen Ruf an eine große deutsche Universitätsklinik erhalten, wo er ein Geriatrie-Institut aufbaut und leitet.

Ich fühlte mich noch immer schwach, aber täglich besser. Trotzdem war ich richtig erschrocken, als am 30. April zum ersten Mal das Wort Entlassung fiel. Die Rede war von der ersten oder zweiten Woche nach Pfingsten, also Mitte Mai. Meine Frau erörterte mit der Oberärztin und der Sozialberaterin den Aufbau eines engmaschigen Hilfs- und Pflegenetzes, das nötig sein würde, um mein reduziertes Leben in freier Wildbahn zu stützen. Mir fiel dabei ein, auf wie wackeligen Beinen ich am Morgen noch mit meinem Rollator ins Bad geschoben war, um mir dort im Sitzen mühsam mit einem Waschlappen durchs Gesicht und über den Körper zu wischen. Nein, mit Zuversicht sah ich meiner Entlassung noch nicht entgegen. Dabei konnte ich Fortschritte nicht leugnen.

Zunächst hatte ich aber noch mit Frau und Tochter ein spezielles Thema zu besprechen, nämlich die festliche Vergabe des

Henri-Nannen-Preises in Hamburg für die beste Reportage des Jahres, für den mein Krankheitsbeitrag aus dem *Zeit*-Magazin gemeldet war und dem Vernehmen nach gute Chancen haben sollte. Es war ganz unmöglich, dass ich selbst nach Hamburg reisen könnte, also kamen wir überein, dass Rosemarie und Susanne mich bei der Veranstaltung am Samstag, dem 9. Mai, vertreten würden.

Ich fand den Termin sehr symbolträchtig – genau ein Jahr und einen Tag später als der Tag, an dem ich die Nachricht von der Existenz des Tumors erhalten hatte, und einen Tag vor jenem Datum, an dem an meinem einundsiebzigsten Geburtstag mein »verflixtes siebzigstes Jahr« zu Ende ging. Sollte das etwas zu bedeuten haben?

Am Abend der Entscheidung meldete sich Susanne telefonisch aus dem Hamburger Schauspielhaus und berichtete im Stil einer Rundfunkreporterin von der »prickelnden Spannung«, die über der Versammlung liege, und dass das Ergebnis sicherlich mit Verspätung bekannt gegeben würde. Bei mir prickelte gar nichts. Ich war selbst erstaunt über die Gelassenheit, mit der ich der Entscheidung entgegensah. Im Grunde glaubte ich nicht an einen Erfolg, den ich mir manchmal wünschte, manchmal aber auch nicht. Um 22.40 Uhr rief dann Rosemarie an: Der Preis sei an die Kollegin Sabine Rückert von der *Zeit* gegangen. Das war in Ordnung, mich hatte ihre Geschichte sehr beeindruckt. Trotzdem freute ich mich, dass viele Kollegen auch mir den Preis gegönnt hätten.

War ich denn gar nicht enttäuscht? Nein, selbst bei sorgfältiger und ehrlicher Prüfung konnte ich bei mir keine Enttäuschung entdecken. Ja, fast verspürte ich so etwas wie Erleichterung, weil die Auszeichnung und die damit verbundene öffentliche Aufmerksamkeit so gar nicht in meine Krankenzimmerwelt passen wollten. Bloß jetzt keine Interviews und keine öffentlichen

Erklärungen, nicht zum Preis und zu diesem Zeitpunkt schon gar nicht zu meiner Krankheit. Zu Triumphgefühlen war ich in meinem Zustand einfach nicht in der Lage.

War das bloß eine momentane Stimmung, oder hatte ich etwa den Journalismus und die damit einhergehenden Eitelkeiten hinter mir? Das mochte ich an diesem Abend nicht mehr entscheiden. Ich legte mich zur Ruhe und schlief schnell ein. Das Thema holte mich aber in den folgenden Tagen ein, und je intensiver ich darüber nachdachte, desto deutlicher wurde mir, dass meine journalistische Laufbahn endgültig vorbei war. Die Krankheit – und vor allem das Tracheostoma – hatte dafür gesorgt, dass ich die gewohnten Formen meiner Arbeit nicht fortsetzen konnte.

Die Vorstellung aber, dass ich künftig auf alles verzichten sollte, was fast ein halbes Jahrhundert den wichtigsten Teil meines Lebens ausgemacht hatte, wollte sich bei mir noch nicht so richtig festsetzen. Mich hat dieser Beruf ja fasziniert, ich habe es genossen, wenigstens als Zuschauer nahe dabei zu sein, wenn Geschichte entstand. Ich habe die Reisen geliebt und die Wahlkämpfe, die vielen unterschiedlichen Menschen, denen ich begegnet bin, und die Quälerei des Schreibens gegen die Uhr.

Ich habe immer gern geschrieben, tue es noch, aber leicht ist es mir keineswegs gefallen. Dazu war ich wohl zu perfektionistisch. Ich schrieb meine Texte mehrfach um, lange Jahre mit der Hand, redigierte sie pingelig und versah sie mit mehrfarbigen Zusätzen. Am Ende sahen die Manuskripte aus wie moderne Kunstwerke. »Das Schreiben empfand er stets als Folter«, hieß eine Zeitungsschlagzeile, die Bonner Kollegen mir an meine Bürotür geklebt hatten. Umso schöner war es, geschrieben zu haben.

Und selbst die unendlichen Wartezeiten vor den Fraktionstüren oder bei internationalen Konferenzen, die mich nervten, wenn ich sie erdulden musste, bekamen im Nachhinein einen Goldrand. Während ich in meinem Krankenzimmer mir rückblickend das Herz erwärmte, indem ich mir noch die albernsten

Kleinigkeiten schönträumte, wusste ich doch gleichzeitig, dass ich die Entwicklung meiner Branche in den letzten Jahren immer skeptischer gesehen habe. Ich habe in Aus- und Fortbildungsveranstaltungen an Universitäten und Journalistenschulen viel mit Studenten und Volontären gearbeitet, und was ich da manchmal erlebte, hat mich sehr nachdenklich gemacht.

Jetzt redete ich mit einigen Kollegen darüber, sowohl mit noch aktiven als auch mit Freunden im Ruhestand, die aber noch gelegentlich Beiträge schrieben, und merkte, dass sich meine Interessen verschoben hatten. Zwar las ich inzwischen fast wieder so ausführlich Zeitungen und Magazine wie zu meiner professionellen Zeit, aber weniger als früher erregten tagespolitische Veränderungen im Berliner Machtgefüge meine Aufmerksamkeit.

Noch immer faszinierten mich Menschen und ihre Schicksale, doch spannender als die meisten Politiker – mit Ausnahme des US-Präsidentschaftskandidaten Barack Obama – erschienen mir jetzt Künstler, markante Wirtschaftler und Wissenschaftler, auch Sportler sowie zunehmend ganz normale Menschen, die ein schwieriges Leben bewältigten. Über solche Menschen las ich gern Artikel und Bücher, und über solche Menschen würde ich heute auch lieber schreiben als über Politiker.

Das war der eine Grund, warum ich nicht nur traurig war, dass ich meine alte Profession nicht länger würde fortsetzen können. Der andere war die Erkenntnis, dass es mit dem Ansehen unseres Berufs – darüber waren die Kollegen und ich uns schnell einig – zurzeit nicht zum Besten stand. Dabei hatte ich noch im Januar, als ich für mein Lebenswerk ausgezeichnet wurde, in meinen Dankesworten gesagt: »Dies ist der schönste Beruf, den man haben kann.« Und in dem Augenblick hatte ich das auch so empfunden; dieses Urteil fasste die Erfahrung meines langen Berufslebens zusammen.

Schließlich hatte ich mir ja auch einen kleinen Ruhm erarbeitet. Nie hatte ich mir in meiner Schülerzeit ausgemalt, dass einmal ein Bundeskanzler oder ein Bundespräsident meinen Namen kennen, dass der große Fußballer Franz Beckenbauer mich persönlich in einer Pressekonferenz begrüßen, dass ich einmal von New York mit dem Hubschrauber zu einem Interview mit Norman Mailer fliegen würde. Meine Eltern haben sich später meinen Beruf nie richtig vorstellen können. Insgeheim habe ich immer vermutet, dass meine Mutter, wenn ich sie mal zu Hause besuchte, vorher die Nachbarn gewarnt hatte: »Holt eure Wäsche rein, die Komödianten kommen.«

Aber Zweifel daran, dass dieser Beruf noch immer so traumhaft und vor allem so seriös ist, waren mir in den letzten Jahren eben auch gekommen. Und die teilte ich mit vielen der älteren Kollegen, die mich in diesen Tagen besuchten. Als ich vor einiger Zeit mit meinem Buch »Höhenrausch« zu Lesungen und Diskussionen durch die Bundesrepublik tingelte, erlebte ich überall Misstrauen und Skepsis nicht nur gegenüber den Vertretern der politischen Klasse, sondern auch gegenüber den Medienmenschen, mich eingeschlossen.

Die Bürger, die zu meinen Veranstaltungen kamen, ältere zumeist, waren politisch interessiert, informationshungrig, ziemlich gebildet und absolut verunsichert. In offenen Gesprächen konnte ich persönlich zwar Vertrauen gewinnen, weil ja auch mein Buch ziemlich selbstkritisch war, aber grundsätzlich blieben wir Presseleute neben den Politikern die zentralen Bösewichter im politischen Spiel. Die Menschen trauten uns nicht.

Allzu verwunderlich fand ich das schon damals nicht. Jetzt erkannte ich in den vielen Stunden mit Zeitungslektüre während meiner Krankheit, dass Exkanzler Gerhard Schröder keineswegs unrecht hatte, als er einen generellen Trend in Richtung Boulevardisierung, Personalisierung und Skandalisierung beklagte. Mich ärgerte, wie liebedienerisch viele Beiträge waren, wie oberflächlich recherchiert und wie selbstgerecht geurteilt wurde. Die Eile, mit der viele Geschichten zusammengeschustert waren, schlug sich in sachlichen Fehlern und schlechtem Deutsch nieder.

Natürlich hatte ich noch in der Redaktion miterlebt, wie die technische Entwicklung die journalistische Arbeit zu verändern begann. Diese Entwicklung hat sich rasant beschleunigt. Spätestens 2040 werde die letzte Papierzeitung gedruckt werden, danach werde Journalismus ausschließlich im Internet stattfinden, prophezeit der amerikanische Zeitungswissenschaftler Philip Meyer in seinem Buch »The Vanishing Newspaper«. Ob das tatsächlich so kommen wird und was das bedeutet, kann ich nicht beurteilen. Ich sehe und höre nur, dass die Printmedien in einer ernsten wirtschaftlichen Krise stecken und dass Qualitätsjournalismus, der Zeit und Geld braucht, deshalb ernsthaft in Gefahr ist.

Mich bedrückt dabei vor allem, dass sich auch die Einstellung vieler jüngerer Kollegen zu ihrem Beruf offensichtlich verändert hat. Sie erscheinen mir karriere- und egobesessener einerseits, unverbindlicher und leidenschaftsloser in der Sache andererseits. Gibt es denn gar nichts mehr, wofür man sich begeistern kann? Und nichts, was einen erbittert und aufregt? »War früher alles besser?«, fragte mich ein junger Kollege spöttisch.

Sein Argwohn war natürlich berechtigt. Auch ich hatte mich früher ja gegen den ewig nörgelnden Vorwurf der Alten gewehrt, dass die Jugend nichts könne und nichts tauge. Nein, früher war keineswegs alles besser, manches aber schon. Dafür war anderes mies. Und die Gefahren, in diesem Beruf der eigenen Wichtigtuerei aufzusitzen und die abgeleitete Bedeutung als Berichterstatter mit persönlichen Verdiensten zu verwechseln, gab es damals auch. Ich habe ja schon erzählt, wie ich selbst bei meinem Versuch, meine unverbindliche journalistische Zuschauerposition zu verlassen und mich auch als Zeitgenosse und Bürger zu verstehen, der dem Vietnamkrieg, der Rassendiskriminierung und der Watergate-Affäre keineswegs neutral gegenüberstand, in eine lebensbedrohliche Krise geraten war.

Ich habe diese persönliche Krise durchaus auch als eine politische und journalistische Krise erlebt. Und während ich gezwungen war, mich intensiv mit mir selbst, meinen Prägungen, Gefühlen und Erfahrungen zu befassen, habe ich viel über andere und über das Leben gelernt. Das hat nicht nur mein Schreiben verändert, sondern auch meinen Blick auf die Politik und meine Profession. Ich habe mir so etwas wie ein inneres Geländer gezimmert.

Insofern war der Journalismus für mich auch eine Lebensschule. In welchem Beruf kommt man schon mit so viel unterschiedlichen Menschen in Kontakt und gerät in so verschiedenartige Situationen? Das stellt hohe Anforderungen an die Fähigkeit, Nähe zuzulassen und doch Distanz zu wahren. Ich habe ja nicht nur über Politik geschrieben, sondern auch über Fußball und Theater, über Gerichtsverfahren, Mondlandungen und Krankheiten. Es wird an den Universitäten und auf den Journalistenschulen nicht gelehrt, sich dem Leben zu öffnen und Menschen kennenzulernen, es wird aber auch nicht offiziell behindert. Jeder ist selbst gefordert, den Kontakt zum Alltag nicht zu verlieren.

Wer sich als Journalist den aufrechten Gang erhalten will, habe ich gelernt, der braucht ein reflektiertes Verhältnis zu sich selbst und seinem Beruf, einen verantwortlichen, bewussten Umgang mit der eigenen Subjektivität. Das ist die wichtigste Erfahrung meines beruflichen Lebens: Für jeden Journalisten sollte es selbstauferlegte Pflicht sein, sich durch reflektierte Erinnerung eine Haltung zu erwerben, eine für ihn ganz persönlich charakteristische, bewegliche Beharrlichkeit im Umgang mit dem Leben.

In seiner Haltung hat die Freiheit des Journalisten ihren

Rückhalt. Wie er auf Ereignisse und auf Menschen reagiert, wie er sich zur Macht und gegenüber Mächtigen verhält, das ist nicht nur individuell relevant, sondern das hat auch politische Folgen. Für mich sind zwei Sätze als Leitlinien bestimmend geworden. Der erste heißt: Wirklichkeit ist alles, wo man durchmuss. Der zweite ist eine Gedichtzeile von Peter Rühmkorf: »Bleib erschütterbar und widersteh.«

Beide Sätze waren auch jetzt, da die Krankheit den Journalismus als Lebensschule abgelöst hatte, für mich von existenzieller Bedeutung. Die unverändert gespürte tödliche Bedrohung durch den Krebs, meine körperliche Schwäche und meine seelischen Tiefs waren die Wirklichkeit, durch die ich mich durchkämpfen musste. Ich durfte mich um die Konsequenzen der Krankheit nicht herumdrücken, aber ich durfte mich von ihnen auch nicht unterkriegen lassen. Also bewältigte ich täglich mein therapeutisches Pensum und sah, dass es gut war.

Draußen war der Frühling voll ausgebrochen, die Kastanien leuchteten in ihrer roten und weißen Blütenpracht, und auch der Flieder begann zu blühen. Mit meiner Therapeutin zusammen machte ich jetzt täglich meine Runden am Rollator durch den Park, den ich bisher immer nur von meinem Bett aus gesehen hatte. Auch die Besuche meiner Frau fanden jetzt immer häufiger im Freien statt. Auf der Bank in der Sonne redeten wir unter duftendem Flieder stundenlang über unsere Vorstellungen von der Zukunft. Die waren jetzt wesentlich bescheidener als vor meiner Entlassung aus der Charité im vergangenen Jahr. Den Begriff »Normalität« benutzten wir nur noch vorsichtig mit dem Zusatz »neu«. Wir hatten auf die harte Tour lernen müssen, dass eine Rückkehr ins alte Leben nicht möglich war und auch in Zukunft nicht möglich sein würde.

Es waren traurige Stunden, aber auch gute. Wir waren noch enger zusammengerückt in den schweren letzten Monaten.

Und sosehr ich auch um zerronnene Träume trauern mochte, so dankbar war ich für mein reiches Leben in der Vergangenheit. Oft saßen wir einfach nur da und ließen uns von der Sonne bescheinen. Jeder hing seinen Gedanken nach, Rosemarie – die neben den täglichen Besuchen bei mir auch ihre Praxis weiterführte – entspannte sich, ich fühlte mich geborgen.

Manchmal kamen auch Susanne und Wolfgang mit den Kindern dazu, dann war plötzlich viel Betrieb um mich herum. Aber im Gegensatz zu früheren Monaten, als mir die Quirligkeit von Fedor und Anna Delphine manchmal zu viel gewesen war, genoss ich jetzt ihre kraftstrotzende Anwesenheit. Meine Lieblingsbank vor den Fliederbüschen wurde bald auch zu ihrem Lieblingsspielplatz, denn aus der Zeit, als hier noch kranke Kinder gepflegt wurden, waren die Skulpturen einer Märchenprinzessin und des Froschkönigs stehen geblieben. Außerdem hüpften Eichhörnchen über den Weg, und eine Maus huschte zur Begeisterung der Kids unter der Bank herum.

Ich schloss die Augen, hörte ihr aufgeregtes Gekreische, ergriff die Hand meiner Frau, spürte die warme Sonne im Gesicht – und fühlte mich einen Augenblick lang richtig glücklich. Trotz alledem.

12. Kapitel

Angst vor dem Leben

»Freundschaft macht menschengläubig«

Geburtstag, mein einundsiebzigster. Zur Feier des Tages hatte ich mir von den Schwestern der Station gewünscht, dass mir jemand beim Duschen und Haarewaschen beistehen möge. Versprochen. Doch dann hatte an diesem Samstag vor Pfingsten überraschend eine Aushilfspflegerin Dienst, die es noch nicht einmal fertigbrachte, meine Sprachkanüle zu säubern und wieder einzusetzen. Ich heulte vor ohnmächtiger Wut und aus Enttäuschung. Hilflos stotterte die Pflegerin: »Aber nun weinen Sie doch nicht, Sie sind doch nicht allein.« Und obwohl ich das in diesem Augenblick ganz anders sah, rührte mich ihr naiver Trostversuch, fast wären mir wieder die Tränen gekommen.

So ging es mir in diesen Tagen, an denen das »verflixte siebzigste Jahr« unter der Vorherrschaft des Tumors abgelaufen war: Ich war emotional leicht zu erschüttern, meine Gefühle fuhren Achterbahn, schwankten heftig zwischen Trübsal, Hoffnungslosigkeit und plötzlichen euphorischen Aufwallungen. Über Wochen hatte ich den Tod erwartet, ja ihn mir gewünscht, hatte mit Entsetzen in den Abgrund des Irrsinns geblickt, fühlte mich der Willkür von Ärzten ausgeliefert, denen ich nicht traute. Jetzt spürte ich, dass die gesundheitliche Talfahrt erst einmal beendet war und dass in mir die Kraft wuchs, es wieder mit dem Leben zu versuchen.

Unsicherheit blieb. Der Krebs, der mich so unvermittelt und heimtückisch vor einem Jahr überfallen hatte, galt als verschwunden. Ob er aber unter der Intensität der Bestrahlung völlig zerstört war oder ob er sich insgeheim schon wieder regenerierte und in absehbarer Zeit wiederkehren würde, wusste keiner der vielen Experten verbindlich zu sagen. Gerüchte aus Medizinerkreisen, die mir nicht verborgen blieben, wollten wissen, dass ohne Operation – also nur mit Bestrahlung und Chemo – kein Tumor völlig auszumerzen sei. Auch hätten gerade Krebsgeschwulste im Halsbereich die Eigenart, nachzuwachsen und wiederzukehren.

Gerüchte, wie gesagt. Aber offizielle Dementis gab es auch nicht. Es blieb eben eine breite Grauzone der Unberechenbarkeit, mit der ich leben musste, wenn ich leben wollte. Und das wollte ich, das war mir inzwischen ganz klar. Obwohl ich wusste, dass ich – nachdem ich so brutal an meine Grenzen gestoßen war – ein sehr viel eingeschränkteres Leben als früher würde führen müssen.

Ich würde wohl für den Rest meiner Tage auf Sondenkost angewiesen sein. Die Abhängigkeit von dieser Versorgung begrenzte meine Reisefähigkeit erheblich. Ich konnte nicht klar sprechen, öffentliche Auftritte waren also Vergangenheit. Vergnügungen wie Schwimmen oder in die Sauna gehen waren vorbei. Meine Gehfähigkeit verbesserte sich zwar von Tag zu Tag, gleichwohl würde ich auf längere Spaziergänge wohl für immer verzichten müssen.

Und dennoch – ich stimmte sofort zu, als Rosemarie, die am Morgen meines Geburtstages als Erste anrief, uns zusammen »noch ein paar menschenwürdige Jahre« wünschte. Wo meine Würde unter den gegebenen Umständen anfing und wo sie aufhörte, das musste ich wohl – nach Erprobung im praktischen Alltagsleben – neu definieren. Darauf zu achten, das gehörte auch zu meinem neuen Leben. Aber hatte es nicht in Wahrheit auch schon zum alten gehört? Es war allerdings möglich, dass mein Sensorium für Grenzsituationen feiner geworden war.

Meine Frau hatte mich telefonisch noch aus Hamburg beglückwünscht, vom Frühstückstisch im feinen »Atlantic«, wo sie nach der Preisverleihung am Vorabend von den Veranstaltern untergebracht worden war. Auch Susanne gratulierte mir noch von dort. Am Nachmittag saßen sie beide dann mit mir auf der Bank unter den Fliederbüschen vor der Geriatrie in Berlin und erzählten, wen sie alles getroffen hatten und wer mich grüßen ließ. Und Susanne schenkte mir ein wunderbares Fotoalbum mit Bildern von meinem siebzigsten Geburtstag.

Mit der Erinnerung an diesen unvergesslichen Tag kam allerdings unversehens auch die Angst vor der Zukunft wieder. In meiner Begrüßungsrede hatte ich sie alle als Freunde angesprochen, und keiner hatte sich gegen diese verbale Vereinnahmung gesträubt. Aber würde das auch jetzt noch gelten, jetzt, da ich nur noch eine Ruine meiner selbst war?

Es war ein großes Fest gewesen, vielleicht gerade weil ich alle kurz vorher von meiner Erkrankung in Kenntnis gesetzt und auch in meiner Rede kein Geheimnis daraus gemacht hatte. Allerdings hatte ich auch versucht, das Thema ein bisschen zu entdramatisieren und das Schwergewicht auf die glücklichen, wenngleich keineswegs immer nur einfachen Jahre der Vergangenheit zu legen – die galt es zu feiern.

Wir feierten in einer warmen, vertrauensvollen Atmosphäre, die ich als freundschaftlich empfand. Liebevolle Reden aus dem Kreis der Geladenen vertieften den Ton der Zuneigung, die diesem Treffen seine besondere Note gab.

Besonders die warmherzige, kluge und anrührende Rede meiner Tochter Susanne hatte das Klima des Abends geprägt. Viele hatten mich zu dieser Tochter beglückwünscht, und auch zu ihrem Mann, der ihre Worte einfühlsam vorgetragen hatte. Ohne dass sie es direkt aussprechen musste und ohne die geringste Gefahr, ins Sentimentale oder gar Schnulzige abzugleiten, war

Liebe das Thema von Susannes Rede gewesen – Liebe nicht als Gemütszustand oder intime Zuneigung, sondern als praktische Lebensweise zweier Menschen, die einander nicht nur mögen, sondern sich auch gegenseitig achten und in ihren Eigenheiten gelten lassen. Das hatte ihren Beitrag zur Grundmelodie des Abends gemacht und ihm in meiner Wahrnehmung seinen eigentümlichen Charakter gegeben.

Natürlich konnten die, die damals vor mir saßen, nicht alle »wahre« Freunde sein, wie Michel de Montaigne sie in seinen berühmten Essays beschrieben hatte. Denn »die wahre Freundschaft«, wie der französische Edelmann sie vor fast drei Jahrhunderten sah und wie sie in idealisierter Form seither die Sehnsucht nach uneingeschränkter Verbindlichkeit speist, »ergreift vom ganzen Menschen Besitz und beherrscht ihn so uneingeschränkt, dass sie sich unmöglich vervielfältigen lässt«. Aber solch einer einzigartigen Freundschaft bin ich nicht begegnet, ich bezweifle auch, dass ich ihr gewachsen wäre. Und wo im richtigen Leben gibt es überhaupt Freunde wie Winnetou und Old Shatterhand?

Tatsächlich ist Freundschaft ein sehr elastischer Begriff, und von Aristoteles bis Niklas Luhmann gibt es in der langen Tradition des Denkens über dieses Phänomen keine verbindliche Definition des Wesens der Freundschaft. Nein, ich musste mich schon mit Montaignes »gewöhnlicher Freundschaft« begnügen, einer »auf wechselseitigem Verständnis beruhenden innigen Beziehung«. Die freilich hatte ich bei all meinen Geburtstagsgästen vorausgesetzt, wobei es für den schönen altmodischen Begriff »innig« sicher modernere Begriffe von großer Bandbreite geben dürfte.

In den nächtlichen Phantasien im Krankenbett des Evangelischen Geriatriezentrums kamen mir die Tränen, wenn ich mir die Feier noch einmal heraufbeschwor. Ich sah mich wieder mit dem Mikrophon in der Hand zur Begrüßungsrede aufstehen und hörte, wie ich die Befangenheit wegzuräuspern versuchte. Mit einer Mischung aus Stolz, Rührung und Dankbarkeit blickte ich in die Runde, bevor ich zu sprechen begann. Ich hatte meine Gäste in Gruppen eingeteilt und sie den verschiedenen Phasen meines Lebens zugeordnet. So saßen sie aber nicht, und deshalb versuchte ich mir erst einmal einen Überblick zu verschaffen, um meine jeweiligen Ansprechpartner zu orten.

Mit den Verwandten begann ich. Im engeren Familienkreis gab es durchaus Zweifel an meiner Entscheidung, auch sie unter die Freunde zu rechnen. Schließlich widersprach der Charakter der verwandtschaftlichen Beziehung an einem zentralen Punkt dem Wesen der Freundschaft – denn Freunde wähle ich mit meinem freien Willen, meine Herkunftsfamilie aber und auch die Familien meines Ehepartners und meines Kindes kann ich mir nicht aussuchen, da werde ich hineingeboren oder hineingeheiratet. Allerdings hatte ich zu meinem Fest ja nicht die Großfamilien eingeladen, sondern nur jene Mitglieder, denen ich mich mehr oder weniger freundschaftlich verbunden fühlte. Und es ist Gefühl mehr als Vernunft, was bei Freundschaften den Ausschlag gibt.

Als Nächstes begrüßte ich die Schul- und Studienfreunde. Mit einigen stand ich noch immer in regelmäßigem Kontakt. Gegenseitige Anteilnahme an Schicksalsschlägen und veränderten Lebenssituationen hatten dafür gesorgt, dass diese Beziehungen sich nicht in rührenden Weißt-du-noch-Geschichten erschöpften. Von einer »unaufbrauchbaren Substanz« hatte einer meiner ältesten Freunde vor Jahrzehnten in einem Brief an mich gesprochen. Jetzt sah ich, dass es diese Substanz tatsächlich gab. Wir trafen uns ein-, zweimal im Jahr, telefonierten von Zeit zu Zeit und waren vertraut mit jüngeren Entwicklungen im Leben des jeweils anderen, obwohl wir daran keinen direkten Anteil mehr hatten.

Ein Grundgefühl von Vertrautheit hatte diese freundschaftlichen Beziehungen über die Zeit getragen. Einer der Freunde zitierte in seiner Rede aus meinen zum Teil recht griesgrämig klingenden Erinnerungen an mein verkrampftes Erwachsenwerden in der Kleinstadt und konfrontierte mich mit seinen Erinnerungen an doch recht fidele Momente meiner Jugend. Ich freute mich darüber, denn natürlich hatte es diese Augenblicke auch gegeben. Ich wusste ja, dass mich viele meiner Mitmenschen im Grunde für einen lebensfrohen Typen hielten. Zu Recht, denn das bin ich ja auch. Aber die Schattenseite ist ebenso in mir. Jetzt machte mir seine Schilderung noch einmal deutlich, wie sorgsam ich zeitlebens den depressiven Grundzug meines Wesens vor meiner Umwelt versteckt hatte.

Andere waren da, die ich jahre-, ja jahrzehntelang nicht gesehen hatte. Zu ihnen einen unmittelbaren emotionalen Zugang zu finden war leicht und schwer zugleich. Leicht, weil die alte Zuneigung natürlich nicht verschwunden war und das Gedächtnis genügend Bilder aus der gemeinsamen Vergangenheit gespeichert hatte. Schwer, weil das Bild von damals in mir verfestigt war, während der Freund oder die Freundin sich doch über die Jahre – genau wie ich – verändert haben musste, was man ja auch sehen konnte. Diese Unsicherheit machte mich ein bisschen befangen, und erst im späteren direkten Gespräch hob sich der Schleier der Fremdheit und wich einer beglückenden Vertrautheit.

Dieser Prozess wiederholte sich auch bei der nächsten Gruppe, den Freunden aus unserer Amerikazeit. Einige wohnten jetzt auch längst wieder in Deutschland, mit ihnen hatte sich in gelegentlichen Begegnungen viel von der alten Zuneigung erhalten. Andere lebten noch in den USA, da waren die Kontakte seltener, aber manchmal sogar intensiver. Ich hatte schon während meiner Korrespondentenzeit in Washington erfahren, dass ein Telefonat mit Freunden über den Atlantik hinweg oft offener ablief als ein Alltagsplausch per Ortsgespräch. Das hatte sich nach unserer Rückkehr in die Heimat bestätigt.

Überhaupt hatte ich die Erfahrung gemacht, dass Abstand der Freundschaft nicht schlecht bekommt. Natürlich ist Freundschaft auf Dauer angelegt, aber dass bisweilen eine Schonzeit erfrischend wirken kann, hat schon Goethe festgestellt. In einem Brief an Achim von Arnim schrieb er 1814: »So wie die Pausen eben so gut zum musicalischen Rhythmus gehören als die Noten, eben so mag es auch in freundschaftlichen Verhältnissen nicht undienlich seyn, wenn man eine Zeitlang sich wechselseitig mitzuteilen unterlässt.« Durch ihre Anwesenheit frischten meine Amerikafreunde viele Erinnerungen an sieben der wichtigsten Jahre meines Lebens auf und machten sie gegenwärtig.

Noch während ich mir in meinem Krankenhausbett die für mich inzwischen legendäre Geburtstagsfeier ein weiteres Mal vor Augen führte, fiel mir auf, dass ich die überwältigende Mehrheit jener Menschen, die ich als Freunde eingeladen hatte, erst nach meinem vierzigsten Lebensjahr kennengelernt hatte. Dass das kein Zufall war, wurde mir mit der nächsten Gruppe deutlich, die ich damals zu begrüßen hatte – meine Freundinnen und Freunde aus den Selbsthilfegruppen, alles trockene Alkoholiker.

Sie bildeten die größte Gruppe, und mit ihnen teilte ich die krassesten Erfahrungen. Nicht, dass ich mit jedem gemeinsam gesoffen hätte, auch war ich mit keinem zusammen in der Therapie gewesen. Aber uns alle einte das trostlose Schicksal der Süchtigen, die sich ausgestoßen und gedemütigt gefühlt hatten, verwahrloste Wracks, zu denen wir geworden waren, zitternde, haltlose Säufer.

Jeder hatte, wie ich, schon einmal in die Grube geblickt und seinen Tod herbeigesehnt. Und jeder war dann irgendwann plötzlich zur Abstinenz fähig gewesen. Ein Wunder, das keiner erklären, nur dankbar annehmen konnte. Und nun saßen sie mit Wasser im Glas zwischen den übrigen Gästen, waren erfolgreich und beschwingt wie sie, allenfalls ein bisschen demütiger als manche »Normalos«, wie wir die nichtsüchtigen Mitmenschen zu nennen pflegen, denen unser Schicksal erspart geblieben war.

Viele hundert Stunden hatte ich mit ihnen und ihren Schicksalsgenossen in aller Welt in Meetings zusammengesessen. Wir nannten uns Freunde, weil wir einander unsere Lebensgeschichten erzählten und Erfahrung, Kraft und Hoffnung miteinander teilten, um trocken zu werden und zu bleiben. Und wir versuchten, ein neues, ein anderes Leben zu leben, selbstverantwortlich und ehrlich uns selbst und anderen gegenüber. Ich hatte von ihnen gelernt, mich unbekannten Alkoholikern ohne falsche Vorsicht zu öffnen und ihnen von meinen eigenen Fehlern und Schwächen zu erzählen. So waren andere mit mir umgegangen, als ich verzweifelt nach Auswegen suchte aus dem Suff. Und damit hatten sie mein Vertrauen gewonnen.

Heute weiß ich, dass diese Haltung mein Leben verändert hat, zumindest meine Beziehung zu anderen Menschen. Denn nach und nach bin ich nicht nur alkoholischen Leidensgefährten, sondern auch anderen Menschen mit größerer Offenheit und Bereitschaft zur Teilnahme entgegengetreten. »Freundschaft macht menschengläubig«, hat der Publizist Siegfried Kracauer in einem Essay zum Thema behauptet. Dieser Satz lässt sich auch umdrehen: Der Glaube an die Menschen macht freundschaftsfähig.

Aus der Furcht, durch die Krankheit meine Freunde zu verlieren, war in den Krankenhausnächten aus der Erinnerung an mein großes Fest unversehens eine Grübelei über das Wesen von Freundschaft geworden. Mir wurde klar, dass mein Leben als Journalist, das mich in der Welt herumreisen ließ, und mein Schicksal als Süchtiger mit den Erfahrungen einer neuen Offenheit gute Voraussetzungen für neue Freundinnen und Freunde waren. Fast immer begannen diese Beziehungen – oft spontan – als bloße Bekanntschaften, und viele schliefen auch bald wieder ein. Andere aber, die sich vertieften, wurden oft erst nach längerer Zeit als Freundschaften erkannt.

Viele meiner Beziehungen zu den Freunden, die ich in meiner Rede zur großen Geburtstagsfeier noch zu begrüßen hatte – die *Spiegel*-Kollegen und die journalistischen Kollegen von anderen Medien aus der Bonner und der Berliner Zeit, die Partner aus der politischen Szene, die Freundinnen und Freunde meiner Frau, die auch meine Freunde wurden, und Mitmenschen aus dem neuen Berliner Lebensbereich –, gehörten in diese Kategorie.

Da meine journalistische Arbeit sich in Bereichen abspielte, in denen Konkurrenz und individualistische Einzelgängerei die Norm waren, freute ich mich besonders, dass ich während meiner langen Laufbahn doch eine Reihe von Kolleginnen und Kollegen gefunden hatte, die ich zu meinen verlässlichen Freunden zählte und von denen ich glauben durfte, dass sie meine Freundschaft erwiderten. Denn über Freundschaft redet man ja nicht, und Irrtümer und Enttäuschungen sind nicht ausgeschlossen.

Noch schwieriger, weil belastet durch berufliche Interessenunterschiede, wenn nicht gar Gegensätze, waren für mich die Beziehungen zu Freunden aus der Politik. An meinem fünfzigsten Geburtstag war noch Gerd Schröder dabei gewesen, damals Bundestagsabgeordneter, zwanzig Jahre später gab es keinen Spitzenpolitiker mehr bei meinem Fest. Zu denen verbot sich die Freundschaft als Journalist ohnehin, aber gekommen waren doch einige wichtige intellektuelle Berater aus dem politischen Bereich. In gegenseitiger Achtung hatten wir es geschafft, uns ein freundschaftliches Verhältnis zu bewahren.

Es gehört wohl zum Wesen der Freundschaft, dass sie sich zu verflüchtigen droht, wenn man sie mit allgemeinen Begriffen zu fassen versucht. Und Freunde müssten sich gekränkt fühlen, würde ich sie bewerten und vergleichen. Aber wie sie an jenem Festtag vor mir saßen, empfand ich Freundschaft ganz konkret. Von ihren vertrauten Gesichtern konnte ich meine Lebensbilanz ablesen, in ihnen spiegelte sich mein Schicksal. Jeder mochte mich ein bisschen anders sehen, aus seinem Wesen heraus anderes bei mir gesucht oder gefunden haben. Sie alle aber hatten mein Leben reicher gemacht. Und nach dem Fest, in den Monaten meiner Krankheit bis zum Verstummen, hatten sie alle zu mir gestanden, mit Blumen und Geschenken, Briefen, Anrufen und Besuchen. Ihre Teilnahme trug mich über manches Tief hinweg.

Würde das alles jetzt zu Ende sein?

Über mangelnde Beachtung meines aktuellen Geburtstags brauchte ich mich allerdings nicht zu beklagen, ich notierte insgesamt neunzehn Anrufe, Briefe sowie Blumen- und Buchpräsente. Aus Hamburg kam unsere Freundin Ilse als Überraschungsgast. Normalerweise führe ich über solche Dinge nicht Buch, aber in meiner labilen Stimmungslage half jedes Wort, jede geschriebene Zeile und vor allem jeder Besucher meinem angeschlagenen Selbstwertgefühl.

Der Rückschlag traf mich tags darauf, am 11. Mai, Pfingstsonntag. Rosemarie war nach Lüneburg gefahren zu Freunden, die sich seit vielen Jahren an diesem Tag auf einem ausgebauten ehemaligen Bauernhof zu treffen pflegten, um über Kunst zu diskutieren. Nun war ich schon das zweite Mal nicht dabei. Müde und ohne Antrieb hockte ich auf meinem Bett und trauerte dem gestrigen Trubel nach, als der Oberarzt zur Visite kam.

Dem gefiel meine verzagte Haltung überhaupt nicht. Ich würde es ohnehin noch schwer genug haben in Zukunft, unkte er düster, die Gefahr von Halsentzündungen sei schließlich immer groß, dann würde ich schrecklich nach Luft schnappen, und dann sei immer noch ausreichend Zeit, um Trübsal zu blasen. »Sie müssen rein ins Leben«, sagte er, »Sie liegen mir noch viel zu oft im Bett rum. Denken Sie nicht an gestern und morgen, halten Sie sich an die Gegenwart.«

Erst wollte ich empört auffahren. Konnte der junge Herr Doktor sich denn gar nicht einfühlen in mein schweres Los? Dann musste ich selber lachen über meine Wehleidigkeit. Er hatte ja recht, draußen war Frühling, und nachmittags wollte mein Schwiegersohn mit Enkel Fedor kommen, was beklagte ich mich also? Ein bisschen mehr von jenem »fighting spirit«, dem Kampfgeist also, den die Psychoonkologen in ihren Patienten zu wecken versuchen, würde mir mit Sicherheit gut bekommen. Also zog ich meinen Trainingsanzug an, griff mir den Rollator und schob nach draußen.

Nach einer größeren Runde verschnaufte ich auf meiner Bank unter dem Flieder.

Lange würde es nun nicht mehr dauern, bis sie mich nach Hause entließen. Aber so sehr ich diesem Augenblick auch entgegenfieberte, so sehr ängstigte mich die Aussicht auch. Hatte ich nicht gerade wieder erlebt, wie labil mein Zustand war? Noch fühlte ich mich keineswegs den Herausforderungen eines Lebens ohne Unterstützung gewachsen. Da war einmal meine körperliche Schwäche, die allerdings von Tag zu Tag abnahm. Aber ich sollte mich endlich damit abfinden, dass ich in meinem künftigen Leben auf vieles würde verzichten müssen. Dafür, das merkte ich, brauchte ich noch Zeit.

Die Sozialarbeiterin der Klinik hatte mir in der vergangenen Woche einen von ihr ausgefüllten Antrag auf einen Schwerbehindertenausweis zum Unterschreiben vorgelegt. Ich setzte ohne Kommentar und scheinbar locker meinen Namen darunter. Aber danach, als ich wieder allein war, musste ich doch heftig schlucken. War ich denn jetzt tatsächlich ein Krüppel?

Es ist eine Sache, wenn man sich selbst als Ruine oder Wrack beschreibt, eine andere aber, wenn Außenstehende das tun. Ich musste begreifen: Ich bin ein Schwerbehinderter. Ein Antrag auf Pflegehilfe würde folgen. Ich musste lernen, mich als einen Menschen zu akzeptieren, der auf vielen Gebieten kein vollwertiger Partner mehr ist. Von dem alten Jürgen, dem *Spiegel*-Leinemann, musste ich mich verabschieden. Das verunsicherte mich nicht nur, es weckte auch Sehnsucht nach Sicherheit.

»Die Trauer«, sagt der Psychoanalytiker Wolfgang Schmidbauer, »ist eine partielle Resignation: Das Verlorene ist noch nicht ersetzt, aber es ist nicht alles verloren. Sie muss von der vollständigen Resignation unterschieden werden, die depressive Zustände auszeichnet.« Anders als noch ein paar Wochen zuvor saß ich ja nicht mehr den ganzen Tag stumm da und ließ mich mimisch und gestisch hängen. »War die Stimmung anfangs gleichbleibend depressiv, hellte sie sich bis zur Entlassung deutlich auf«, schrieb der Hauspsychologe des Evangelischen Geriatriezentrums in seinem Abschlussbericht. Kennzeichnend seien zuletzt eher häufige Stimmungsschwankungen gewesen – »von depressiven Momenten mit Hoffnungslosigkeit und Hadern mit dem Schicksal bis hin zu leichter Euphorie mit anspruchsvollen Zukunftsplänen«.

Mit den »anspruchsvollen Zukunftsplänen« meinte er die vage geäußerte Idee, unter Umständen meine Krankheitserfahrungen für ein Buch zusammenzufassen. Das kam ihm zu ehrgeizig und aufwendig vor, er schlug stattdessen bescheidenere Beschäftigungen vor, zum Beispiel erst einmal wieder Bücher zu lesen statt zu schreiben. Das tat ich aber längst, und erleichtert registrierte ich, dass ich mich darauf inzwischen wieder ganz gut konzentrieren konnte. Und Schreiben – auch das hatte ich mittlerweile ausprobiert – lenkte mich vom Grübeln ab und entspannte mich. Und es war auch in einem existenziellen Sinne nützlich. Denn »das Schreiben«, weiß der spanische Schriftsteller Jorge Semprún, »ist eine Art und Weise, sich als Person zu rekonstruieren«. Von einer schriftlichen Auseinandersetzung mit meiner Krankheit versprach ich mir also einen gewissen selbsttherapeutischen Nutzen.

Während mich so der verschwundene Tumor weiterhin beschäftigte, drehte ich täglich mit Tatjana, einer besonders einfühlsamen und einfallsreichen Therapeutin, meine Runden durch den Park. Noch immer brauchte ich zur Sicherheit den

Rollator, doch hielten wir uns schon lange nicht mehr an die befestigten Wege. Um meine Gehsicherheit zu erhöhen, lotste sie mich eineinhalb Kilometer über rumpelige Rasenflächen, durch weiche Sandwege und sogar über Kieselsteinstrecken. Zur Erholung brauchte ich zwischendurch allerdings kleine Sitzpausen. Bis zu fünfzehn Minuten schaffte ich inzwischen auch ohne Gehhilfe. Auf der Treppe brachte ich es immerhin auf acht Stufen.

Normalerweise war ich nach dem anstrengenden Therapieprogramm und den reichlichen Besuchen abends ziemlich müde. Einmal war ich sogar bei einem Fußballspiel im Fernsehen eingeschlafen, dennoch betrachtete ich das wiedererwachte Interesse an meinem Lieblingssport als ein ermutigendes Zeichen. Doch am 15. Mai, eine Woche vor dem vorgesehenen Entlassungstermin, schreckte ich plötzlich nachts aus tiefem Schlaf auf und konnte nicht wieder einschlafen. Panik hielt mich wach. Erst waren meine Gedanken noch ganz wirr und unklar, dann fügten sie sich zu Fetzen von Bildern – die Heimkehr und ihre Tücken.

Vergeblich versuchte ich meine Ängste zu verdrängen. Wie sollte ich mich mit dem Rollator durch die Wohnung bewegen? Würde ich wieder stundenlang in meinem roten Sessel sitzen und vor mich hin starren? Würde Rosemarie genügend Geduld mit mir aufbringen? Ob mich dort überhaupt jemand besuchte? Wie sollte ich den Weg zum Hausarzt schaffen? Fragen, Zweifel, Furcht. Ruhelos warf ich mich im Bett herum, rechte Seite, linke Seite, in immer kürzeren Abständen. Druck baute sich auf. Wieder fühlte ich mich in meinem Körper eingeschlossen, wie in ein zu enges Futteral. Die Haut spannte, ein Heer von Ameisen schien in mir herumzukrabbeln.

Endlich drückte ich den roten Signalknopf. Die Nachtschwester kam. »Kann ich noch eine Schlaftablette haben?«, fragte ich, obwohl ich im Grunde wusste, dass daraus nichts werden würde. Die Schwester, sie war noch sehr jung, guckte bekümmert:

»Ich muss den Arzt fragen, so wollen es meine Anweisungen.« Nach einer Weile kam sie mit Beruhigungstropfen zurück, die nicht halfen. Ich warf mich weiter im Bett herum, meine Glieder zuckten wie im Krampf. Die Schwester setzte sich an mein Bett, nahm meine Hand und blickte mitfühlend auf mein Gezucke. »Sie sollten mit jemandem darüber reden«, riet sie. Irgendwann beruhigte ich mich.

Es war die Chefin, die am nächsten Morgen mit mir sprach. Sie verteidigte die Entscheidung des Arztes: Das ganze komplexe System von Medikamenten für Tag und Nacht wäre sonst durcheinandergeraten. Plötzlich fiel ihr ein junger Psychiater ein, subtil und einfallsreich, der gerade im Hause war. Den würde sie mir schicken, der kenne sich aus mit solchen Panikattacken.

Dieser Arzt war tatsächlich ein Autorität ausstrahlender Mann, sehr präsent, sehr vertrauenswürdig. »Sie haben Schwierigkeiten?«, fragte er. Dann hörte er aufmerksam zu. Als er redete, traf er sofort den Punkt. »Im Augenblick sind Sie nichts als Ihre Krankheit«, sagte er. »Das macht wütend, weil Sie sich hilflos fühlen, unter Wert geschlagen.« Das Wort »trauern« fiel, Trauerarbeit war wohl in der Tat angesagt in dieser Situation. Aber leistete ich die nicht schon? Während ich an seinen Vorschlägen kaute, begannen die Ameisen in mir wieder zu kribbeln, die Haut spannte sich, die Beine zuckten.

Der Hauspsychologe versuchte es am Mittag dann mit einer Entspannungsübung: »Mit einem großen Ballon schwebst du ganz sacht nach oben – immer höher – du spürst die Luft, die an dir vorbeirauscht – es ist still, ganz still hier oben – du spürst deinen Atem – ganz ruhig und gleichmäßig – ein und aus, ein und aus – du bist ganz ruhig.« Seine Stimme war suggestiv, eindringlich. Ich überließ mich ihr ohne inneres Widerstreben. Die Ameisen regten sich nicht.

Tatsächlich galt mein Allgemeinzustand, wie ich dem abschließenden Arztbericht entnehmen konnte, inzwischen als stark verbessert. Eine leichte reaktive Depression war mir zwar geblieben, aber sonst klang der Bericht sehr viel positiver: »Denken wach, klar, keine kognitiven Defizite. Stimmung leicht gedrückt, aber modulierbar. Kein Wahn. Keine Halluzinationen. Patient verneint glaubhaft Suizidalität.«

Auch meine Sprechverständlichkeit sei »erheblich besser« geworden, nachdem ich in einundzwanzig logopädischen Therapieeinheiten gelernt hatte, dass ich zwar kein Wasser trinken, wohl aber den Mund mit Wasser spülen konnte, um so die Mundtrockenheit zu mildern. Denn die Speicheldrüsen waren durch die Bestrahlung weitgehend zerstört. Gesteigert hatten sich auch meine physische Belastbarkeit und Mobilität. Der freie Stand war jetzt zwölf Minuten lang möglich. »Das Gangbild ist sichtbar flüssiger und stabiler.« An meinen Unterschenkeln konnte ich schon wieder ein paar Muskeln fühlen.

Die Tage der letzten Woche verliefen in meiner Wahrnehmung zähflüssig und vergingen doch wie im Flug. Rosemarie berichtete, dass der Pflegedienst zu Hause auf meine Rückkehr eingerichtet sei und dass die Schwestern am 22. Mai geschlossen antreten würden, um sich von einer Expertin in die Pflege und Auswechslung meiner Tracheostoma-Kanülen einweisen zu lassen. Wir saßen wie immer auf der Bank unter dem Flieder, der aber inzwischen welkte. Auch die Blütenkerzen der Kastanien rieselten als weißer und rosa Schnee von den Bäumen. Der Frühling war vorbei, ebenso die Phase meiner Vorbereitung auf die Rückkehr ins richtige Leben.

Jetzt begann der existenzielle Ernstfall. Mir machte nicht so sehr zu schaffen, dass ich viele meiner gewohnten und vertrauten Rollenbilder würde aufgeben müssen, sondern vielmehr die Unsicherheit, ob ich neue finden würde. Das fing mit der Krebskrankheit an – konnte davon überhaupt noch die Rede sein? Im Moment ging es nicht mehr um eine subjektiv empfundene Lebensbedrohung, sondern um die objektiv veränderte Lebensqualität. Das unmittelbare Chaos der Krebserkrankung und ihrer Folgen schien erst einmal bewältigt, jetzt musste es darum gehen, die Kontrolle über den Alltag meines Lebens wiederzugewinnen.

Ich brauchte auch Distanz zu meiner eigenen Erschütterung und damit eine neue Sprache im Dialog mit mir selbst. Die heroische Attitüde des unerschütterlich hoffenden Kämpfers gegen das in mir wuchernde Böse, die ich ohnehin, wie ich meinte, nur gebrochen zur Schau gestellt hatte, taugte nicht mehr für das alltägliche Ringen gegen die Resignation, das jetzt auf mich wartete.

Hatte ich den dafür gewünschten »fighting spirit«? Brauchte ich den überhaupt? Aber gewiss doch. Allerdings nicht in Form der großen Gesten und starken Bekenntnisse, sondern als Kampf gegen die kleinen Nachlässigkeiten. Dass aktive, kämpferische, expressive Bewältigungsstrategien allemal hilfreicher seien als eine resignative, jammerige Haltung, berichten alle Studien zum Verlauf von Krebserkrankungen. Also bloß kein sozialer Rückzug. Dafür Genauigkeit im Detail.

Es kostete Kraft und Aufmerksamkeit, auch dann den Mund zu spülen, wenn es im Rachen brannte wie Feuer. Es brauchte Hartnäckigkeit, die Schleimblockaden abzuhusten, auch wenn es schmerzte und andere störte. Es forderte Wachsamkeit, den Augenblick zu erfassen, wenn eine millimeterfeine Senkung des Kopfes zum lähmenden Druck auf das Tracheostoma führte. Und es verlangte Disziplin, zu erkennen, wann ich mich rasieren, besser anziehen oder zum Friseur gehen sollte. Ich sah im Krankenhaus, wie schnell Patienten zu verwahrlosen begannen, und nahm mir vor, möglichst schnell meine Hosen und Jacketts zum Änderungsschneider zu bringen. Denn noch immer wog ich siebzig Kilogramm, und auf neunundachtzig Kilo, wie vor meiner Krankheit, würde und wollte ich es nicht wieder bringen.

Und es war Zeit, meine distanziert ironische Sprach- und Lebenshaltung wiederzubeleben. Im Beruf hatte ich sie gepflegt und behutsam angewandt, um zwischen den widerstreitenden Interessen und Argumenten zu vermitteln, die auf mich eindrangen. Und natürlich auch, um mich nicht zerreißen zu lassen von meinen eigenen Widersprüchen. Während meiner Krankheit war mir diese Distanz zu mir selbst und dem auf mich eindringenden Geschehen nahezu völlig verlorengegangen.

Mit dieser ironischen Lebenshaltung meinte ich keinesfalls, dass ich auf jede ernsthafte Position verzichten und alles in Mehrdeutigkeit auflösen wollte. Es ging mir vielmehr darum, mit einem Blick von außen auf mich selbst die eigene Widersprüchlichkeit zu erkunden und zu akzeptieren. Ich begann unter dem tyrannischen Ernst zu ächzen, mit dem ich selbst in den letzten Monaten jedes Detail meines Lebens befrachtet hatte, und wünschte mir von Fall zu Fall wieder eine größere Leichtigkeit der Wahrnehmung, eine augenzwinkernde Betrachtung, weil manche Dinge vielleicht auch ganz anders sein könnten als gedacht.

Hatte ich denn nicht erfahren, dass sich selbst in düstersten Phasen noch winzige Momente des Glücks und der Heiterkeit ereignen können? »Es mögen ja nur noch Reste unseres alten Lebens übrig geblieben sein«, sagte Rosemarie bei unserem letzten Gespräch auf der Bank unter dem Flieder, wo wir uns inzwischen schon ein wenig wie Philemon und Baucis vorkamen, »aber lass uns zusammen versuchen, das Beste daraus zu machen.« Das versprachen wir uns.

13. Kapitel

Alltag

»Bleib erschütterbar und widersteh«

In meinen Wachträumen hatte ich mir die Szene genau ausgemalt: Mit Schmackes wollte ich meinen neuen Rollator über die Schwelle in unsere Wohnung rollen, wie ein römischer Triumphator seinen Kampfwagen nach gewonnener Schlacht in die Arena von Rom. Zum Glück hatte ich die Inszenierung aber niemandem angekündigt. Und so merkte auch nur ich, wie kläglich der große Auftritt missglückte – die Räder blockierten, schlugen um, und enttäuscht musste ich das Gefährt durch die Tür tragen.

In der Wohnung würde ich den Rollator nicht benutzen, nahm ich mir im selben Augenblick vor, und beschleunigte damit spontan meinen Genesungsprozess. Denn schon nach zwei Wochen brauchte ich die Gehhilfe auch bei meinen immer ausgedehnteren Spaziergängen in der Nachbarschaft nicht mehr. Mein »Topro Troja Leichtgewichtsrollator« mit »Kantenabweiser« und »Ankipphilfe« steht seither zusammengeklappt in der Garderobe.

Zum zweiten Mal im Verlauf von zehn Monaten kam ich am 22. Mai 2008 nach mehreren Wochen im Krankenhaus wieder nach Hause. Und wieder war ich zwar glücklich, aber diesmal viel nüchterner. Denn anders als im August des Vorjahres glaubte ich nicht einen einzigen frivolen Augenblick lang, dass ich mit der Klinik auch die Krankheit vergessen könnte, dass also einer Rückkehr in die gesunde Normalität nichts mehr im Wege stünde.

Wie hätte ich das auch denken können? Schon dass ich diesmal nicht mit einer Taxe, sondern im Krankenwagen heimtransportiert worden war, signalisierte einen Unterschied: Ich war einfach sehr viel schwächer. Und in meinem Arbeitszimmer warteten nicht nur meine Bücher auf mich, sondern auch vier junge Frauen – Alexandra, Christine, Sonja und Verena, die Schwestern des Pflegedienstes –, die sich von einer Expertin in die Handhabung und Pflege der diversen Geräte und Kanülen einweisen lassen wollten.

Auf meinem Schreibtisch stand jetzt ein Befeuchtungsapparat, der dreimal täglich bei Kanülenwechsel die Luftröhre am Einschnitt mit warmen Dämpfen versorgte, damit der Schleim sich nicht allzu sehr verfestigte. Im Bad wartete ein weiterer Apparat, mit dessen Hilfe bei Bedarf auch Schleim abgesaugt werden konnte. Die lockere Art der Präsentation dieser Neuheiten nahm den Geräten jede Bedrohlichkeit. Die Vorstellung hatte in meiner Wahrnehmung etwas von einer Werbeveranstaltung auf einer Hausfrauen-Messe.

Trotzdem war ich froh, als der Trubel vorbei war und ich mich mit meinem heißersehnten Zuhause wieder vertraut machen konnte. Während ich von meinem Schreibtisch aus die Blicke durch den Raum schweifen ließ, wurde mir deutlich, dass ich gedanklich sehr viel besser auf die Situation vorbereitet war als vor einem Jahr. Auf Anhieb sah ich Dinge, die mir damals erst nach Wochen aufgefallen waren. Aber da hatte ich mich schon so an sie gewöhnt, dass ich sie resigniert hingenommen hatte.

Diesmal war es anders. Gerade weil ich wusste, dass ich für den Rest meiner Tage mit der Krankheit würde leben müssen, wollte ich ihr nur so wenig Platz in meinem Leben einräumen wie unbedingt nötig. Lieber wollte ich als ein Alter mit gesundheitlichen Einschränkungen gelten, als für einen Kranken gehalten zu werden, der für seinen desolaten Zustand eigentlich noch viel zu jung ist.

Schließlich hatte ich mich ja im Januar 2007 von meiner Arbeit beim *Spiegel* aus Alters- und nicht aus Krankheitsgründen verabschiedet, wissend, dass sich vom frühen 20. Jahrhundert, als meine Eltern geboren wurden, bis zum frühen 21. Jahrhundert, als ich in den Ruhestand ging, die Lebenserwartung in Deutschland um mehr als dreißig Jahre erhöht hatte – für Frauen von achtundvierzig auf zweiundachtzig, für Männer von fünfundvierzig auf sechsundsiebzig Jahre. Und bei allen Malaisen im Gefolge des Tumors hatte die von mir tausendmal verwünschte Bestrahlungskanone offenbar erst einmal dafür gesorgt, dass ich nicht durch unterdurchschnittlich frühen Tod diese Erfolgsbilanz der Medizin verderben würde.

Also lag es nun an mir, die gewonnene Zeit sinnvoller zu nutzen, als nur über meine geminderte Lebenskraft und Lebensqualität zu jammern. Wen immer ich in den ersten Wochen nach der Heimkehr traf – der versicherte mir, wie gut ich aussähe. Rein optisch passte ich offenbar zur Erleichterung meiner Mitmenschen in das neue Klischeebild vom jungen Alten mit dem silbrig glänzenden Haar. Denn das immerhin hatte die öffentliche Diskussion über den demographischen Wandel bewirkt: Das Bild, das sich die Gesellschaft von den Alten macht, ist entschieden anders geworden – statt der eingefahrenen Vorstellung von den taubenfütternden Rentnern auf der Parkbank hatte man jetzt ewig agile Senioren vor Augen, die sich von Kreuzfahrtschiffen aus über die Welt ergossen.

Dass die Wirklichkeit so simpel nicht war, hatte sie mich am eigenen Leibe spüren lassen. Und so drängte sich mir – in Verlängerung meines aufgeklärten journalistischen Selbstverständnisses – der Auftrag geradezu auf, über diese Facetten des Altwerdens so genau und ehrlich wie möglich zu berichten.

Mit anderen Worten – mir war jetzt endgültig klar, dass ich das Buch über meine Krankheit wirklich schreiben wollte. Die Angst vor dem Leben »draußen«, die mich in den vergangenen

Wochen in der Klinik gequält hatte, verstand ich nachträglich vor allem als Angst davor, dass mein Lebensmut den Schwierigkeiten des Alltags nicht gewachsen sein könnte. Dieses Gefühl verschwand mit der Heimkehr ziemlich schnell. Das neue Projekt sollte gleichzeitig meinem Einstieg ins Alter einen sinnvollen Inhalt geben. Und dem sollte auch mein Arbeitsrhythmus angepasst werden.

Ich wusste, dass wegen des Tracheostomas und der vielen Medikamente der Pflegedienst wieder dreimal täglich kommen musste. Mein Leben würde also durch diese regelmäßigen Besuche stark strukturiert werden. Also beschloss ich, auch meinen Tagesablauf um diese Einschnitte herumzugruppieren. Wenn die Nahrung floss, wollte ich an meinem Schreibtisch sitzen und lesen oder schreiben. Noch aber störte mich die aufdringliche optische Präsenz der Krankheit in meinem Arbeitszimmer, und ich entschied, dass die vielen Kisten mit Sondennahrung und Medikamenten hinter den Schreibtisch oder am liebsten sogar aus dem Zimmer geräumt werden sollten. Mit dem Galgen für die Nahrung hatte ich mich abzufinden, das stand fest. Aber musste ein Tablett mit Medikamenten direkt an meinem Arbeitsplatz stehen? Wir verlagerten es auf ein Regal an der Wand.

Das war schon besser. Dann deprimierte mich jedoch das Chaos in meinen überquellenden Bücherregalen. Schon im letzten Jahr hatte ich mir vorgenommen, erst einmal gründlich Ordnung zu schaffen, bevor ich irgendetwas Neues anfing. Wegen meiner Schwäche war es allerdings beim Vorsatz geblieben, und ich hatte mich einfach ins Schreiben meines Manuskripts über den Generationswechsel in der Politik geflüchtet. Jetzt war mir klar, dass es sich dabei um eine Betäubung gehandelt hatte, um einen halbherzigen Versuch, mich am eigenen Schopf aus dem depressiven Sumpf zu ziehen. Auch auf ein anderes schreiberisches Unternehmen, das ich – ohne konkrete zeitliche Planung für die Verwirklichung – zusammen mit einer Kollegin mit großem Vergnügen in Angriff genommen hatte, musste ich nun verzichten. Die Voraussetzungen waren einfach nicht mehr gegeben. Außerdem war auch die Kollegin ernsthaft erkrankt. Schweren Herzens räumte ich die Unterlagen für beide Projekte in den Keller. Ich staunte selbst, wie entschieden und klar ich diese Entscheidungen traf.

Jetzt hieß es aufräumen und die Bücherreihen lichten. Dass ich nicht eigenhändig mit der Leiter an meinen Regalen herumturnen konnte, die bis zur Decke reichten, verstand sich von selbst. Zum Glück fand ich einen Studenten, der gerade eine Buchhändlerausbildung absolviert hatte und bereit war, den Job für mich zu übernehmen. Sechs Tage lang sortierten wir zusammen Bücher aus und ordneten die verbliebenen neu.

Es war eine konzentrierte, angenehme Zusammenarbeit, die mich trotzdem sehr anstrengte. Sowohl physisch, weil ich stundenlang hochgucken musste, was wegen des Tracheostomas auf Dauer ziemlich schmerzhaft war, als auch psychisch, weil ich sehr schnelle, oft mich bedrückende Entscheidungen treffen musste. Auch das war Trauerarbeit. Ich erlebte den Auswahl- und Neuorganisierungsprozess wie eine Vorarbeit zur Rekonstruktion meiner Identität, die danach mit dem Schreiben über mich erst richtig begann.

Die Auswahl der Bücher, von denen ich mich trennen wollte und die an ein Antiquariat gingen, war eine Quälerei. Es wurden am Ende um die sechshundert Exemplare. Ich hatte in meinem Arbeitszimmer keine Belletristik stehen, sondern nur Sachbücher, historische und zeitgeschichtliche Werke, Biographien und essayistische Literatur. Trotzdem trennte ich mich von den meisten nur schwer. Bei manchen war mir, als verabschiedete ich mich von einem Teil meines Lebens. Am letzten Tag, als der Antiquar seine Schätze in Kisten verpackte, hätte ich ihm am liebsten jedes zweite Buch wieder aus der Hand genommen – das nicht. Trotzdem atmete ich auf, als die Stapel endlich verschwunden waren, die Regale übersichtlich wurden. Ich fühlte mich auch befreit.

Überhaupt verliefen die ersten Wochen nahezu reibungslos. Rosemarie war sichtlich froh darüber, dass ich nicht wieder – wie im Vorjahr – in meinen roten Sessel und die damit verbundene schwarze Melancholie abtauchte, Freunde besuchten mich und drehten mit mir Runden um die benachbarten Häuserblöcke, die Hausärztinnen waren mit meinen wachsenden Kräften zufrieden. Ich war vor allem erleichtert, dass ich gut schlief.

Ich las viel und ging auch wieder in meine Selbsthilfegruppe, allerdings hörte ich nur zu. Das Sprechen ging ganz gut, wenn ich in vertrautem Kreis oder nur mit einer Person redete; sowie der Kreis aber größer wurde und gar aus Fremden bestand, bremste mich die innere Erregung beim Atmen, ich verschluckte mich, oder mir ging vorzeitig die Luft aus. Dasselbe widerfuhr mir, wenn ich über ein Thema redete, das mich emotional berührte. Dann wurde ich laut und gleichzeitig kurzatmig.

Den einzigen dramatischen Zwischenfall in dieser Anfangsphase meines neuen Alltags bescherte mir Schwester Verena vom Pflegedienst, die Jüngste in der Truppe. Bei der Einweisung in die Tracheostoma-Behandlung war auch sie dabei gewesen, also war ich so unbeschwert wie sie, als sie eine gute Woche später zum ersten Mal abends kam und mir frohgemut die Sprachkanüle entfernte und damit im Bad verschwand, um sie zu säubern. Bei dem Versuch, sie mir dann wieder einzusetzen, stellte sie sich allerdings so ungeschickt an, dass ich erschrocken merkte: Sie hatte das noch nie gemacht, sie hatte nur den anderen zugeguckt, und das offenbar auch nicht richtig.

Je öfter sie versuchte, mir die hornförmige Kanüle in das Operationsloch zu schieben, desto aufgeregter war sie. Hoffnungsvoll fragte sie immer wieder: »Okay?«, wenn sie einen weiteren Versuch unternommen hatte, der von keiner Sachkenntnis getrübt war. Ich schüttelte den Kopf – sprechen konnte ich ja nicht – und wurde langsam wütend. Zu allem Unglück war auch meine Frau nicht da. Also schrieb ich auf meinen Block: »Holen Sie Christine.« Sie plapperte aufgeregt vor sich hin, versuchte es noch mal, wobei die Kanüle runterfiel. Sie lachte. Zornig schrieb ich: »Das ist nicht zum Lachen!« Am liebsten hätte ich dazugesetzt: »Verdammt noch mal«, aber das war zu lang.

»Was soll ich denn machen?«, fragte sie mit kläglicher Stimme. Ich schrieb originellerweise: »Machen Sie es richtig.« Jaja, sie nickte. Tat sie das denn nicht immerzu?, fragten ihre hilflosen Blicke, aber die verdammte Kanüle merkte es einfach nicht.

Inzwischen zeigten wir einen ganz guten Loriot-Sketch, aber das war uns beiden natürlich nicht klar. »Rufen Sie bitte sofort jemanden her, der das kann«, schrieb ich; tatsächlich, ich schrieb »bitte«, obwohl ich kochte und inzwischen auch Angst hatte. Sie telefonierte mit ihrer Kollegin Christine. Die erklärte ihr, wie es geht. Kommen konnte sie nicht, weil sie krank war. Entschlossen versuchte Verena, mir nun nach Christines Anweisungen die Kanüle reinzuwürgen, aber auch das wollte nicht gelingen. Tapfer ertrug ich ihr Gefuchtel an meinem offenen Hals, obwohl ich inzwischen Mordgelüste verspürte. Endlich erreichte sie ihre Kollegin Alexandra am Telefon, die Erfahrenste von allen, und die versprach zu kommen, allerdings erst in einer guten Stunde. Ich war schon erleichtert, dass ich Verena endlich los war.

Um nie wieder in eine solche Situation zu kommen, wollte ich lernen, mir das Ding zur Not selbst einzusetzen, das nahm ich mir fest vor. Allerdings hätte mir diese Fertigkeit, wie ich später erfuhr, in diesem konkreten Fall auch nicht geholfen, denn Alexandra suchte verzweifelt die Seele, also die innere Kanüle, die Verena irgendwohin verschlampt hatte. Sie hatte offenbar noch nicht einmal gewusst, dass man zum Sprechen zwei Kanülen braucht. Das fehlende Teil fanden wir am nächsten Tag auf dem Fußboden im Flur. Ich habe Verena nie wiedergesehen.

Es wurde Sommer, und allmählich verlängerten sich meine Spaziergänge in der heimischen Umgebung. Einmal mutete ich mir sogar schon eine halbstündige Runde zu, wie ich sie vor meiner Krankheit morgens zu drehen pflegte, jetzt allerdings vorsichtshalber in Begleitung. Die kürzeren Strecken bewältigte ich schon häufiger allein. Mein Schritt war wieder sicher geworden, der Atem ging leichter, wenn ich erst einmal ein paar hundert Meter unterwegs war. Allmählich fand ich beim Gehen auch wieder die Muße, meine Mitmenschen wahrzunehmen.

An schönen Tagen setzte ich mich oft auf eine Bank am Kinderspielplatz an der Ecke unserer Straße und gönnte mir einen Schluck aus der kleinen Wasserflasche, die ich immer dabeihatte. Gemächlich blinzelte ich in die Sonne, überlegte mir die nächsten Passagen für mein Buch, sann Geschichten aus meinem früheren Leben nach und beobachtete mit Vergnügen, wie die Kurzen im Sandkasten herumpurzelten. Was das Leben für sie wohl bereithalten würde?

Alle wurden von Müttern oder Vätern, Großeltern oder älteren Geschwistern beaufsichtigt. Manchmal kam auch Susanne mit ihren Kindern. In ihrem Alter war ich vor fünfundsechzig bis siebzig Jahren schon allein auf dem heimischen Hinterhof herumgetollt. Spielplätze mit Klettergeräten, Rutschen und Schaukeln gab es in unserer Kleinstadt damals nicht, dafür aber Bombentrichter und Straßen ohne Autos. Wir hatten Kaninchenställe und keine so schönen bunten Eimer und Schaufeln, mit Sicherheit aber größere Freiheiten.

Mitte Juni, da war ich schon fast einen Monat wieder zu Hause, kam meine Tochter mit den Kids vom Markt auf den Spielplatz. Stolz zeigte mir Anna die Himbeeren, die sie sich gewünscht hatte, und aus der Tasche ragten mir die Spitzen der Spargelstangen entgegen. Und plötzlich überfiel mich, völlig unerwartet, ein wahrer Heißhunger auf beides. Ich war platt – bis dahin hatte ich überhaupt keine Essensreize gespürt, auch nicht, wenn es bei uns aus der Küche duftete. Zwar konnte ich inzwischen wieder riechen, aber Geschmacksempfindungen hatte ich nicht, Süßes und Fruchtiges brannte mir im Mund wie Feuerwasser. Die rigorose Bestrahlung hatte offenbar jeden kulinarischen Nerv in mir abgetötet.

Allerdings war ich schon ein paar Tage vorher stutzig geworden. Da war ich nachts aufgewacht, weil ich im Traum versucht hatte herauszufinden, wie eigentlich Bier schmeckt. Bis dahin hatte ich in zweiunddreißig Jahren, seit Beginn meiner Trockenheit, nur ein Mal, ganz am Anfang, von Alkohol geträumt, was damals in meiner Selbsthilfegruppe als Warnsignal vor einem möglichen Rückfall gedeutet worden war.

Tatsächlich war es ein Traum voller Tücke gewesen, denn ich hatte mich als Lawinenopfer gesehen, das von einem braven Suchhund aus den Schneemassen herausgekratzt worden war. So weit, so gut. Aber hinterlistigerweise hing dem klugen Hund ein Fässchen Cognac am Hals, und die Helfer schenkten mir ein, um mich vor dem Erfrieren zu retten. Ehe ich ihnen erklären konnte, dass ich Alki sei und lieber erfrieren als rückfällig werden würde, wachte ich auf. Meine Erleichterung, dass diese knifflige Situation nur geträumt war, kann ich auch heute noch verstehen.

Kleinere positive Irritationen wie diese verstärkten aber eher den Eindruck, dass es insgesamt langsam, aber beständig aufwärtsging mit mir, als dass sie mich bedrückten. Meine Logopädin, eine wahre Motivationskünstlerin, war zufrieden, weil mein Gesicht die maskenhafte Glätte zu verlieren begann, zu der die Bestrahlung meine Züge hatte erstarren lassen. Langsam kamen dank ihrer beharrlichen Arbeit kleine und kleinste Mund- und Gesichtsmuskeln in Bewegung, sodass ich mich auch mimisch wieder ausdrücken konnte. Täglich grimassierte ich vor dem Spiegel, blies meine Backen auf, blinzelte mit den Wimpern, zog die Nase kraus, grinste breit und spitzte die Lippen. Auch meine Artikulationsfähigkeit wurde geschmeidiger, meine Rede verständlicher.

Meine Physiotherapeutin, die hingebungsvoll meine verhärtete Hals- und Nackenpartie knetete, aufgestaute Lymphflüssigkeit wegmassierte und durch Kraftübungen meine physische Stabilität verstärkte, zeigte sich ebenfalls zufrieden. »Seit Sie regelmäßig an Ihrem Buch zu arbeiten begonnen hatten, stabilisierte sich Ihr Zustand zuverlässig«, sagte sie später. Wobei sie nicht entscheiden mochte, ob die Arbeit die Stabilität bewirkte oder ob die gewachsene Stabilität die Arbeit förderte. Was zählte, war die deutlich verbesserte physische und emotionale Beständigkeit.

Ich selbst spürte in diesen ersten Wochen meines Neustarts erleichtert, wie mein Selbstwertgefühl erstarkte. Einerseits hatte ich meine Ansprüche an mich klar gemindert, andererseits erlebte ich durch tägliche kleine Erfolge, wie meine körperlichen und geistigen Fähigkeiten wieder zunahmen. Tatsächlich merkte ich bei jedem Schritt, wie mein Selbstbewusstsein wuchs. Eines Tages – ich stapfte durch Regen und Wind – erwischte ich mich dabei, wie ich zwei Zeilen aus der amerikanischen Country-Ballade »Sixteen Tons« vor mich hin brummelte: »If you see me come you better step aside, another man didn't and another man died.« Einen Moment lang, bevor ich laut auflachte, genoss ich meine aggressive Machopose – so fühlte ich mich jetzt bisweilen wie einer, der vor Kraft nicht gehen kann.

Doch mein kranker Organismus sorgte zuverlässig dafür, dass ich trotz aller Verbesserungen nicht übermütig wurde. Es begann mit dem Diabetes: Gleich an zwei aufeinanderfolgenden Tagen sackte ich unter dramatischen Umständen in die Unterzuckerung. Beim ersten Mal ereignete sich der Zwischenfall nach einem langen Gespräch bei dem Professor in der Charité. Der Strahlenchef blätterte kopfschüttelnd in meiner umfangreichen Krankenakte, erkundigte sich ausführlich nach meinem Befinden und war sichtlich betroffen, als ich ihm die Leidensgeschichte der letzten Monate erzählte.

Obwohl ich merkte, wie mir im Verlauf der Unterredung abwechselnd heiß und kalt wurde und dass ich nach einer Weile den Fragen kaum noch folgen konnte, gab ich mein wachsendes Unwohlsein nicht zu erkennen. Ich glaubte, dass ich noch rechtzeitig zum Spritzen von Traubenzucker nach Hause kommen würde, und unterbrach den Professor nicht, der erleichtert feststellte, dass auch jetzt keine Tumoranzeichen zu entdecken seien. Er hielt es für möglich, dass ich unter diesen Umständen vielleicht sogar wieder würde schlucken können.

Während meine Frau und ich anschließend auf ein Taxi warteten, wurde mir schummerig vor Augen, und ich nahm das Geschehen um mich herum nur noch wie durch einen Nebel wahr. Rosemarie, die längst gemerkt hatte, was los war, alarmierte das Pflegepersonal. Ein Pfleger legte mich auf eine Trage, aus Infusionsbeuteln flossen Wasser und eine Zuckerlösung in mich hinein. All meine Kleidungsstücke waren total durchgeschwitzt. Jetzt fror ich, obwohl es ein warmer Tag war. Ein Krankenwagen fuhr mich nach Hause.

Tags darauf – ich fühlte mich längst wieder wohl – saß ich am späten Nachmittag zusammen mit unserer Freundin Wibke vor dem Fernseher, um das Vorrundenspiel Kroatien gegen Deutschland um die Fußball-Europameisterschaft zu verfolgen. Die Deutschen starteten fahrig, alles ging durcheinander. Und so ähnlich fühlte auch ich mich – kalter Schweiß und Ängste. Wieder Unterzuckerung. Wibke holte eine Zuckerlösung aus der Küche, die ich ohne Überlegung trank, anstatt sie mir über die Magensonde zu spritzen, erst einen großen Schluck und dann noch einen. Vage kam mir die Idee, dass das eigentlich nicht in Ordnung war, aber es half. Im Nachhinein erschien es mir wie ein kleines Wunder, dass ich in meiner Not so glatt hatte schlucken können und offenbar nichts in die Lunge gelangt war.

Bald darauf bekam ich heftige Zahnschmerzen, und Ende Juni und Mitte August musste ich mir zwei Backenzähne ziehen lassen, einen unten, einen oben, beide auf der linken Seite, die durch die Bestrahlung besonders heftig in Mitleidenschaft gezogen worden war. Das war eine schwierige Prozedur, weil – nach der Bestrahlung und der inzwischen gut einjährigen Essenspause – meine Kiefergelenke ziemlich blockiert waren und ich den Mund nicht weit genug öffnen konnte. Doch ich staunte, wie kraftvoll die zierliche Kieferchirurgin den oberen Zahn herausoperierte. Den unteren zog der Chef der Praxis.

Während die obere Wunde ohne Schwierigkeiten zuheilte, machte die untere Schwierigkeiten. Durch die Bestrahlung war dieser Mundbereich außerordentlich schlecht durchblutet, und so wuchsen die Schleimhäute am Unterkiefer nur unzureichend nach, und ein größeres Knochenstück lag bloß. Der Versuch, Schleimhäute darüberzuziehen und zu vernähen, schlug fehl. Am nächsten Tag hatte ich lauter blutige Hautfetzen im Mund. Nach längerer Beratung regte ein auf dem Gebiet besonders erfahrener Arzt an, die offene Stelle mit einer Plastikhaube abzudecken und die Haut in Ruhe nachwachsen zu lassen. Das erbrachte ein paar Wochen mit minimalen Fortschritten, erwies sich am Ende jedoch als kontraproduktiv. Fortan warteten wir geduldig auf »kleine rosa Punkte«, die signalisieren sollten, dass die Wunde zuwüchse. Alle zwei Wochen saß ich zur Kontrolle in der Praxis. Die Punkte blieben rar.

Obwohl die Behandlung nicht ohne Schmerzen abging und wegen meiner Maulsperre natürlich auch nicht immer angenehm war, fuhr ich ganz gern zur Behandlung zu diesen Ärzten. Sie erklärten genau, was sie machten, berieten die nächsten Schritte in meiner Anwesenheit und erkundigten sich einfühlsam nach meinem Befinden. Der Umgangston mit dem Personal war locker und freundlich. Trotzdem wunderte ich mich, mit welcher Gelassenheit ich diese neue Baustelle in meinem geschundenen

Körper hinnahm. Aber ich hatte insgeheim schon lange damit gerechnet, dass auch in diesem Bereich Spätschäden der Tumorbehandlung auftreten würden.

Das war wohl auch der Grund für meine achselzuckende Akzeptanz der neuen Schwierigkeiten – ich hatte einfach gelernt, dass diese tückische Krankheit und ihre komplizierte Bekämpfung für immer neue Überraschungen gut waren. Der Leitsatz, den ich den Studenten und Journalistikschülern als Schreibhilfe für Reportagen mit auf den Weg zu geben pflegte, fiel mir wieder ein: »Wirklichkeit ist alles, wo man durchmuss.« Der hatte sich auch für mich selbst als handfeste Lebenshilfe erwiesen. Genau wie der andere: »Bleib erschütterbar und widersteh.«

Dass auch die unbarmherzigste Realität letztlich eine Gnade sein konnte, indem sie mich knallhart mit den Folgen meines Handelns – oder öfter noch meines Nichthandelns – konfrontierte, hatte ich schon vor mehr als dreißig Jahren nach meinen Alkoholexzessen lernen müssen. Nun begriff ich, dass auch Schicksalsschläge, ja sogar ganz banale Zufälle solche Folgen haben konnten. Allmählich begann ich von den Erfahrungen zu profitieren, die ich in den gespenstischen Monaten meiner Krankheit gemacht hatte. Es war eine Zeit gewesen, in der es keine Gewissheiten und kaum noch Sicherheiten gab, Gewohnheiten und Überlieferungen trugen nicht mehr, und ich musste lernen, die Dinge zu nehmen, wie sie kamen.

Ein bisschen wurde ich auf diese Weise zum Versuchskaninchen meines eigenen Lebens. Was blieb mir denn anderes, als die Geschehnisse, die ich nicht ändern konnte, hinzunehmen und das Beste daraus zu machen? Hätte ich mich im Zorn gegen das Geschick aufreiben sollen? Oft genug hatte ich vor ohnmächtiger Wut geheult und auf mein Kopfkissen eingeprügelt. Und? Hatte es etwa was gebracht? Hätte es Sinn gemacht, mir die bittere Realität schönzureden? Dazu war ich einfach nicht in der Lage. Ich wollte nicht auch noch lächerlich sein in meinem Elend.

Der Zufall schuf Fakten, mit denen musste ich arbeiten. Ich hatte mich daran gewöhnt, dass ich abends, wenn ich schlafen ging, nie mit Gewissheit voraussagen konnte, wie ich mich am nächsten Morgen fühlen würde. Noch immer wechselte mein körperliches Befinden – nicht nur meine Stimmung – von einem Tag zum anderen, ohne dass ich immer die Gründe erkennen konnte, warum an einem Tag meine Mundschleimhäute brannten und wund waren und warum ich an einem anderen Tag fast an meinem Schleim im Schlund zu ersticken drohte.

Natürlich gab es auch psychische Einbrüche. So übermannte mich Ende Juli plötzlich das heulende Elend, als wir uns einen neuen Fernseher kauften. Ich hatte das Modell ausgesucht, aber dann übernahm meine Frau: Sie bezahlte das Gerät von ihrem Konto mit dem Geld, das sie durch ihre Arbeit als Psychotherapeutin verdient hatte. Und sie traf alle Entscheidungen über den Zeitpunkt und die Umstände der Installierung. Ich saß wortlos dabei und kam mir unendlich überflüssig vor.

Anschließend wartete ich an einer Bushaltestelle am Kurfürstendamm, während sie Schuhe vom Schuster abholte. Das dauerte. Auf der anderen Straßenseite veranstaltete eine Schulklasse eine Art Auflauf, ich konnte aber nicht erkennen, was der Grund dafür war. Davon erzählte mir meine fröhliche Frau, als sie endlich zurückkam – der Grund war nämlich sie. Ein Fernsehteam hatte sie interviewt, weil sie so extravagant gekleidet war. Ich hätte stolz sein können auf sie, stattdessen war ich gekränkt. Ich fühlte mich zweitklassig und tat mir leid.

Es fiel mir eben bei aller Liebe nicht so leicht, auch in der Ehe in die zweite Reihe zurückzutreten. Dabei hätte mir das Gefühl nicht fremd sein sollen, dass meine Frau die Hauptrolle spielte, denn so hatten wir einmal angefangen: Rosemarie verdiente als junge Ärztin gut, und ich steuerte als dpa-Volontär eher die Nebenkosten bei. In den Jahrzehnten danach, in denen ich Karriere machte und meine Frau nicht berufstätig war, aber auch später, als wir beide arbeiteten, hatten wir überhaupt keine Schwierigkeiten mit der Rollenverteilung und auch nicht mit dem Geld. Wir respektierten einander, und so unterschiedlich wir auch waren, so sehr ähnelten wir uns, wenn es um unsere Hobbys und kulturellen Vorlieben ging. Jetzt musste ich jedoch manchmal schlucken, wenn Rosemarie ganz selbstverständlich das Heft des Handelns in die Hand nahm – was sich aus den konkreten Umständen ja auch meist von selbst ergab. Trotzdem, mein Selbstwertgefühl war schon mal stabiler gewesen.

Dennoch konnte ich nicht verkennen, dass es insgesamt in minimalen Schritten aufwärtsging. Am 14. August, dem Jahrestag meiner Entlassung aus der Charité, überraschte mich meine Logopädin mit der Mitteilung, wir könnten die reinen Artikulationsübungen jetzt einstellen, da ich inzwischen in der Lage sei, mich trotz des Tracheostomas recht verständlich auszudrücken. Es gab zwar weiter Schwankungen in der Tagesform, aber die Nachfragen – besonders am Telefon – wurden weniger. Wir konzentrierten uns fortan vor allem auf Schluckübungen.

Schon zwei Wochen vorher hatte ich mich stark genug gefühlt für einen Tagesausflug aufs Land. Zusammen mit unserer Freundin Wibke fuhren Rosemarie und ich im Auto zu einem Besuch bei einer anderen Freundin, Imme, in das kleine Dorf Gülpe an der Havel, knapp hundert Kilometer westlich von Berlin. Ich vertrug die Fahrt durch das hochsommerliche Brandenburg ohne Schwierigkeiten und genoss jede Minute; es war das erste Mal seit meinen Bahnfahrten nach Nürnberg und Freiburg im Vorjahr, dass ich wieder Landschaft sah.

Mir schien es ein halbes Leben her, seit ich Imme auf ihrem kleinen Bauernhof zuletzt besucht hatte, tatsächlich waren auch ein paar Jahre vergangen. Sie hatte den Hof am Ende der Welt wunderbar ausgebaut und renoviert. Die Gebäude leuchteten in einem warmen toskanischen Rot. Mittags hängten wir das

Wasser und den Beutel mit der Astronautenkost, die wir mitgebracht hatten, an einen Garderobenständer, von wo aus mir die Mahlzeit durch einen Schlauch munter in den Magen tropfte. Den anderen derweil beim Schmausen zuzusehen, war ich inzwischen gewohnt, es machte mir nichts mehr aus.

Am schönsten war dann die Mittagspause. Eine Stunde lang döste ich im Liegestuhl an der Scheune, wo, hinter Schilf und Weiden versteckt, die Havel floss. Auf meinem Gesicht flirrten Licht und Schatten von den Blättern der Bäume, halb im Schlaf fühlte ich mich entspannt und glücklich. Das Leben konnte immer noch schön sein. Wenn ich doch so auch sterben könnte.

Der Sommer verging schnell. Ich arbeitete regelmäßig und mit großem Engagement an meinem Buch, ohne mich zeitlich unter Druck zu setzen. Die Erinnerungen nahmen mich mit, taten mir aber auch gut. Gespräche mit Rosemarie und Susanne beschworen vieles wieder herauf, Freunde steuerten ihre Sicht der Dinge bei. So entstand in mir ein Bild meiner Krankheit, das sich einfügte in den Gesamtzusammenhang meines Lebens. Ich hatte Schmerz und Leid nicht gesucht, aber ich hatte sie erfahren müssen, und nun waren diese Erfahrungen nicht mehr wegzudenken und wurden zum unauslöschlichen Teil meiner Persönlichkeit. Ich war noch der, der ich vorher gewesen war, und hatte mich zugleich verändert – die Krankheit und ihre Folgen waren zum Bestandteil meiner Lebensführung geworden.

Wie sehr mich das verändert hatte, erkannte ich Ende September, als ich für zwei Tage und eine Nacht zurückkehrte in das Evangelische Geriatriezentrum, um mir einen neuen Schlauch für meine Magensonde einsetzen zu lassen. Es begann wie eine Heimkehr. Schon die blonde Dame an der Pforte wirkte so, als freute sie sich ganz persönlich über meine Wiederaufnahme. Nein, meine Versicherungskarte brauche sie nicht, »wir haben doch Ihre Daten, Herr Leinemann«. Freundliches Wiedererkennen auch im Schwesternzimmer, ich bekam mein altes Zimmer zugewiesen – Nummer 2.306 auf Station 1. Der erste Blick ging hinaus auf die Kastanien, alles sehr vertraut.

Dann kam die Oberärztin. Einen kurzen Moment zögerten wir beide, ob wir uns zur Begrüßung in die Arme fallen sollten, dann beließen wir es bei einem herzlichen Händedruck. Sie fand, dass ich gut aussähe, viel kräftiger als im Mai, energiegeladener und besser durchblutet. Sorgsam befragte sie mich nach meinen Lebensumständen, notierte veränderte Medikamentenanforderungen. Auch der Arzt, der den neuen Schlauch für die Magensonde einsetzen wollte, fand, dass ich ein viel besseres Bild abgäbe als im Frühjahr. »Ihre Frau tut Ihnen gut«, grinste er. Alle hier erinnerten sich noch genau daran, wie viel Angst ich vor der Heimkehr gehabt hatte.

Aus der Auswechslung des Schlauchs, der ziemlich porös war und aussah, als wäre er mehrfach geflickt – dabei war er intakt –, wurde eine kleine Lehrveranstaltung. Auf Wunsch der Chefin, die inzwischen auch eingetroffen war, holte der Arzt einen jungen Kollegen dazu, der erst seit kurzer Zeit hier arbeitete, ferner seine Spezialassistentin und eine Schwester. Alle waren um mein Bett gruppiert, meine Frau durfte den neuen Schlauch für die erste Mahlzeit anschließen. Das Auswechseln verlief ohne Schwierigkeiten. Der alte Schlauch, der direkt in den Magen führte, war an der Spitze, wo eine aufblasbare Wasserblase saß, von der Magensäure schwarzbraun gefärbt. Ohne mir wehzutun, obwohl ich völlig unbetäubt war, schob mir der Arzt den neuen Schlauch durch die vor mehr als einem Jahr operierte Öffnung sieben Zentimeter tief in den Magen.

Am Nachmittag saß ich dann wieder, wie einst im Mai, unter den Fliederbüschen auf der Bank im Park. Eine Physiotherapeutin begleitete einen Patienten, dessen Rollator sie schob, liebevoll auf dem Rundkurs um die Rasenflächen – so, wie mich Tatjana, die nicht mehr zur Belegschaft gehörte, vor fünf Monaten behutsam über die Kieselsteinstrecke gelotst hatte. Mir kamen die Tränen. War es Heimweh? Oder Trauer? Ich war unendlich froh, dass diese Phase vorbei war, und dankbar für die Fortschritte, die ich seither gemacht hatte.

Unwillkürlich blickte ich auf die Uhr. Während mir sonst die Zeit viel zu schnell verging, dauerte mir heute alles zu lange. Ich wollte den Tag so bald wie möglich beenden. Ich wollte nach Hause.

14. KAPITEL

Rückschläge

»Jetzt habe ich also mein Todesurteil«

Aschgrau im Gesicht und zitternd vor Erschöpfung, kauerte ich auf dem Bordstein vor der Praxis meiner Hausärztinnen, als meine Frau aus dem Taxi stieg. Schockiert starrte sie mich an. Ich hatte vor ihr den Wagen verlassen, taumelte und sank einfach um. Mühsam schleppte sie mich zum Fahrstuhl.

Schwach hatte ich mich schon seit Tagen gefühlt. Aber an diesem Freitagmorgen, am 26. September 2008, waren mir schon beim Waschen einfach die Beine weggeknickt. Ich rang nach Luft, fürchtete mich vor dem Ersticken. Wir beschlossen, so schnell wie möglich ein EKG und eine Blutuntersuchung machen zu lassen, allerdings hatte ich um zehn Uhr einen Termin für eine Computertomographie zur Kontrolle des Tumors. Die Angst vor dessen Wiederauftauchen überlagerte noch immer alle anderen Nöte. Also fuhren wir erst zum Röntgenologen. Halb ohnmächtig vor Schwäche, lag ich auf der Untersuchungsbank vor der Röhre und ließ alles über mich ergehen. Dann ging es im Taxi direkt zu den Hausärztinnen.

Die waren von meinem Zustand höchst alarmiert. Doch das EKG zeigte keine besonderen Abweichungen. Also musste ein Blutbild gemacht werden, dessen Ergebnis uns am Nachmittag nach Hause gefaxt wurde. Schon vorher aber war klar, dass ich wieder in einer Klinik landen würde. »Nein, ich will nicht ins Krankenhaus«, versuchte ich mich zu sträuben, »nicht schon wieder.« Aber ich wusste, dass ich keine Chance hatte.

Wie immer, wenn es ernst wurde, funktionierte meine Frau mit cooler Entschiedenheit. Sie rief mehrere bekannte Ärzte an, um sich Rat zu holen, erreichte schließlich die Chefin des Evangelischen Geriatriezentrums bei einem Kongress in der Schweiz. Deren Überlegungen stimmten mit unseren überein – entweder Krebsmetastasen oder ein Magen- oder Darmgeschwür. Sie organisierte mir für den Abend ein Bett in ihrem Haus.

Bei aller professionellen Geschäftigkeit wirkte Rosemarie befremdlich desorientiert und entrückt, und ich wusste auch, warum: Es war nicht nur die Sorge um mich, sondern auch der Druck, eine sehr schwierige Entscheidung treffen zu müssen. Denn eigentlich wollte sie am nächsten Tag nach Portugal fliegen, um an einer einwöchigen Fahrradtour teilzunehmen. Sie hatte alles längst gebucht und sich wahnsinnig darauf gefreut. Es war auch höchste Zeit, dass sie sich vom täglichen Trott, von der Sorge um mich einmal frei machte. Gegen Mittag kam sie mit versteinertem Gesicht aus ihrem Zimmer und sagte mit tonloser Stimme: »Ich habe abgesagt.«

Es war, als würde ich geprügelt. Obwohl ich ja wirklich nichts konnte für meinen neuen Krankheitsschub, fühlte ich mich schuldig. Ich schämte mich. Diszipliniert und ohne zu klagen, war sie solidarisch und loyal, auch wenn ich manchmal schwermütig und unleidlich durchhing. Dabei hatte ich mir immer vorgenommen, Rosemarie ein schönes Leben zu ermöglichen, und nun lastete ich ihr schon seit Monaten eine Beschwernis nach der anderen auf. Ich sah, wie sehr sie manchmal litt unter meiner Immobilität, spürte, wie gereizt sie bisweilen reagierte, wenn sie Dinge erledigen musste, die ich früher übernommen hatte, ahnte, dass sie oft am Rande ihrer Kräfte lebte. Ganz selten, viel zu selten, leistete sie sich ein paar Tränen.

»Musste das denn sein?«, fragte ich halbherzig. Sie nickte stumm. Natürlich wusste ich, dass sie gar nicht anders hätte handeln können, so wie sie nun einmal war. Ich hätte es ja auch nicht verstanden, wenn sie sich für die Reise entschieden hätte. Umso mehr schämte ich mich. Sie begann meine Sachen zu packen. Gegen fünf Uhr nachmittags kam das Ergebnis der Blutuntersuchung. Der Hämoglobinwert, der anzeigt, ob man genügend sauerstofftransportierendes Blut hat, war von 10,6 g/dl auf 7,1 g/dl gefallen – normal wären 14 bis 16 g/dl gewesen. Zwei andere Werte signalisierten ebenfalls, dass ich viel Blut verloren haben musste.

Als wir gegen sieben im Geriatriezentrum ankamen, wartete der Oberarzt, den ich noch von meiner Zeit im Sommer kannte, bereits auf mich. Das Haus war voll belegt, und sie hatten auf telefonische Anweisungen der Chefin aus der Schweiz einen großen ärztlichen Arbeitsraum als Krankenzimmer für mich hergerichtet. Für den Augenblick musste das erst einmal gehen, ohne eigenes Bad, ohne Telefon und ohne Fernseher. Ich war so erschöpft, dass ich alles widerspruchslos hinnahm.

Der Arzt begann mit einer Ultraschalluntersuchung der Bauchgegend, die zuständige Stationsärztin übernahm die übrigen Untersuchungen. Der Verdacht konzentrierte sich auf ein Geschwür im Magen oder im Zwölffingerdarm. Dann erhielt ich zwei Bluttransfusionen und eine Infusion gegen Übelkeit, die sich auch prompt einstellte. Ich schlief nicht gut, weil ich jede Stunde für eine Zuckermessung geweckt wurde, mein Diabetes war völlig durcheinandergeraten.

Am nächsten Morgen saß ich allein vor dem Spiegel am Waschbecken und blickte mir resigniert in die Augen. Draußen schien die Sonne, die Blätter der vertrauten Kastanien färbten sich schon gelb. Herbst. Diesen Anblick hatte ich mir im Mai nicht gewünscht, als alles in voller Blüte stand. »Warum ist das Leben so gemein zu mir?«, sinnierte ich trübe. »Und zu Rosemarie, die sich so sehr auf ihre Fahrradtour gefreut hat.« Gestern hatte ich wieder einmal nur noch sterben wollen, das Elend sollte endlich vorbei sein. Ich versuchte zu beten, aber es blieb bei einem leeren Ritual.

Meine Blutwerte waren nach der Transfusion von 7,1 auf 9,3 g/dl gestiegen, aber Hoffnung verschaffte mir diese Nachricht nicht. Statt Glaube wuchs Zweifel in mir. Wenn die Diagnose »Magengeschwür« lautete, dann würde ich – nahm ich mir vor – so schnell wie möglich das Buch zu Ende schreiben. Und wenn sie nun »Metastasen« hieße? Ich wusste nicht, was dann sein würde.

Gegen Mittag ging ich in den Park, setzte mich auf eine Bank und blinzelte gedankenleer in die Sonne. Plötzlich bogen zwei schwerbepackte Damen um die Ecke – Rosemarie und Susanne. »Wir sind nur die Vorhut«, riefen sie, und tatsächlich folgten ihnen wenig später Wolfgang und die Kids. Sie brauchten länger für den Weg, denn sie sammelten emsig Kastanien. Wolfgang hatte mir sein neues Buch mitgebracht, er wirkte wie befreit, weil er jetzt in Berlin und nicht mehr in Hamburg arbeitete. Anna Delphine hatte zum ersten Mal zwei Zöpfchen und sah süß aus, Fedor war offensichtlich sehr schnell gewachsen und dünn geworden.

Mit einem Schlag hellte sich meine Stimmung auf. Nichts erschien mir nun wirklich bedrohlich. So labil war meine Gemütsverfassung, so schnell schlug meine Stimmung jetzt um. Und dann erschien auch noch die Chefin, zurück aus der Schweiz, mit einem rundlichen türkischen Kollegen, um mir anzukündigen, dass für Montag eine Magenspiegelung vorgesehen sei. Meine Blutwerte hatten sich weiter verbessert.

Am nächsten Tag saß ich wieder mit meiner Frau auf unserer Lieblingsbank in der Sonne. Wir wussten, dass wir viel miteinander reden mussten, um uns mal wieder neu auf das Leben mit der Krankheit einzustellen, die uns mit immer neuen Überraschungen »beglückte«. Wir ahnten, dass wir jederzeit mit ähnlichen Rückschlägen rechnen mussten. Mein Allgemeinzustand war so schlecht, mein Immunsystem so anfällig, dass schon die geringsten Störungen genügten, um mich umzuwerfen. Wir würden, so dachten wir, damit umso besser fertigwerden, je mehr wir darauf vorbereitet wären.

Wie von selbst kam unser Gespräch auf den 1. Mai 1964, als wir uns in Westberlin nach jahrelanger Unterbrechung wiedergetroffen hatten und uns ernsthaft ineinander verliebten. Hätten wir uns auch füreinander entschieden, wenn wir gewusst hätten, was uns in den folgenden vierundvierzig Jahren alles widerfahren würde? Müßige Fragen. Letztlich war alles gut so, auch wenn wir uns jetzt wünschten, das Leben möge ein bisschen schonender mit uns umgehen. Rosemarie war heute im Grunewald geradelt statt in Portugal.

Die Geschichte unseres Wiedersehens in Berlin ist geradezu ein Beleg dafür, wie schwer das Leben in Zeiten ohne Handy gewesen ist, deshalb haben wir sie oft erzählt: Ich hatte mir aufgeschrieben, wann Rosemarie in der geteilten Stadt ankommen würde und wo sie wohnte, um sie gleich zu besuchen. Leider verlor ich den Zettel. In Erinnerung war mir lediglich, dass ihre Straße mit »A« anfing und in der Mitte ein »ei« hatte. Also – ich war schließlich Journalist – blätterte ich im Stadtplan, bis ich auf die Ahrweiler Straße in Wilmersdorf stieß. Da fuhr ich hin.

Leider war diese Straße ziemlich lang, lauter fünfstöckige Häuser. Der einzige weitere Anhaltspunkt, den ich hatte, war, dass sie einen Fiat 500 besaß, mit einer – wie ich glaubte – Buxtehuder Nummer. Eine Straßenseite ging ich rauf, eine wieder runter – ein Auto stand hinter dem nächsten, fast schon so eng wie heute. Endlich sah ich einen kleinen Fiat mit einem STD im Nummernschild: Stade. Es gab keine Buxtehuder Nummer. Aufmerksam musterte ich die Fassaden der umliegenden Häuser. Mein Gott, wie viele Fenster, und woran sollte ich erkennen, hinter welchem sie auf mich wartete? Endlich entdeckte ich eins ohne Gardine im vierten Stock – das musste es sein. Sie war ja erst seit gestern da.

Natürlich war es das falsche Fenster. Aber immerhin, die Leute, bei denen ich klingelte, wussten, dass eine Etage unter ihnen gerade eine junge Ärztin eingezogen war. Ich klopfte – und siehe da, sie war es. Geigenklang und Jubelchor, Happy End. Wir lagen uns in den Armen, obwohl das mit der großen Liebe damals noch nicht abzusehen war. Immerhin hatte sie aber im KaDeWe zur Feier des Tages eine Flasche Whisky eingekauft. Weißt du noch?

Was es aus der Gegenwart zu erzählen gab, war weniger heiter. Ich berichtete Rosemarie, wie ich nachts um vier aufgeschreckt war und aufrecht im Bett gesessen hatte. Nichts hatte ich gefühlt, überhaupt nichts, alles war ruhig und leer – keine Schmerzen, kein Schlaf, keine Träume. Auch kein Glaube und keine Hoffnung, nur ein Gefühl völliger Ohnmacht. Nie zuvor hatte ich so etwas erlebt. Ich betete nicht, sah mich nicht als Opfer. Ich ergab mich meiner Machtlosigkeit und fühlte mich ganz allein. Dagegen nutzte kein Protest – ich nahm mein Schicksal an. Noch einen Tag später empfand ich diese nächtliche Szene wie ein Urteil, gegen das kein Einspruch möglich war. Weiter so, was immer auch kommt.

Meine Frau hatte mir schweigend zugehört. Erst Tage später erzählte sie, dass die CT-Bilder der vergangenen Woche, die ich noch nicht kannte, Hinweise auf Krebswachstum aufwiesen, wenn auch nur sehr undeutlich. Sie hatte es verschwiegen, um mich ruhiger schlafen zu lassen. Jetzt sagte sie es mir, bevor wir zur Routineuntersuchung zu dem Professor im Sankt-Gertrauden-Krankenhaus fuhren. Wieder überfiel mich diese lähmende Betäubung, ich hörte ihre Worte und spürte nichts. Dann aber stieg eine heiße Welle der Wut und Verzweiflung in mir auf. Hatte das denn nie ein Ende? Tumor ja, Tumor nein? Im Taxi kamen mir die Tränen. Was, wenn der Befund bestätigt wurde? Ich zwang mich zur Ruhe, noch hatte er nichts gesagt.

Der Professor las wortlos den Bericht und warf keinen Blick auf die Bilder. Durch die Nase führte er mir ein Endoskop in den Schlund und inspizierte ihn schweigend. »Ich kann kein tumoröses Gewebe erkennen«, sagte er schließlich, auch einen Anlass für meine Blutungen habe er im Hals nicht gefunden. Alle Beschwerden, die ich sonst hätte – Schleim, Druck auf den Ohren, schmerzende Schleimhäute im Mund –, betrachtete er als normale Folgen der intensiven Bestrahlung. In sechs Wochen wollte er mich mit neuen CT-Bildern zur Kontrolle wiedersehen.

Entlastung, wieder einmal. Wie lange sollte dieses Spiel noch weitergehen? War das jetzt auch ein fester Bestandteil meines Lebens? Ich war es leid wie nichts sonst, aber trotzdem freute ich mich. Erleichtert lagen Rosemarie und ich uns in den Armen. Auch die Chefin im Geriatriezentrum war zufrieden. Obwohl die erste Magenspiegelung in ihrem Hause nichts ergeben hatte, blieb sie bei ihrer Überzeugung, dass ein Geschwür zu finden sein müsste. Sie hatte mich für den nächsten Tag zur Koloskopie, also einer Darmspiegelung, im Virchow-Klinikum angemeldet. »Dort ist ein Superkoloskopist«, sagte sie.

Donnerstag, der 2. Oktober. Vor der Darmspiegelung fürchtete ich mich. Schon die Aussicht, wieder ins Virchow-Klinikum fahren zu müssen, löste nach meinen Horrorerfahrungen im April Unbehagen in mir aus. Ich hoffte aber, dass die Untersuchung endlich Klarheit schaffen würde und dass ich in der nächsten Woche nach Hause könnte. Der mürrische Empfang entsprach schon mal meinen Erwartungen. »Leinemann? Ist hier nicht angemeldet«, blaffte eine mit sich selbst beschäftigte Empfangsdame. »Doch, um elf Uhr.« Widerwillig griff sie zum Telefon. Ergebnis: »Warten Sie hier.« Kein »bitte«, erst auf Nachfrage erfuhren wir, dass der Arzt an der Pforte keine Nachricht hinterlassen hatte.

Eine Stunde musste ich warten, dann schläferte mich eine Spritze ein, und erst nach einer weiteren Stunde wurde ich wach. Ich lag in einem anderen Zimmer und fror. Um das Haus heulte ein erster Herbststurm. Zum Glück war meine Frau da. »Es ist doch ein Geschwür im Magen«, flüsterte sie, es klang wie eine Triumphmeldung. War es ja auch – kein Krebs, diesmal nicht. Plötzlich stand der Arzt an meiner Trage, der »Superkoloskopist«, blond und freundlich. »Irgendjemand ärgert Sie«, grinste er. »Ja«, sagte ich, »das Leben.«

Nach vier Stunden waren wir wieder in Zimmer 308 im vierten Stock des Geriatriezentrums. Die Chefin kam, meine Stationsärztin auch, beide gratulierten. Sie hatten offenbar Schlimmeres befürchtet. Trotzdem sollte ich erst am kommenden Dienstag entlassen werden. Der Virchow-Doktor hatte gewarnt: »Bei der Größe des Geschwürs sollten Sie ihn nicht gleich auf die Straße schicken.« Dann erhielt ich noch eine Lymphdrainage. Ziemlich geschafft sank ich danach ins Bett. Niemand konnte behaupten, dass ich als Kranker ein langweiliges Leben führte.

Zu meiner Überraschung tauchte am nächsten Tag ein zerknirschter Oberarzt an meinem Bett auf, um sich zu entschuldigen. Er hatte am Montag die erste Magenspiegelung bei mir gemacht und das Geschwür mit einem Durchmesser von zehn Millimetern nicht entdeckt. »Das lag so in einer Magenfalte, dass es mir entgangen ist«, sagte er. »Als mir die Chefin gestern das Ergebnis der Untersuchung im Virchow mitteilte, schoss es mir durch Mark und Bein.« Ich bedankte mich für seine Haltung. Dass Ärzten Fehler unterlaufen, kann nicht ausbleiben. Dass sie zu diesen Fehlern stehen und die Verantwortung dafür übernehmen, sollte sich eigentlich ebenfalls von selbst verstehen. Von dem Gastroenterologen in der Charité, der im Jahr davor für meine Bauchfellentzündung verantwortlich gewesen war, hätte ich mir jedenfalls eine ähnliche Entschuldigung gewünscht.

Es war kalt, als ich am Dienstag, dem 7. Oktober 2008, entlassen wurde, die Kastanien warfen ihr Laub ab. Aus der Klinik heimkommen und sich wieder einleben war inzwischen fast schon Routine geworden. Ich setzte mich an meinen Schreibtisch, machte meine Runden um den Block und ging nachmittags zu meiner Lymphdrainage. Und doch traute ich dem Frieden nicht. Noch fürchtete ich den zwei Tage später bevorstehenden Kontrolltermin bei dem Charité-Professor, dessen Urteil zu den Krebsanzeichen auf den jüngsten CT-Bildern noch ausstand.

Der Strahlenpapst war erst einmal erschrocken über den Umfang, den meine Krankenakte inzwischen angenommen hatte. »Mein Gott«, sagte er, »die wird ja immer dicker. Was bringen Sie denn heute für Hiobsbotschaften?« Ich erzählte von den Zähnen und dem Magengeschwür, und er schüttelte seufzend den Kopf: »Sie lassen aber auch gar nichts aus.« Sorgfältig machte er sich handschriftliche Notizen.

Lange betrachtete er dann die CT-Bilder, die sich sein Kollege aus dem Sankt-Gertrauden-Krankenhaus gar nicht angesehen hatte. Im Vergleich mit den Aufnahmen vom März entdeckte er ein »Wachstum« im Zungengrund von ungefähr vier Zentimeter Tiefe. Das gefiel ihm überhaupt nicht. »Da wollen wir nicht drumherumreden – das kann Vernarbung sein oder ein Rezidiv«, also die Wiederkehr des bisher verschwundenen Tumors. Der Professor sprach in einem deutlich alarmierten Tonfall von einem »dringenden Verdacht, den wir schnell ausräumen sollten«. Entweder mit einer Pet-CT, einer verfeinerten Computeruntersuchung, oder einer normalen CT, was auch der Kollege vorgeschlagen hatte. Aber im Gegensatz zu ihm hielt der Strahlenpapst das Ganze offenbar für sehr viel dringlicher. Er favorisierte auch die Pet-CT, die die Krankenkasse nicht zahlt.

Natürlich beunruhigte mich die offenkundige Sorge des Spezialisten, der bisher immer so ruhig und optimistisch geklungen hatte. »Und was ist, wenn es tatsächlich ein Rezidiv wäre?«, fragte ich. Der Professor sah mich an. »Das wäre eine Katastrophe«, sagte er dann. »Das würde heißen, dass wir es mit unserem Programm nicht geschafft hätten.« »Und dann?«, bohrte ich nach. Er zögerte einen Augenblick, bevor er resigniert sagte: »Wir sind dann zwar noch nicht am Ende unserer Palette, aber viel bliebe nicht.« Und wie um sich selbst Mut zu machen, tastete er nach meinem Hals und fühlte, dass der sehr verhärtet war. »Das ist eine harte Narbenbank«, murmelte er, »das könnte bedeuten, dass es doch nur eine Vernarbung ist.«

Sonderbarerweise schien mir, dass der Professor mehr Ermutigung brauchte als ich. Sein leidenschaftliches Engagement, das die hoheitliche Distanz zu seiner Chefposition wohltuend brach, berührte mich. Ich fühlte mich als Mensch behandelt, nicht nur als Fall im Untersuchungsprogramm des Wissenschaftlers. Der Professor war erschrocken über mein Schicksal, er fühlte sich verantwortlich.

Mich hatte die niederschmetternde Botschaft zwar auch erschreckt, aber sie warf mich nicht um. Ich fühlte mich insgesamt einfach zu gut, als dass ich an einen Krebsrückfall glauben mochte. Das vermittelte ich auch meiner Frau, die ziemlich deprimiert war: »Das neue Blut hat mich gekräftigt, körperlich und seelisch.« – »Und wenn es doch ein Rezidiv ist?«, fragte sie mich. »Dann wäre das Leben eben früher vorbei.« Auf jeden Fall wollte ich das Buch zu Ende schreiben, das nahm ich mir wieder vor.

Um aber größtmögliche Klarheit zu gewinnen, entschieden wir uns, noch einmal tausend Euro für die Pet-CT auszugeben, und das möglichst schnell. Am Donnerstag, dem 16. Oktober, betraten wir pünktlich um 8.30 Uhr die Röntgenpraxis in dem kahlen Betonneubau am Rosa-Luxemburg-Platz. Ich war hier schon einmal gewesen und kannte die Prozedur. Erst der übliche Fragebogen: Allergien? Diabetes? Zahnersatz? Welche Medikamente? Dann Blutabnahme, schließlich musste ich einen Liter Flüssigkeit zu mir nehmen, die mir meine Frau über die Magensonde einflößte. Eine Assistentin spritzte mir zusätzlich eine Zuckerlösung.

Dann wurde ich zum Umziehen gebeten, alles ablegen bis auf die Unterwäsche. Dafür bekam ich einen flauschigen hellblauen Bademantel und wurde in ein rostrot gestrichenes Ruhezimmer geführt, wo auf engem Raum, ohne Fenster, drei Liegestühle standen. In einem lag schon ein älterer Herr. Ich legte mich in den nächsten und wurde angewiesen, während der folgenden Stunde nicht zu sprechen, nicht zu lesen und mich möglichst wenig zu bewegen.

Ich war fast ein bisschen eingeschlafen, als ich ins eigentliche Untersuchungszimmer gerufen wurde. Den Raum beherrschte ein gigantischer Computer, der »Discovery« hieß und wie eine Mischung aus Tresor und Waschmaschine aussah, aber viel größer. Auf eine Bank davor musste ich mich hinlegen und die Arme über dem Kopf verschränken. Ruckweise, mit langen Pausen, wurde ich dann rückwärts in die Röhre geschoben, die etwa einen Meter lang war. Nach einer knappen halben Stunde kam das erlösende Schlusswort: »So, das war's. War doch auszuhalten, oder?« Ja, das war auszuhalten, das schon.

Der Arzt brachte das Ergebnis. Er machte ein bedenkliches Gesicht und tuschelte mit meiner Frau, die er als Medizinerin wohl für den angemesseneren Ansprechpartner hielt. Ich schnappte das Wort »enhancement« auf, was, wie ich wusste, »Anreicherung« hieß. Das langte mir als Information. Mir war klar: Der Tumor ist wieder da. Über ein Jahr hatte er sich arglistig verkrochen, um mich in falscher Sicherheit zu wiegen, was ihm aber nicht gelungen war. Ich hatte immer mit seiner Wiederkehr gerechnet, und nun war es so weit.

Im Fernsehen würden sie jetzt bestimmt fragen: »Wie haben Sie sich in diesem Augenblick gefühlt«, und wahrheitsgemäß müsste ich antworten: »Überhaupt nicht.« In mir war absolute Leere. Die Menschen und ihre Stimmen waren in weite Ferne gerückt. Vor dem Fenster schien die Sonne auf buntes Herbstlaub, eine Straßenbahn fuhr vorbei. Ging mich das alles noch etwas an? Rosemarie umarmte mich. Auch sie war stumm.

Erst draußen, als wir im Taxi saßen, fand ich wieder Worte, die mir aber, als ich sie aussprach, vorkamen, als stammten sie aus einem schlechten Film. »Jetzt habe ich also mein Todesurteil«, sagte ich. Aber damit kam ich bei Rosemarie, die sich wieder gefasst hatte, schlecht an. »Ach was«, fuhr sie mich an, »unser Todesurteil haben wir alle. Es kommt aber darauf an, wann es vollstreckt wird. Und so weit sind wir noch lange nicht.« Sie plante schon die nächsten Schritte: Wer ist anzurufen? Wann kriegen wir Termine bei den Professoren in der Charité und im Sankt-Gertrauden-Krankenhaus, um deren Einschätzung zu hören? Sollten wir eine Antikörpertherapie versuchen? Und was uns zwei betraf: »Wir müssen jetzt noch mehr miteinander reden.« Das Tumor-Spiel ging also weiter.

Zwei Tage später kam der Brief mit dem schriftlichen Befund. Susanne war gerade da, auch meine Freunde Erika und Andreas. Der Text bestätigte, dass in der Tat Krebsgewebe nachgewachsen sei, wenn auch nur etwa halb so viel wie beim ersten Mal. Ich war inzwischen so gelassen, dass ich selber staunte. Ich würde um jeden Tag kämpfen, hatte ich beschlossen, selbst wenn ich keine Hoffnung mehr hätte auf das Verschwinden des Tumors. Zwei Dinge wollte ich auf jeden Fall noch verwirklichen: das Buch und einen Weihnachtsurlaub auf Sylt. Für das Buch würde ich allerdings noch mindestens ein halbes Jahr brauchen; würde ich so lange leben? Wir würden sehen.

Ob ich mir noch eine Antikörpertherapie zumuten würde, zu der mir inzwischen einige geraten hatten, wollte ich von den

Prognosen und den absehbaren Nebenwirkungen abhängig machen. Den Strahlenpapst würden wir in drei Tagen sehen, er wollte uns aber schon vorher anrufen, wenn wir ihm den Befund faxten. Der Termin im Sankt-Gertrauden-Krankenhaus war vier Tage später.

Am Montag stürmte Rosemarie plötzlich glückstrahlend in mein Zimmer. »Vielleicht bleiben uns ja doch noch ein paar glückliche Jahre«, jubelte sie. Der Professor aus der Charité hatte ihr Fax erhalten und gleich angerufen: »Wir können Entwarnung geben.« Er hielt die »Anreicherung« für Narbengewebe oder eine Entzündung, nicht für den wiedergekehrten Tumor. »Ein Tumor würde das Kontrastmittel viel intensiver anreichern«, sagte er meiner Frau am Telefon.

Ich freute mich auch, blieb aber skeptisch. Einerseits ging mir das ständige Hin und Her auf die Nerven, andererseits hatte der Professor das Bild gar nicht gesehen, sondern nur den schriftlichen Bericht gelesen. Allerdings sollte ein so erfahrener Mann seine Gründe haben für die positive Einschätzung, sagte ich mir. Immerhin war er es ja gewesen, der auf Klärung durch die Pet-CT bestanden hatte. Jetzt schlug er vor, diese Untersuchung im Januar noch einmal zu wiederholen. Um ganz sicherzugehen, könnte man allerdings auch eine Gewebeentnahme veranlassen.

Den Rat bekamen wir wenig später auch aus dem Sankt-Gertrauden-Krankenhaus. Gewiss, wir könnten natürlich noch einmal eine CT machen, notfalls sogar eine Pet-CT. Aber wer sagte uns denn, dass danach die Raterei nicht wieder von vorn begänne? Er biete uns an, auf Nummer sicher zu gehen. Er würde sich das nachgewachsene Gewebe im Zungengrund direkt ansehen und darüber hinaus auch eine Probe entnehmen und untersuchen lassen. So grauenvoll mir auch die Vorstellung war, noch einmal in diesem Jahr – wenn auch nur für drei Tage – in eine Klinik zu müssen, ich stimmte trotzdem sofort zu. Ich war dieser ewigen Raterei überdrüssig.

Wir einigten uns auf einen Termin Anfang Dezember. In den folgenden Novemberwochen merkte ich, wie sehr mir die Untersuchung aufs Gemüt schlug. Ich arbeitete jeden Tag und weitete meinen Aktionsspielraum deutlich aus. Zu Ehren des Fernsehreporters Gerd Ruge, mit dem wir seit unserer gemeinsamen Amerikazeit freundschaftlich verbunden waren, saßen meine Frau und ich auf Einladung des Bundespräsidenten zu Tisch im Schloss Bellevue. Präsident Köhler hatte einen kleinen Kreis zu Ruges achtzigstem Geburtstag eingeladen. Auch wenn ich als Einziger vor leerem Teller hockte und auch zum allgemeinen Gespräch nichts beitragen konnte – ich wurde freundlich aufgenommen und freute mich, dabei sein zu dürfen. Ich ging ins Kino und ins Theater. Und im Olympiastadion sah ich nicht nur Hertha BSC gegen den HSV siegen, sondern auch Deutschland gegen England verlieren. Im Hintergrund drohte aber immer die bevorstehende Untersuchung.

Im Sankt-Gertrauden-Krankenhaus hatte man mich in der Vergangenheit zwar gut behandelt, aber immer auch mit schlechten Nachrichten versorgt – hier wurde der Tumor entdeckt, dann das Tracheostoma angelegt. Jetzt hatte ich nicht nur Angst vor dem Ergebnis der Untersuchung, sondern auch vor der Untersuchung selbst. Kein Zweifel, ich hatte mich an mein eingeschränktes Leben gewöhnt, selbst an die Schmerzen im Mund. Im März und April hatte ich noch sterben wollen und sonst gar nichts, jetzt war keineswegs alles gut, dennoch fürchtete ich mich vor der Botschaft, dass der Tumor wieder da wäre.

Als ich dann am 1. Dezember 2008, einem Montag, durch den langen Gang mit den Bildern von Neugeborenen das Krankenhaus betrat, fühlte ich mich – wie immer, wenn es ernst wurde – innerlich völlig taub, als hätte ich mit dem Passieren der Drehtür am Eingang meine Gefühle abgeschaltet. Ich kannte hier ja alles. Drei Stunden Wartezeit, EKG und Blutabnahme. Eine Schwester mühte sich, weil all meine Venen total vernarbt waren, »wie

Krampfadern«, stöhnte sie. Plötzlich erschien mir mein Besuch hier ganz unaufregend und banal. Auch das Zimmer, das mir zugewiesen wurde, war mir vertraut, Raum 11–65 auf Station 14, das Zimmer neben dem, in dem ich im April mein Tracheostoma erhalten hatte. Die Angst schien verschwunden.

Erst am Abend erschien der Professor, begleitet von einer mir von früheren Begegnungen vertrauten, netten Ärztin, die inzwischen offenbar die Station leitete. Freundlich erklärte der Chef, was er am nächsten Tag alles mit mir machen wollte. Die Untersuchung, die von der Ärztin immer »Operation« genannt wurde, war für den späten Vormittag geplant. Die potenziellen Katastrophen, die mir drohten, wenn etwas schiefgehen sollte, beschrieb sie mir, als der Professor gegangen war. Miterlebt habe sie noch keinen dieser Betriebsunfälle, die sie verpflichtet war, mir zu schildern. Aber nicht einmal die nahmen mir die Ruhe.

Dann war es endlich so weit. Während ich im Vorraum des OP wartete, kam mir der Grund für den Eingriff keinen Augenblick mehr in den Sinn. Seit die Routine ablief, war alles Selbstzweck geworden. Die Uhr im Operationssaal zeigte 12.35 Uhr, als ich auf meiner schmalen Trage hineingerollt wurde. Der Professor, jetzt ganz in Grün, fragte mich, ob alles in Ordnung sei. Ich nickte. »Jetzt geht's gleich los«, sagte er, und wie ein Echo aus dem Fußballstadion bestätigte der Narkosearzt: »Jetzt geht's los.« Ich spürte, wie mir etwas in den Arm lief, für einen Augenblick bekam die kalte, hell ausgeleuchtete Kachelwelt im OP wärmere Farben, dann verschwamm alles. Aus.

Als ich wieder erwachte, zeigte die Uhr 13.30, lange hatte es also nicht gedauert. Ich lag wieder in meinem Bett, allerdings in einem anderen Raum. Drei andere Personen lagen neben mir, wurden aber bald auf ihre Zimmer gebracht. Ich fror, die Raumtemperatur betrug vierzehn Grad. Meine linke Schulter lag bloß, weil ich wieder an einer Infusion hing. Dennoch: Eine halbe Stunde würde es noch dauern, wurde mir um zwei Uhr mitgeteilt. Meine Unterlippe war aufgeplatzt und geschwollen, sonst verspürte ich keine Schmerzen. Nur dass ich ganz flach liegen musste, machte mir Atembeschwerden.

Ob Rosemarie in meinem Zimmer auf mich wartete? Die Vorstellung, da niemanden vorzufinden, bedrückte mich. Immerhin stand eine frische rote Rose dort, als ich hinaufgefahren wurde. Meine Frau war also da gewesen. Wenig später kam sie wieder. Ich war aber noch sehr müde. Wir wussten beide nichts über den Ausgang, der Professor operiere noch, wurde uns gesagt.

Tatsächlich kam er erst kurz nach acht Uhr abends, Rosemarie war längst weg. Er wirkte locker, für seine Verhältnisse fast heiter. Er habe »nichts Dramatisches« entdecken können, sagte er: »Keine Spur von einem Tumor.« Dass er dennoch Gewebe entnommen und zur histologischen Untersuchung eingeschickt habe, sei eine reine Vorsichtsmaßnahme. Er erwarte keine andersartigen Ergebnisse. Zur nächsten Routineuntersuchung sollte ich in einem Vierteljahr erscheinen. Meine Erleichterung spürte ich erst, als Rosemarie, die ich gleich anrief, vor Glück weinte. Nun hatten wir tatsächlich noch die Chance für ein paar gemeinsame Jahre.

Die Erleichterung war riesig. Und doch spürte ich nach einiger Zeit ein gewisses Unbehagen – mir ging es durch diese Nachricht objektiv ja nicht besser. Nur, dass meinem Kampf gegen die diversen Krankheiten, die mir geblieben waren, jetzt sozusagen das heroische Pathos entzogen worden war. Irgendwie handelte es sich nun bloß noch um einzelne Defekte, denen ohne das Schreckensetikett Krebs der Ruf des Dämonischen fehlte.

Gewiss, ich hatte mich engagiert gegen die Thesen gewehrt, dass Krebs gewissermaßen das Böse schlechthin sei und der davon Betroffene womöglich nicht ganz unschuldig an seinem Geschick. Ich hatte Susan Sontags Klassiker »Krankheit als Metapher« gelesen und ihre Schlussfolgerung akzeptiert, »dass Krankheit keine Metapher ist und dass die ehrlichste Weise, sich mit ihr auseinanderzusetzen … darin besteht, sich so weit wie möglich vom metaphorischen Denken zu lösen, ihm größtmöglichen Widerstand entgegenzusetzen«.

Aber das war nun schon Monate her, seither hatte ich viel erlebt. Und je länger ich mich mit meinem Tumor herumschlug, je rätselhafter mir seine Existenz nach dem Verschwinden wurde, desto verständlicher erschienen mir die vielen mystifizierenden Erklärungsversuche. Wer wie ich die Behandlung des Tumors und die Folgen dieser Behandlung als monatelanges, qualvolles Dahinsiechen erlebt hatte, für den bekam der Krebs geradezu zwangsläufig etwas Unheimliches, Hinterlistiges und Böses. Gedanken an Schuld, Strafe und Sühne stellten sich dann von selbst ein. Zeitlebens hatte ich mich unter einen mächtigen Erwartungsdruck gesetzt. Kein Wunder, dass ich jetzt – schwach und ohnmächtig, wie ich zuletzt war – den Krebs auch als Versagen erfuhr. Er degradierte mich zu jemandem, der nichts mehr wert war und den anderen zur Last wurde.

Um nicht falsch verstanden zu werden – in dem beschriebenen Zustand befand ich mich nicht Tag und Nacht. Aber in Grübelphasen und Augenblicken der Hoffnungslosigkeit rutschte ich durchaus schon mal in solche düsteren Überlegungen. Und war das denn überraschend? Zu wohl keiner anderen Erkrankung gibt es so viele Theorien und Meinungen in der Bevölkerung wie speziell zur Krebserkrankung. Selbst unter aufgeklärten Menschen wird – das hatte ich auch zu hören und zu spüren bekommen – eine Krebserkrankung immer noch wie eine moderne Seuche empfunden.

Die mit der Krankheit verbundenen Zellwachstumsprozesse werden beim Krebs quasi personifiziert. »Sie gelten, wie Krebstiere, als meist unsichtbare Lebewesen der Nacht, die sich in unberechenbarem Krebsgang scheinbar widersinnig fortbewegen«, heißt es in einer Einführung in die Psycho-Onkologie von Fritz Meerwein. »Wie durch Schalen geschützte Krebse sind auch die

Krankheiten Krebs, dieser Metapher folgend, zupackend, mit starrem Blick verfolgend, unersättlich Qualen bereitend und den Tod des Opfers zum Ziel habend.«

Hartnäckig hält sich in der Öffentlichkeit die These, dass bestimmte Personen besonders anfällig für diese Erkrankung sind, sogenannte Krebspersönlichkeiten. Typisch für diesen Persönlichkeitstypus ist angeblich, dass er durch Unsicherheit, Unterdrückung negativer Emotionen – Ärger vor allem – und eine angepasste, sich unterordnende Attitüde auffällt.

Wahr ist freilich, dass solche Verhaltensmuster zwar öfter bei Patienten festgestellt wurden, die eine Krebserkrankung entwickelten – »voreilige Schlussfolgerungen im Hinblick auf die Rolle psychischer bzw. sozialer Faktoren bei der Entstehung von Krebserkrankungen sind jedoch in jeder Hinsicht verfrüht, sowohl in positiver wie in negativer Hinsicht«, warnt eine Studie des Universitätsklinikums Köln aus dem Jahr 2008. »Eine indirekte Wirkung von depressiven Gemütszuständen auf den Organismus allerdings«, heißt es in der Studie weiter, »speziell auf das Immunsystem, wird immer sicherer.«

Sollte ich mich also als »Krebspersönlichkeit« betrachten? Das erschien mir viel zu simpel. Niemals hatte ich, wann immer ich über einen möglichen eigenen Beitrag zur Produktion des Tumors in meinem Hals grübelte, eine spezifische, monokausale Erklärung im Sinn, sondern immer dachte ich an unterschiedliche psychische und soziale Faktoren und fehlerhafte Verhaltensweisen, die langfristig bei der Auslösung der Krankheit zusammenwirkten. Der Alkohol, das Rauchen, sicher auch mein besessener Arbeitsstil auf der einen, Stress, unzureichende Bewegung und falsche Ernährung auf der anderen Seite fielen mir als mögliche Risikofaktoren ein. Dass dahinter neben unheilvollen Umwelteinflüssen natürlich auch psychische Faktoren gestanden haben mochten, musste ich für wahrscheinlich halten.

Viel Stoff zum Nachdenken also, und im Übrigen ging das

Leiden an der Heilung ja weiter. So ließ es der Professor, wie ich es nun schon gewohnt war seit Beginn meiner Krankheit, nicht bei der guten Nachricht bewenden. Er fügte vielmehr auch noch eine schlechte an: Mein Hals, sagte er, sei stark entzündet, die Entzündung reiche vom Rachenraum bis tief in den Rachen hinein. Er ordnete eine Behandlung mit Antibiotika an.

Der eigentliche Hammer kam aber erst ganz zum Schluss, bei der Verabschiedung am nächsten Morgen: Die Untersuchung habe ergeben, dass meine Luft- und Speiseröhren durch die massive Bestrahlung derart verhärtet und verengt seien, dass mit einem Verzicht auf das Tracheostoma nicht zu rechnen sei. Falls ich also gehofft haben sollte, am Ende doch noch einmal wieder normal essen, trinken und atmen zu können, sollte ich diese Hoffnung aufgeben.

Das war zwar eine Enttäuschung, aber anders als meine Frau hatte ich im Ernst nie mit etwas anderem gerechnet. Die Magensonde und der Galgen für die Astronautenkost würden also für den Rest meines Lebens meine ständigen Gefährten sein. Weihnachten sollten sie mich auch nach Sylt begleiten. Das immerhin hatten wir geschafft. Und das war meine größte Freude. Ein Jahr zuvor hätte ich auch das nicht für möglich gehalten.

15. Kapitel

Bilanz am Meer

»Nimm dein Verhängnüß an«

Drei, fünf, zwölf … mein Atem ging schneller, als ich das letzte Stück des Holzsteges emporhastete. Es waren nur achtzehn Stufen bis zum Kamm der Dünen, dann lag es vor mir – das Meer. Fast unbeweglich und silbern gleißend im kalten, weißen Licht der Sonne, erstreckte es sich bis zum Horizont, sanfte Wellen leckten an den hellen Strand. Wieder, wie immer, seit ich die Nordsee auf Sylt vor mehr als fünfzig Jahren zum ersten Mal gesehen hatte, überwältigten mich die Majestät der Weite und die in sich ruhende Gewalt der See und trieben mir Tränen in die Augen.

»Siehst du, Mann«, flüsterte Rosemarie, »das hätten wir noch vor einem Monat nicht für möglich gehalten, dass du das noch einmal erlebst. Du hast eben eine unverwüstliche Grundnatur.« Und trotzig fügte sie hinzu: »Nein, wir lassen uns nicht alles kaputt machen, was schön war in unserem Leben.« Ich nickte stumm. Die kalte Luft biss mir in die Ohren. Schwach fühlte ich mich und kraftvoll zugleich, bestätigt und verunsichert. Über den bereiften Dünen im fahlen Sonnenlicht schnitt die schmale, scharfe Sichel des Mondes ein markantes Signal in den eisblauen Himmel. Mir war, als hätten Sonne und Mond sich zum Jahreswechsel angenähert und die Zeit aufgehoben.

Es war Dienstag, der 30. Dezember 2008, der vorletzte Tag dieses schrecklichen Jahres. Ich war nun schon den sechsten Tag auf der Insel, aber das Meer sah ich zum ersten Mal. Denn so unerfreulich, wie 2008 angefangen hatte, war auch sein Ende. Seit vergangenem Samstag war ich wieder Patient in einer Klinik – der siebte Krankenhausaufenthalt in diesem Jahr. Ein Erysipel, eine bakterielle Entzündung der linken Gesichtshälfte, insbesondere des Ohres, erschien den Ärzten der Nordseeklinik so bedrohlich nahe am Gehirn, dass eine sorgfältig kontrollierte Infusion von Penicillin und anderen Antibiotika nötig wurde.

Dabei hatte alles so schön angefangen. Nach einem harmonischen Weihnachtsfest in der Familie und mit Freunden saßen wir am zweiten Weihnachtstag frühmorgens pünktlich im Zug von Berlin nach Sylt. Alles hatte, von meiner Frau bis ins Kleinste vororganisiert, geklappt, auch die Reise durch das eingeschneite und in Kälte erstarrte Norddeutschland verlief ohne Zwischenfälle, sogar ohne Verspätung. Ziemlich genau um zwei Uhr standen wir auf dem Bahnsteig in Keitum und atmeten tief die klare Meeresluft ein. Von ferne winkten unsere Freunde Ingrid und Lothar, die uns abholten.

Es war fast unheimlich, wie reibungslos alles verlief. Auch unsere Vermieter, bei denen wir nun schon fünfzehn Jahre lang regelmäßig am zweiten Weihnachtstag aufzutauchen pflegten, freuten sich, von den Kindern bis zum Großvater, uns nach einem Jahr Pause wiederzusehen. Das vorausgeschickte Gepäck war angekommen, und auch der Pflegedienst erschien verabredungsgemäß. Schließlich boten uns herzliche Insulaner sogar ein Auto zur Benutzung an.

Schon nach einer Stunde wanderten meine Frau und ich Hand in Hand durch das schnieke Touristendorf, als wäre alles wie früher. War es aber nicht. Nicht nur musste ich ziemlich langsam gehen, weil mir sonst die Luft wegblieb, sondern zunehmend tat mir auch mein linkes Ohr weh, das rot angeschwollen war und sich wie Plastik anfühlte. Trotzdem trafen wir uns abends mit Ingrid und Lothar zum traditionellen Essen in Westerland. Obwohl die Schmerzen zunahmen, genoss ich die entspannten und heiteren Gespräche. Es war nun schon das dritte Festtagsessen an aufeinanderfolgenden Tagen, dem ich zusah, ich war es zufrieden.

Am nächsten Morgen war der Spaß aber endgültig vorbei. Ich hatte miserabel geschlafen. Minutenlang betrachtete ich nach dem Aufstehen im Spiegel mein Gesicht, das total verbeult war – durch Lymphstauungen aufgeschwemmt, gerötet und dreieckig, weil die roten, prallen Ohren weit abstanden. Je länger ich mich anstierte, desto trauriger guckte mein Bild zurück. »Was ist das für ein Leben«, stöhnte ich wieder einmal. »Will ich das?« Als ob es darum ginge. Das rechte Ohr begann sich nun auch zu röten, das linke war so stark geschwollen und schmerzte derart, dass meine Frau – es war Samstag – den Notarzt anrief. Der empfahl uns die Ambulanz der Asklepios-Klinik in Westerland, die früher Nordseeklinik hieß.

Die Aufnahmeärztin war sehr überzeugend. Obwohl ich nicht schon wieder ins Spital wollte, schlich ich um 12.50 Uhr wie ein geschlagener Held auf Station 2, Zimmer 209 mit freiem Blick auf eine abgeholzte Kiefernlichtung. Kein Meer zu sehen oder zu hören, dabei musste es gleich hinter dem Haus sein. Meine Frau fuhr zurück, um mir ein paar Sachen zu holen, ich hockte verloren in dem noch kalten Zimmer. Nichts zu lesen, nichts zu schreiben, düstere Gedanken. Reden sollte ich so wenig wie möglich, mir war auch nicht nach Telefonieren. So ein verdammter Mist. Kopfschüttelnd trat ich ans Fenster und sah zu, wie draußen die Dämmerung ins Gehölz kroch.

Dennoch war ich erstaunt, wie wenig ich aufbegehrte gegen diese neuerliche Enttäuschung. Nicht, dass ich resignierte, eher ergriff mich eine Art Wurstigkeit – das auch noch? Na, wenn schon. Irgendwie taten mir die drei Tage Ruhe auch gut nach den Anstrengungen des Weihnachtsfestes und der Reise. Es passierte ja nichts, außer dass eine Infusion in mich hineinlief. Mit Rosemarie machte ich mittags kleine Spaziergänge, sonst schlief ich viel, las und hing meinen Gedanken nach. Ich rief niemanden an.

Was hatte es nun mit diesem neuen Krankheitseinbruch auf sich? Ich glaubte einfach nicht an einen Zufall. Natürlich hätte ich so eine Ohrenentzündung auch kriegen können, wenn ich in diesem Bereich nicht so intensiv bestrahlt worden wäre. Aber war nicht schon seit Anfang Dezember der ganze Hals-, Rachen- und Mundbereich entzündet gewesen? Erlebte ich nicht meine Schleimhäute empfindlich wie eine offene Wunde?

Das gehörte eben alles zusammen. Krankheit und Gesundheit sind keine Gegensätze. Sie weisen vielmehr »die Widerspruchsstruktur des Lebens auf, die aufheben zu wollen wohl nicht nur den Charakter der Vergeblichkeit an sich hätte, sondern fragwürdige Konsequenzen mit sich brächte«, schreibt der Philosoph Wilhelm Schmid in seinem Buch »Schönes Leben?«. Erfahrene Mediziner, nicht nur Psychofachleute, wissen, dass manche Krankheit erst eine Zuspitzung braucht, ehe Heilung möglich wird. Umgekehrt erlebte ich nun, dass mich Krankheiten beutelten, die erst durch die Heilung entstanden waren. Gewiss, die Bestrahlung hatte den Tumor aus dem Blickfeld geräumt, vielleicht sogar zerstört, aber sie hatte mir Lungenentzündungen und einen Luftröhrenschnitt beschert, lebenslang künstliche Ernährung und Sprechbehinderungen. Und nun ein Erysipel.

Natürlich hätte ich den Tumor für besiegt erklären können, nachdem die letzte Untersuchung ergeben hatte, dass er weiter verschwunden blieb. War das nicht ein klares Signal der Hoffnung? Hatte ich nicht schrecklich gelitten unter dem Hin und Her? Aber alles in mir sträubte sich dagegen, ausgerechnet auf diesem Gebiet klare Verhältnisse auszurufen. Schließlich hatte ich schon vor mehr als dreißig Jahren am Beispiel Alkoholismus lernen müssen, dass Krankheit und Gesundheit einander auf vielfältige Weise bedingen. Oder wie es der Psychoanalytiker

C. G. Jung ausdrückt: »Jeder Schatten ist ein in Dunkel gehülltes Licht.«

Mich hatte die geistig-psychisch-körperliche Krankheit Alkoholismus erst an den Rand des Todes getrieben, bis ich kapierte, dass ich gesünder leben müsste, wenn ich überhaupt weiterexistieren wollte. Seither hatte ich in totaler Abstinenz ein Leben geführt, das erfüllter, erfolgreicher und gesünder war als alles, was ich mir jemals erträumt hatte – wissend, dass die chronische tödliche Krankheit Alkoholismus weiter in mir schlummerte, immer nur ein Glas vom Wiederausbruch entfernt.

Es klingt zwar ein bisschen pathetisch und selbstzufrieden, wenn man eigene Fortschritte behauptet, aber dass ich seit meinem Alkoholzusammenbruch über den sorgsameren Umgang mit meinem Körper zu mehr Seelenfrieden und geistiger Klarheit gelangt bin, das bestätigen mir alle, die mich lange kennen. Und ich eignete mir ein empfindlicheres Sensorium an für gesellschaftliche Fehlentwicklungen, die ich nicht Krankheiten nennen will – die Sucht zum Beispiel. Darüber, wie politische Macht zur Droge werden kann, habe ich ein Buch geschrieben. Die jüngsten Auswüchse und Zusammenbrüche in der internationalen Finanzwelt wären überzeugend unter demselben Thema abzuhandeln – auch Gier ist Sucht.

In der Nachfolge des Kampfes gegen den Krebs erlebte ich nun ähnliche Phänomene der Erkenntnis und der Veränderung an Leib und Seele. Mochte auch der Erfolg nicht so umwerfend sein – ich blieb eben ein »multimorbider« Patient mit Schwerbehindertenausweis –, als Lehrmeisterin war die Krankheit auch in diesem Falle ein wichtiges Element der Gesundheit. Gewiss, Ärzte, Medikamente und Therapien gaben wichtige Anstöße zur relativen Genesung, doch entscheidend für reale Besserungen waren die Kräfte des eigenen Körpers, der Seele und des Geistes. Sie zu wecken, ja, auf sie überhaupt aufmerksam zu machen, war das große Verdienst meiner Familie und meiner Freunde.

Vielleicht bedarf es des Schmerzes und der Verzweiflung, um die kleinen Freuden des Lebens wahr- und wichtig nehmen zu können, die mir geblieben waren. Der Sylt-Urlaub war auf dieser Freudenskala ein Großereignis, und ich war entschlossen, ihn nicht im Klinikbett zu verschlafen. Also beharrte ich darauf, am Silvestermorgen entlassen zu werden, was nach dem Urteil des Chefarztes auch medizinisch zu vertreten war. Menschlich verständlich erschien es ihm ohnehin: »Wer will schon den Jahreswechsel im Krankenhaus verbringen?«

So saßen wir dann am Abend, wie es seit fünfzehn Jahren Tradition war, im Kreise von Freunden am runden Tisch unserer gemütlichen Ferienwohnung, und alle stießen erst einmal auf meine Gesundheit an. Es war ein kleiner Kreis geworden, nur Ilse, Ingrid und Lothar waren dabei, aber es wurde ein heiterer und besinnlicher Jahreswechsel, ruhiger als früher, als wir noch bis zu sechzehn Personen waren und die Stimmung hochschlug, aber nicht bedrückt oder gar wehleidig.

Wir hatten uns so viel zu erzählen, dass wir das vorgesehene Bleigießen vergaßen. Aus Hamburg und Berlin riefen die an, die nicht hatten kommen können, nicht wenige aus gesundheitlichen Gründen. So rüstig unsere Generation auch sein mochte, die Malaisen des Alters begannen jetzt viele zu spüren. Um Mitternacht klopfte, wie immer, unser alter Vermieter an, um mit uns das neue Jahr zu begießen. Ich trauerte dem vergangenen keine Sekunde nach.

Fast pünktlich um zwölf Uhr mittags trafen wir uns – auch das ein eingefahrener Ritus – am Neujahrstag 2009 auf dem letzten Parkplatz am Ellenbogen, dem nördlichsten Zipfel der Insel, zum Strandspaziergang. Die Sonne strahlte, und kein Lüftchen regte sich. Jutta und Hermann waren dazugestoßen, sie brachten ein befreundetes Ehepaar mit, und wir starteten auf der Wattseite, um dann die Spitze des Zipfels zu umrunden. Obwohl ich zu meinem Erstaunen auch im weichen Sand besser vorankam, als ich gedacht hatte, war klar, dass ich nicht den ganzen Weg mitgehen konnte. Lothar, der sowieso kein geborener Wanderfreak ist, begleitete mich gern vorzeitig zurück.

In einem rustikalen Strandrestaurant trafen sich dann, händereibend und mit rosigen Wangen, alle wieder. Und einmal mehr saß ich mit meinem Wasserglas inmitten eines gefräßigen Schweigens, das sich um mich herum behäbig ausbreitete, und sah zu: Austern und Schnitzel, Seezunge, Heringe und Finkenwerder Scholle mit Speck und Bratkartoffeln, Salate und Rote Grütze. Die Bratkartoffeln machten mich wieder am meisten an. Ich schluckte einmal trocken und war trotzdem froh, dabei zu sein.

Erinnerungen an die diversen Silvesterpartys sind für mich ein wichtiger Teil des Sylt-Reizes geworden. Immer wieder landeten Rosemarie und ich auch jetzt wieder in unseren Gesprächen bei Urlauben, die bedeutsame Ereignisse unseres Lebens in uns wachriefen. Wie im Zeitraffer lief vor der malerischen Sylt-Kulisse unser Leben vor uns ab. Träume und Szenen der Vergangenheit, unerfüllte Wünsche und Wirklichkeit gewordene Hoffnungen vermischten sich mit Bildern, auf denen der Sommerwind durchs Dünengras wehte, der Regen über den Strand peitschte, Eiszapfen von den Reetdächern tropften und lang anrollende Wogen über uns zusammenschlugen.

Für mich gehört die Insel seit 1956 zum festen Bestand meines Lebens. In diesem Sommer, ein Jahr vor dem Abitur, hatte ich zusammen mit drei Klassenkameraden und dem Bruder des einen ein Häuschen in Westerland gemietet und zwei zauberhafte Sommerwochen am Strand verbracht. Wir pubertierten heftig, ich verliebte mich auch unglücklich in eine wunderschöne, sehr viel ältere Chilenin namens Helga, doch im Grunde waren diese Tage die letzten unbeschwerten Kinderferien. Für immer aber hatte sich damals das Meer in meine Seelenlandschaft eingegraben, als Kraftquelle und als Element der Sehnsucht.

Im Sommer 1966 war ich zum ersten Mal mit Rosemarie da, der die Insel ebenfalls aus ihrer Kindheit vertraut war. Ein Kollege der Deutschen Presse-Agentur hatte uns seine Wohnung in Westerland vermietet. Auf langen Wanderungen am Strand planten wir unsere Verlobung und unsere Hochzeit, richteten im Geist eine Wohnung in Hamburg ein, die wir noch gar nicht hatten, und malten uns ein Leben in den rosigsten Farben aus, das dann ganz anders verlief. Wir lernten niemanden kennen, verliebt, wie wir waren, und uns selbst genug. Fotos zeigen ein übermütiges, glückliches junges Paar.

Es folgte eine lange Pause bis zum Sommer 1983. Wir hatten in den USA gelebt, danach in Bonn. Unsere Urlaube nutzten wir, um unserer Tochter die Bundesrepublik zu zeigen und selbst Europa kennenzulernen. Zur Erholung reisten wir in den Süden, nach Frankreich und Italien, wie es vor allem meine Frau wünschte. Erst nach der sogenannten Wende in Bonn fuhren wir wieder nach Sylt, jetzt nach Keitum. Wir wohnten in einem großen, kunstfreundlichen Haus direkt am Watt, dessen Besitzerin Bettina und ihr Lebensgefährte Günter – ein Banker, der es, gerade in der Mitte seines Lebens, wagte, die Banktresore mit der Staffelei zu vertauschen – bald zu unseren engsten Freunden zählten. In unserer Wohnung hängen mehrere seiner intensiven Bilder.

An einem Holztisch in Bettinas Garten schrieb ich das Vorwort zu meinem ersten Buch, einem schmalen Bändchen mit dem dröhnenden Titel »Macht«. Es versammelte neun »Psychogramme«, wie der Verlag die vorher im *Spiegel* erschienenen Porträts nannte, von Kohl und Strauß bis Genscher und Graf Lambsdorff, vom harten Kern der biedermeierlichen Wende-Familie also, die Helmut Schmidt und seine SPD abgelöst hatte und seit 1982 in Bonn regierte. Für mich als Journalist begannen damals erfolgreiche Jahre. Der eigentümliche Charakter der Insel hatte uns aufs Neue gefesselt. Regelmäßig wohnten wir fortan im Sommer bei Bettina, die heute schwer krank ist.

Das ging so bis zum Sommer 1989. Nach einem geruhsamen Urlaub in Schweden und Dänemark fuhren wir damals zurück nach Deutschland. Unterwegs beschlossen wir, noch ein paar Tage auf Sylt dranzuhängen, um darüber zu beraten, wie wir unseren weiteren Lebensweg gestalten sollten. Klar war, dass ich von Bonn in das Büro nach Hamburg wechseln würde, wohin mir aber meine Frau auf keinen Fall folgen mochte. Sie plante, in Köln eine kleine Privatpraxis zu eröffnen und dort auch unsere Wohnung zu etablieren.

Ich stimmte zwar zu, aber richtig glücklich waren wir beide nicht mit dieser Lösung. Und dann missfielen uns auch das Publikum und der ganze Rummel im hochsommerlichen Sylt, sodass wir unzufrieden abreisten und beschlossen, von jetzt an nur noch im Winter auf die Insel zu fahren. Im Herbst fiel dann die Mauer. Das änderte zwar unsere Lebenspläne, weil wir nach Berlin umzogen, nicht aber unsere Entscheidung für das winterliche Sylt.

Unvergesslich der dramatische Winter 1994/95: Einen Tag nach Weihnachten klingelte in unserer Ferienwohnung das Telefon: Hanns Joachim Friedrichs ließ uns wissen, dass er erst einen Tag später als sonst nach Sylt kommen werde. »Und ich bringe News mit«, sagte er lakonisch, »ich habe Krebs.« Das war ein Schlag. Der immer frohgemute Fernsehstar war von der Nachricht genauso überrascht worden wie seine Freunde, aber er trug sie mit bewundernswerter Gelassenheit: »Wer wird schon achtundsechzig …«, tröstete er sich und uns. Er wusste, dass er nicht mehr viel Zeit haben würde, zielstrebig traf er seine letzten Lebensentscheidungen.

Uns überraschte er mit der Bitte, seine Trauzeugen zu sein, denn er wollte seine Lebensgefährtin Ilse so schnell und so heimlich wie möglich heiraten. Wir mochten Ilse sehr und fühlten uns natürlich geehrt. Zwar kannte ich Hajo, wie ihn seine Freunde nannten, als Kollegen schon seit vielen Jahren, bei den Olympischen Spielen 1984 in Los Angeles waren wir uns auch privat nähergekommen. Und obwohl wir nicht zu seiner Hamburger Promi-Szene gehörten, trafen wir uns über die Jahre auch immer mal wieder auf Sylt. Auch bei seinem Buch konnte ich ihm ein bisschen helfen. Aber besonders eng war unser Verhältnis nie.

Seine Krankheit änderte alles. Er öffnete sich mir und Rosemarie in langen Gesprächen, in wenigen Wochen wuchs eine intensive Freundschaft. Mit spitzbübischer Freude genossen wir zusammen die höchst private standesamtliche Trauung in Westerland, an der neben dem Brautpaar nur Ilses Bruder mit seiner Frau und wir teilnahmen. Der Boulevardpresse war das Ereignis verborgen geblieben. Der Standesbeamte hatte den Termin in die Mittagszeit gelegt, in der eigentlich das Rathaus geschlossen war, und weit und breit war kein einziger Fotograf, Kameramann oder Reporter zu sehen. Nach der schlichten Trauungszeremonie hatte Hanns gerade noch genügend Kraft, mit uns anzustoßen, dann sank er erschöpft ins Bett in seiner Wohnung in Munkmarsch.

Ihm blieben nur noch drei Monate, bis er am 28. März 1995 starb, aber er haderte nicht. Geborgen im Kreise der Familie, in die er hineingeheiratet hatte, reflektierte er sein erfülltes und erfolgreiches Leben. Er wollte reden, bis zuletzt. Zusammen mit Cord Schnibben interviewte ich ihn auf seinen Wunsch hin eine Woche vor seinem Tod für den *Spiegel*. Er war schon so schwach, dass er das Mikrophon nicht mehr halten konnte, flüsternd gab er Antwort, viele Worte waren kaum verständlich. Und doch fügten sich seine Sätze zu einem makellosen, druckreifen Text, gelassen, ja heiter und ausgefeilt bis zur feinsten Pointe. Hajo blieb ein Profi bis zu seinem Ende.

Für mich war es ein Geschenk, ihn in dieser letzten Lebensphase begleiten zu dürfen. Sein Sterben hat mir manche Ängste vor dem Tod genommen. Ich war ja nicht nur Zuschauer, ich nahm teil an der Erfahrung, um die wir uns sonst gern herumdrücken: dass das Sterben zum Leben gehört. Gewusst hatte ich es ja, aber jetzt durfte ich miterleben, dass das Leben eine Grenze hat. Und Hanns Joachim Friedrichs bewies mir, dass man sein Leben stil- und würdevoll zu Ende bringen kann. Dass er mich bat, an seinem Sarg die Totenrede zu halten, war eine Bürde, die ich gern auf mich genommen habe.

Sieben Jahre später, im November 2002, standen wir auf Sylt wieder an einem Grab, *Spiegel*-Herausgeber Rudolf Augstein war gestorben. Seinen Tod hatte ich nicht aus der Nähe miterlebt, in der alten Kirche auf dem Friedhof in Keitum saß ich inmitten einer großen Gemeinde von Trauernden, die auf seinem letzten Weg dabei sein durften. Und doch empfand ich seinen Tod als einen ganz persönlichen Verlust, als wäre ein Eckstein meines Lebensgebäudes weggebrochen.

Das lag einmal an meinem hohen Respekt vor dem Journalisten Augstein und seiner verlegerischen Lebensleistung, doch dann, je älter er geworden war, desto tiefer wurde auch meine Zuneigung zu diesem komplizierten Menschen. Und das hatte wohl vor allem mit meiner Alkoholkrankheit zu tun, die auch ihn bewegte. Wir haben nur selten, dann aber sehr intensiv darüber geredet. Er war höchst verwundert über die Wirkung meiner Therapie. »So, wie die dich durch die Mangel gedreht haben«, hat er einmal gesagt, »dürftest du eigentlich gerade noch rote von blauen Zetteln unterscheiden können. Aber dein Schreiben ist ja danach noch viel besser geworden als vorher. Wie kann das sein?« Dass ich fünfunddreißig Jahre für sein Nachrichtenmagazin gearbeitet habe, hatte auch mit meiner persönlichen Loyalität Rudolf Augstein gegenüber zu tun.

Nur wenige Wochen später – der Kalender zeigte den 30. Dezember 2002, und wir waren schon wieder auf Sylt – weckte uns das Telefon kurz nach Mitternacht mit einer Freudenbotschaft: Anna Delphine, unsere Enkelin, hatte das Licht der Welt erblickt. Noch bevor der Morgen graute, saßen Rosemarie und ich im ersten Zug von Keitum nach Berlin, um den Winzling zu begrüßen und den Eltern zu gratulieren. Wir fanden Anna Delphine im Arm ihrer glücklichen Mutter. Scheu, fast mit Ehrfurcht betrachtete ich das kleine Wesen und traute mich nicht einmal, es auf den Arm zu nehmen. Unglaublich, dass daraus einmal ein fertiger Mensch werden würde.

Noch am selben Tag fuhren wir an die Nordsee zurück. Im Zug redeten wir uns mit Oma und Opa an und malten uns aus, was für ein Leben wohl auf den Familienneuling zukommen würde. Inzwischen ist sie schon einmal eine Woche lang mit uns auf Sylt gewesen, und am liebsten wäre sie auch in diesem Jahr, 2008, mitgekommen. Aber das erschien uns, wegen meiner Krankheit, denn doch zu riskant. So gratulierte ich ihr telefonisch aus der Nordseeklinik zu ihrem sechsten Geburtstag – schon seit einem Vierteljahr ging sie zur Schule.

Deutschland ächzte in diesen Tagen unter klirrender Kälte, nur am Meer war es milder – Sylt dürfte um den Jahreswechsel herum der wärmste Landstrich der Republik gewesen sein. Fast täglich schien die Sonne, die Temperaturen stiegen auf vier bis fünf Grad plus, die Windstille hielt an, und um die Mittagszeit brachen wir regelmäßig zu einem kurzen Strandspaziergang auf. Wir redeten wenig, weil mich der Marsch durch den weichen Sand anstrengte, und setzten uns in Kampen immer noch ein paar Minuten in den Strandkorb.

Der traditionelle Bilanzspaziergang zum Jahreswechsel wurde den veränderten Verhältnissen angepasst und zerfiel in zwei Teile – erst der Spaziergang, dann, in der warmen Stube sitzend, die Bilanz. Meine beschäftigte sich nach meinen vielen Zusammenbrüchen mit der Frage, ob ich denn wohl noch der Jürgen Leinemann bin, der ich vorher war. Natürlich hieß die Antwort: ja und nein.

Rosemarie war aufgefallen, wie sehr sich mein Äußeres verändert hatte: »Dass du fast zwanzig Kilo abgenommen hast, steht dir gut. Du warst behäbig geworden, dein Gesicht rund. Jetzt wirkst du attraktiver. Dafür fehlen mir deine Selbstironie und dein Humor. Du hast viel von deinem unbekümmerten Charme verloren. Eine gewisse Verdüsterung hüllt dich in einen Grauschleier. Gefühle konntest du immer zeigen, das hat sich eher noch verstärkt. Geändert hat sich deine Haltung gegenüber anderen Menschen. Du bist viel achtsamer geworden.«

Mit diesen Einschätzungen konnte ich gut leben, die erwähnten Veränderungen erschienen mir nicht verwunderlich nach allem, was ich erlebt hatte. Dass ich gut aussähe, hörte ich in letzter Zeit häufig, das Urteil freute mich, es nervte aber auch. Denn oft genug fühlte ich mich keineswegs so gut, wie ich offenbar aussah. Und merkte denn niemand, wie langsam ich geworden war?

Für mich war das die deutlichste Veränderung – das drastisch gedrosselte Lebenstempo. Wenn ich mich in diesen Tagen aus der Distanz betrachtete und durch das Dorf tapern sah, dann erschienen mir die vorsichtigen Bewegungen und die unsichere Haltung als das deutlichste Anzeichen von Alter und Krankheit. Auf Schritt und Tritt verspürte ich die Begrenzungen, die mir fehlende Kraft und mangelnde Luft aufnötigten. »Nicht so schnell«, musste ich meine durchtrainierte und rüstige Frau oft bremsen, wenn wir Arm in Arm gingen.

Schon eine leichte Beschleunigung rächte sich nach kurzer

Zeit durch Atemnot. Bedächtig setzte ich besonders im weichen Sand einen Fuß vor den anderen. Ich musste mich auf meinen Gang konzentrieren, manchmal geriet ich ins Schlingern, als wäre ich angetrunken. Allerdings hing meine Sicherheit stark von meinem seelischen Befinden ab. Es gab Tage, an denen ich mich wohlfühlte, da merkte ich selbst, dass ich fast so ausschritt wie früher: kräftig und ein bisschen lässig, leicht in den Hüften wiegend, ein wenig seemännisch. Aber auch an den weniger guten Tagen war ich froh, dass ich keinen Rollator mehr brauchte und noch keinen Stock.

Das Gehen war freilich nur der markanteste Ausdruck meines verlangsamten Lebenstaktes. Alle meine Bewegungen erschienen mir gebremst. Meine Reaktionsgeschwindigkeit hatte deutlich nachgelassen. In Träumen litt ich unter meiner Unfähigkeit, mit plötzlichen Störungen fertigzuwerden. Böse Stürze und eine lähmende Hilflosigkeit erschreckten mich derart, dass ich aus dem Schlaf auffuhr. Das Waschen und Anziehen am Morgen, das Ausziehen am Abend – alles verlief schleppender. Oft erwischte ich mich dabei, dass ich zwischen zwei Handlungen taten- und gedankenlos vor mich hin stierte. Entscheidungen brauchten mehr Zeit. Ich fuhr auch viel langsamer Auto hier auf der Insel; dass mich jemand überholte, regte mich nicht mehr auf.

Redete ich nicht auch ruhiger? Auf jeden Fall fehlte mir die alte Spritzigkeit bei Dialogen, von meiner Schlagfertigkeit, von meinem Witz in Streitgesprächen war wenig geblieben. Das lag natürlich auch an der Beeinträchtigung durch das Tracheostoma, es fiel mir schon rein physisch schwer, längere Satzperioden zu artikulieren. Innere Erregung drosselte die Atemzufuhr, meine Sätze wurden erst einmal zu laut und versiegten dann japsend auf halber Strecke, der Rest fand unhörbar nur in meinem Kopf statt. Das tat mir weh. Kein Wunder, dass ich insgesamt weniger sprach als früher.

Sonderbarerweise empfand ich die mir durch Alter und

Krankheit aufgenötigte Langsamkeit zwar in manchen Situationen als kränkend und einschränkend, im Ganzen aber nicht nur als Nachteil. Ich dachte auch anders als früher – duldsamer, unaufgeregter, skeptischer. Und so erlebte ich den neuen Lebensrhythmus vor allem als eine Art Rückzug auf mich selbst, der mich zwar häufiger in eine Beobachterposition zwang, nicht aber in eine Außenseiterrolle. Die Zeit, da ich Schnelligkeit mit Tüchtigkeit gleichsetzte, hatte ich ohnehin schon während meiner letzten Berufsjahre hinter mich gebracht.

Das Unglück der beiden letzten Jahre schärfte meine Wahrnehmung weiter. Erfahrung – in dieser Zeit der sich überstürzenden Neuerungen und technologischen Veränderungen von vielen oft herablassend als veraltetes Gut abgetan – erschien mir als ein unverzichtbares Lebenswerkzeug. Erfahrung half mir, angesammeltes Wissen zu nutzen und Zusammenhänge zu erkennen. Erfahrung relativierte Erfolgs- und Katastrophennachrichten und behielt die Wirklichkeit im Blick. Unter Schmerzen lernt es sich leichter, die Widersprüche der Existenz zu ertragen. Und konnte ich nun, da die großen Hoffnungen vorbei waren, mein Leben nicht freier gestalten? Das mochte nicht mehr viel sein, aber es zählte jeder Tag.

Am öffentlichen Geschehen habe ich durchaus wieder Anteil genommen, es war ja ein aufregendes Jahr. Die Zeitungen studierte ich wieder ausführlich, aber ich kaufte nur noch zwei statt sieben Tageszeitungen und interessierte mich mehr fürs Detail. Viel mehr Zeit als früher verwendete ich auf Kommentare und Interviews, vor allem las ich jetzt – nicht zuletzt unter dem Eindruck der Finanz- und Wirtschaftskrise – die Wirtschaftsberichte sorgfältiger. Auch die Kultur- und Wissenschaftsseiten waren mir wichtig, der Sportteil sowieso.

Ich war als Bürger an den Geschehnissen interessiert, nicht mehr als Journalist. Natürlich fehlten mir die Informationen aus erster Hand, und doch hatte ich eigentlich nicht das Gefühl, sehr viel weniger zu wissen als zu meiner *Spiegel*-Zeit. Klar, über den Einbruch der CSU in Bayern hätte ich gern mit Horst Seehofer direkt geredet, über den katastrophalen Zustand der SPD mit Kurt Beck, Franz Müntefering und Frank Steinmeier. Das hätte mir gewiss ein paar signifikante Hinweise gegeben auf deren Gemütsverfassung. Aber hätte ich in der Sache tatsächlich so viel mehr erfahren, als mir jetzt die Medien verrieten? Ich bezweifelte es.

Vielleicht ist es eine Berufskrankheit, dass ich weiter jede News zunächst mit dem Verstand analysiere und einzuordnen versuche. Aber stärker als früher lasse ich mich jetzt auch von meinen Gefühlen leiten. Der triumphale Aufstieg Barack Obamas zum US-Präsidenten fasziniert und versöhnt mich ein wenig mit den Amerikanern. Für seinen Mut und seine Ausstrahlung empfinde ich eine Bewunderung wie einst für die Kennedy-Brüder. Aber ich habe eben auch ihr Ende miterlebt; den Prozess gegen Sirhan Sirhan, den Mörder Robert Kennedys, habe ich in Los Angeles wochenlang im Gerichtssaal mitverfolgt. Jetzt erschüttern mich die Fernsehbilder von den Kriegen in Georgien, Afghanistan und Gaza und machen mir meine Ohnmacht klar.

Aber anders als früher empfinde ich meine Betroffenheit nun nicht mehr als Herausforderung, mit Geschichten darauf zu reagieren, um zu beweisen, dass ich problembewusst bin. Ich muss überhaupt nichts mehr beweisen, sage ich mir, nicht mir und nicht anderen. Und allmählich – keineswegs immer und auf Anhieb – beginne ich mich auch so zu verhalten. »Und eh du förder gehst, so geh in dich zurücke«, hat der Barockdichter Paul Fleming während des Dreißigjährigen Krieges in einem an sich selbst gerichteten Sonett gefordert. Und auch: »Was dich betrübt und labt, halt alles für erkohren. Nimm dein Verhängnüß an.«

Jetzt glaube ich aus meinem veränderten Umgang mit den Medien schließen zu können, dass mein Blick als Folge der Krankheit stärker nach innen gerichtet ist als nach außen.

Jahrzehntelang habe ich mich um meinen Platz in der Welt gekümmert, habe meine Erfolge dort gesucht, auf Anstöße von außen geantwortet. Lob war mir wichtig, auf Kritik reagierte ich empfindlich. Ich war stolz darauf, mir in meinem Beruf einen Namen gemacht zu haben. Auch heute ist mir mein Ansehen keineswegs gleichgültig, doch habe ich aufgehört, mir die Erwartungen anderer zu eigen zu machen und danach zu leben. Schließlich musste ich mich daran gewöhnen, dass es auf mich ohnehin nicht mehr ankommt. Die Krankheit hat mich mit Situationen des Scheiterns konfrontiert und mich verzichten gelehrt. Erst notgedrungen, allmählich mit Einsicht, lernte ich mich zu bescheiden, ohne zu resignieren.

Aber natürlich gab und gibt es noch immer Augenblicke des Aufbegehrens, der Ungeduld und der Verzweiflung, die mich plötzlich übermannen und mir Tränen der Wut in die Augen treiben. Weder Rosemarie noch mir sind Stimmungen der Wehmut und des Haderns fremd. Manchmal ziehen wir uns dann voneinander zurück, manchmal klammern wir uns wie Ertrinkende aneinander. Mir schnürte es die Kehle zu, als ich in meiner Jahresbilanz darüber redete. Aber ich konnte auch glaubhaft berichten, dass das Einbrüche sind, gelegentliche Stimmungstäler, nicht mehr – wie noch im Frühjahr und Frühsommer 2008 – die vorherrschende Befindlichkeit.

Ich weiß jetzt, dass ich immer mit Unvorhergesehenem rechnen muss, nicht zuletzt in meinem eigenen Verhalten. Doch ich habe meine individuellen Besonderheiten in extremen Situationen kennengelernt und mich bemüht, auch jene Seiten meiner Persönlichkeit zu akzeptieren, die ich eigentlich nicht mag. In guten Augenblicken kann ich sogar über mich lächeln. Von einer durchgehend gelassenen inneren Heiterkeit bin ich zwar noch ein gewaltiges Stück entfernt, doch manchmal fühle ich mich auf dem Weg dahin.

Kann ich denn letztlich nicht auf ein erfülltes Dasein zurückblicken? Die Abgründe des Lebens und des eigenen Wesens kenne ich nicht mehr nur aus den Schicksalen anderer oder aus Romanen, ich habe sie selbst erfahren. Das sollte mich vor Illusionen schützen. Noch immer sehne ich mich zwar nach Harmonie und Klarheit, aber das können nur Ergebnisse einer Balance von Gegensätzen sein, von Trauer und Freude. Erst die Akzeptanz von gemischten Gefühlen ermöglicht mir ein halbwegs stabiles Bild der Realität.

Habe ich den Sinn meines Lebens gefunden? Gesucht und gezweifelt habe ich genug in den Monaten meiner Not. Jetzt weiß ich, dass ich Sinn nicht in irgendwelchen Theorien oder esoterischen Glaubenssätzen finden kann, auch nicht in religiösen. Sinn muss ich meinem Leben selbst geben – durch eigenes Nachdenken darüber, wofür ich leben will, durch eine bestimmte, mir allein eigene Lebensweise. »Der Sinn des Lebens« – so der Titel seines Buches – sei »nichts vom Leben Losgelöstes«, schreibt der Professor für englische Literatur Terry Eagleton in seinem klugen Essay, der ein Bestseller wurde, sondern das, was das Leben lebenswert mache – das heißt eine bestimmte Qualität, Tiefe, Fülle und Intensität des Lebens: »In diesem Sinne ist der Sinn des Lebens das Leben selbst.«

So einfach und so klar hätte ich es nicht ausdrücken können, aber das Ergebnis entspricht meinem Erleben. Wobei die Begriffe Qualität, Tiefe, Fülle und Intensität für mich Inhalte erhalten durch geliebte Menschen um mich herum – es waren meine Familie, meine Freundinnen und Freunde und anteilnehmende Mitmenschen, die mir in meiner Krisenzeit die Kraft zum Überleben schenkten und die Überzeugung, dass es Sinn macht, mit ihnen und für sie weiterzuleben. Denkend, fühlend und deutend verknüpfte ich ihre Gegenwart in einem viele, viele Stunden währenden inneren Monolog mit den wichtigsten Erfahrungen und Erinnerungen meiner Vergangenheit zu einem Gesamtgemälde meines Lebens.

Die zwei Wochen auf der Insel währten ewig und waren doch im Nu vorbei. So aufregend der Urlaub begonnen hatte – nach Neujahr vergingen die Tage in ruhigem Gleichmaß. Besuch kam nur noch selten. Rosemarie und ich redeten viel und schwiegen gemeinsam. Es waren leise, innige Stunden voller Liebe. Ein Geschenk. Durch das Fenster ging der Blick weit über das Watt, das Bild war vertraut und beruhigend.

Aber nichts war wirklich vorbei, der Tumor, der mein ganzes Unheil ausgelöst und sich nun verkrochen hatte, blieb im Unterbewusstsein immer präsent. Das Ohr schmerzte noch, der entzündete Mund brannte, doch war das alles in den Hintergrund gerückt, von einer Decke des Wohlbefindens gedämpft. Obwohl die Pflegeroutine hier schwieriger war als daheim – damit auch unbequemer und anstrengender –, lebte ich auf, und Rosemarie entspannte sich. Die klare Luft tat uns gut, das Licht und die Ruhe, doch der wichtigste Erholungsfaktor war einfach die Tatsache, dass wir überhaupt hier waren.

Das Wunderbarste waren die täglichen kurzen Spaziergänge am Meer. Am letzten Tag hing ein dünner Wolkenschleier über dem trägen Wasser, am Horizont im Südwesten leuchtete ein schmaler heller Streifen. Ich spürte, wie ich sentimental wurde, die Abschiedsstimmung und der flirrende Glanz des Meeres bewegten mich. Doch die Mühsal des Gehens im feuchten Sand ließ kitschige Weihegefühle nicht wirklich aufkommen. Schwer atmend blieb ich stehen und sah in die Ferne. Und ganz unvermittelt durchflutete mich eine warme Welle der Dankbarkeit – ich freute mich, dass ich lebte.

Rosemarie war ein Stück vorausgegangen, sonst war der

Strand leer. Ich stand allein und fühlte mich mit allen Sinnen präsent. Hinter dem hellen Streifen über dem Meer konnte ich die Sonne ahnen. Meine Freude mischte sich mit Trauer, und mit den sanften Wellen schwappten in vertrauten Worten Wünsche in mir hoch, die ich mir in diesem Augenblick für die Zukunft erhoffte:

Wenn ich denn sterben müsste, so sollte es sein. Wenn aber noch nicht, dann möchte ich gelassen genug sein, um Dinge hinzunehmen, die ich nicht ändern kann, so mutig, dass ich Dinge ändern werde, die ich ändern kann. Mit genügend Weisheit ausgestattet, um das eine vom anderen zu unterscheiden. Und liebende Menschen wünschte ich mir dabei um mich herum, die mir auch künftig so nahe sein sollten, wie sie es in meinem ganzen Leben waren, besonders in der jetzigen Unglückszeit. Erstaunt schüttelte ich den Kopf, bevor ich weiterging. Nein, ich war nicht fromm geworden. Aber beinahe hätte ich »Amen« hinzugefügt.

Bücher, die mich zum Schreiben angeregt haben

Baas, Helge E.: *Der elende Mensch*, Würzburg 2008

Baumann, Zygmunt: *Tod, Unsterblichkeit und andere Lebensstrategien*, Frankfurt am Main 1994

Bobbio, Norberto: *Vom Alter – De senectute*, Berlin 1997

Bovenschen, Silvia: *Schlimmer machen, schlimmer lachen*, Frankfurt am Main 1998

Brecht, Bertolt: *Buckower Elegien*, Frankfurt am Main 1998

Eagleton, Terry: *Der Sinn des Lebens*, Berlin 2007

Frank, Manfred: *Selbstbewusstsein und Selbsterkenntnis*, Ditzingen 1991

Frisch, Max: *Schwarzes Quadrat*, Frankfurt am Main 2008

Graf, Wilhelm/Meier, Heinrich (Hg.): *Der Tod im Leben*, München 2004

Jankélevich, Vladimir: *Der Tod*, Frankfurt am Main 2005

Kersten, Catrin: *Orte der Freundschaft*, Berlin 2007/2008

Knaths, Marion: *Vom Krebs gebissen*, Hamburg 2006

Kollbrunner, Jürg: *Der kranke Freud*, Stuttgart 2001

Kracauer, Siegfried: *Schriften*, Frankfurt am Main 1990

Meier, Heinrich (Hg.): *Über das Glück*, München 2008

Montaigne, Michel de: *Essais*, Zürich 1992

Noll, Peter: *Diktate über Sterben und Tod*, München 1984

Phillips, Maggie: *Reversing chronic pain*, Berkeley 2007

Precht, Richard David: *Wer bin ich – und wenn ja, wie viele?*, München 2007

Prosinger, Wolfgang: *Tanner geht*, Frankfurt am Main 2008
Rieff, David: *Swimming in a Sea of Death*, New York 2008
Rutschky, Michael: *Lebensromane*, Göttingen 1998
Schlingensief, Christoph: *So schön wie hier kanns im Himmel gar nicht sein*, Köln 2009
Schmid, Wilhelm: *Schönes Leben?*, Frankfurt am Main 2005
Ders.: *Glück*, Frankfurt am Main 2007
Schmidbauer, Wolfgang: *Altern ohne Angst*, Reinbek 2007
Schmitt, Carl: *Gespräch über die Macht und den Zugang zum Machthaber*, Stuttgart 2008
Schneider, Wolf: *Wörter machen Leute*, München 1976
Schreiber, Hermann: *Das gute Ende*, Reinbek 2007
Sontag, Susan: *Krankheit als Metapher* und *Aids und seine Metaphern*, München 2003
Stäblein, Ruthard (Hg.): *Mut*, Frankfurt am Main 1997
Terzani, Tiziano: *Das Ende ist mein Anfang*, München 2007
Ders.: *Noch eine Runde auf dem Karussell*, Hamburg 2006
Wirth, Hans-Jürgen: *Narzissmus und Macht*, Gießen 2002